AF273176

COLEX

Disfrute gratuitamente **DURANTE UN AÑO** de los eBook y audiolibros de las obras de Editorial Colex*

⊘ Acceda a la página web de la editorial **www.colex.es**

⊘ Identifíquese con su usuario y contraseña. En caso de no disponer de una cuenta regístrese.

⊘ Acceda en el menú de usuario a la pestaña «Mis códigos» e introduzca el que aparece a continuación:

RASCAR PARA VISUALIZAR EL CÓDIGO
Esquemas básicos de la Ley de Enjuiciamiento Civil

⊘ Una vez se valide el código, aparecerá una ventana de confirmación y su eBook y/o audiolibro estará disponible **durante 1 año desde su activación** en la pestaña «Mis libros» en el menú de usuario.

¡Gracias por confiar en nosotros!

La obra que acaba de adquirir incluye de forma gratuita la versión electrónica. Acceda a nuestra página web para aprovechar todas las funcionalidades de las que dispone en nuestro lector.

Funcionalidades eBook

Acceso desde cualquier dispositivo con conexión a internet

Idéntica visualización a la edición de papel

Navegación intuitiva

Tamaño del texto adaptable

Síguenos en:

ESQUEMAS BÁSICOS DE LA LEY DE ENJUICIAMIENTO CIVIL

2.ª EDICIÓN 2025

ESQUEMAS BÁSICOS DE LA LEY DE ENJUICIAMIENTO CIVIL

2.ª EDICIÓN 2025

Alfredo Areoso Casal

Abogado

COLEX 2025

© Alfredo Areoso Casal

© Editorial Colex, S.L.
Calle Costa Rica, número 5, 3.º B (local comercial)
A Coruña, 15004, A Coruña (Galicia)
info@colex.es
www.colex.es

I.S.B.N.: 978-84-1194-891-3
Depósito legal: C 205-2025

SUMARIO

I
DISPOSICIONES GENERALES

II.
JURISDICCIÓN Y COMPETENCIA

III.
ACUMULACIÓN DE ACCIONES Y PROCESOS

IV.
ABSTENCIÓN Y RECUSACIÓN

IV. BIS.
RESOLUCIONES ESCRITAS Y ORALES

V.
NULIDAD DE ACTUACIONES, CADUCIDAD DE LA INSTANCIA, RECONSTRUCCIÓN DE AUTOS Y TASACIÓN DE COSTAS

VI.
PROCESOS DECLARATIVOS

VII.
LOS MEDIOS DE PRUEBA

VIII.
CUESTIONES INCIDENTALES Y COSTAS PROCESALES

IX.
EL JUICIO ORDINARIO

X.
EL JUICIO VERBAL

XI.
LOS RECURSOS

XII.
LA EJECUCIÓN FORZOSA

XIII.
LA EJECUCIÓN DINERARIA

XIV.
LA EJECUCIÓN NO DINERARIA

XV.
LAS MEDIDAS CAUTELARES

XVI.
LOS PROCESOS ESPECIALES

XVII.
DIVISIÓN JUDICIAL DE PATRIMONIOS

XVIII.
EL PROCESO MONITORIO Y EL JUICIO CAMBIARIO

BREVE NOTA PRELIMINAR

Estas páginas son el resultado de la actualización de un trabajo elaborado por mí, ya hace más de veinticuatro años, con ocasión de la publicación en el BOE de la Ley 1/2000, de 7 de enero, de Enjuiciamiento Civil; aquel esfuerzo se justificó, entonces, por la necesidad de asimilar los grandes cambios que aquella novedosa regulación procesal supuso respecto de la vieja Ley de Enjuiciamiento Civil de 1881. Sin embargo, aquellos esquemas originarios, por causa de las numerosas modificaciones legislativas posteriores, paulatinamente quedaron desfasados, pese a lo cual me consta que seguían siendo consultados por no pocos compañeros de profesión con quienes los había compartido. Os presento ahora esta actualización de aquel trabajo, bajo el título de *"Esquemas básicos de la Ley de Enjuiciamiento Civil"*. Las pretensiones de estas páginas no son muchas, pues no aspiran más que ser un mero auxilio o ayuda (para el estudiante, para el opositor y también, ¿por qué no?, para el profesional), que le facilite la consulta, con un solo vistazo, de los aspectos más básicos de la Ley procesal civil. Precisamente, por ello, en ningún caso, es necesario advertirlo, pueden suplir la consulta del texto legal.

Finalmente, espero que os resulte de utilidad este pequeño trabajo, por poca que ésta sea, y que estas páginas satisfagan el interés que mostráis al tenerlas en vuestras manos.

Crendes (A Coruña), 11 de julio de 2024.

Alfredo Areoso Casal
Abogado

OTROSÍ DIGO que, transcurridos menos de seis meses desde la actualización de estos esquemas básicos, la publicación de la **Ley Orgánica 1/2025, de 2 de enero**, de medidas en materia de eficiencia del Servicio Público de Justicia (publicada en el BOE el 3 de ese mes), ha hecho necesaria una completa revisión del trabajo. Espero que, de nuevo, resulte de vuestro interés.

A Coruña, 12 de enero de 2025.

Alfredo Areoso Casal
Abogado

ABREVIATURAS MÁS UTILIZADAS

AP	Audiencia Provincial
art.	artículo
CC	Código Civil
d	días
DA	Disposición adicional
DGSJyFP	Dirección General de la Seguridad Jurídica y Fe Pública
DO	Diligencia de ordenación
EOMF	Estatuto Orgánico del Ministerio Fiscal
Eur./ €	Euros
JO	Juicio Ordinario
JV	Juicio Verbal
LAJ	Letrado de la Administración de Justicia
LCCh	Ley Cambiaria y del Cheque
LEC	Ley de Enjuiciamiento Civil
LECrim	Ley de Enjuiciamiento Criminal
LH	Ley Hipotecaria
LO	Ley Orgánica
LOPJ	Ley Orgánica del Poder Judicial
LPH	Ley de Propiedad Horizontal
MF	Ministerio Fiscal
Pte.	Presidente
RP	Registro de la Propiedad
Sala C/P	Sala de lo Civil y de lo Penal
TEDH	Tribunal Europeo de Derechos Humanos
TJUE	Tribunal de Justicia de la Unión Europea
TS	Tribunal Supremo
TSJ	Tribunal Superior de Justicia
UE	Unión Europea

I.- DISPOSICIONES GENERALES

Referencias a la mediación (D.A. 12ª de la L.O. 1/2025).- Todas las referencias a la mediación, contenidas en la LEC, se entienden realizadas a todos los medios adecuados para la solución de controversias en vía no jurisdiccional, previstos en los **arts. 2 al 19 de la L.O. 1/2025**. Cfr. **§ 65 bis**.

§ 1. Las normas procesales y su aplicación

1 a 4

Principio de legalidad procesal (art. 1). Los procesos civiles se rigen por la LEC.
Principio de irretroactividad (art. 2). Aplicación de la norma procesal vigente, salvo disposición en contra de normas de derecho transitorio.
Principio de territorialidad (art. 3). En España, rigen las normas procesales españolas (salvo las excepciones previstas en Tratados y Convenios internacionales).
Carácter supletorio de la LEC (art. 4). En defecto de las disposiciones de los procesos (i) penales, (ii) contencioso-administrativos, (iii) laborales y (iv) militares.

§ 2. Clases de tutela jurisdiccional

5

Posibles pretensiones (art. 5): (i) de condena a una prestación, (ii) de declaración de derechos o situaciones jurídicas, (iii) de constitución, modificación o extinción de situaciones jurídicas, (iv) de ejecución, (v) de adopción de medidas cautelares y (vi) de cualquier otra tutela prevista en la ley.
Requisitos del ejercicio de la solicitud de tutela jurisdiccional:
  (i)   Ante el tribunal competente.
  (ii)   Frente a los sujetos a quienes haya de afectar la decisión pretendida.

§ 3. Capacidad procesal y legitimación

6

<u>**Capacidad para ser parte**</u> (art. 6.1). Pueden ser parte en los procesos civiles: (1) las personas físicas; (2) el *nasciturus* (a los efectos que le sean favorables); (3) las personas jurídicas; (4) los patrimonios separados que, transitoriamente, carecen de titular o con titular privado de sus facultades de administración y disposición; (5) los entes sin personalidad a los que la ley reconoce capacidad para ser parte; (6) el Ministerio Fiscal; (7) los grupos de consumidores o usuarios afectados por hecho dañoso cuando los individuos estén determinados o sean fácilmente determinables (para demandar es necesario que se constituya con la mayoría de los afectados); (8) las entidades habilitadas para el ejercicio de la acción de cesación en defensa de los intereses colectivos y de los intereses difusos de consumidores y usuarios.
Norma especial (art. 6.2) sobre capacidad para ser parte (demandada) de las entidades que no han cumplido los requisitos legales para constituirse como persona jurídica, formadas por una pluralidad de elementos personales y patrimoniales al servicio de un fin determinado. Pueden ser demandadas en todo caso.
<u>**Comparecencia en juicio**</u> (art. 7).

7

(i) Personas naturales, por sí mismas.
(ii) *Menores no emancipados, con la representación o autorización exigida por ley.*
(iii) Personas con medidas de apoyo, se estará a su alcance y contenido. Véanse los ajustes para personas con discapacidad del art. 7 bis.
(iv) Por el *nasciturus*, quien legítimamente lo representaría si hubiera nacido.
(v) Por personas jurídica, por quienes las representen.
(vi) Por las masas o patrimonios separados del art. 6.1.4º, por quien las administre.
(vii) Por las entidades sin personalidad del art. 6.1.5º, por quienes la ley les atribuya la representación en juicio.
(viii) Por las entidades sin personalidad del art. 6.1.7º y art. 6.2, los que, de hecho o por pacto, actúen en su nombre frente a terceros.
(ix) Por los sometidos a concurso de acreedores, se estará a la Ley concursal.
<u>**Nombramiento de defensor judicial**</u> (art. 8). De persona física en el supuesto del art. 7.2 si no hay

8

persona que legalmente la represente o asista: el LAJ nombrará defensor judicial mediante decreto. El Ministerio Fiscal asumirá la representación y defensa hasta su nombramiento, quedando en suspenso el proceso mientras no conste la intervención del Ministerio Fiscal.
<u>**Apreciación de oficio de la falta de capacidad**</u> para ser parte y de capacidad procesal (art. 9).
<u>**Condición de parte procesal legítima**</u> (art. 10):

10

  (i) Al titular de la relación jurídica u objeto litigioso que comparezca.
  (ii) Al que la ley atribuya legitimación, si es persona distinta del titular.

Supuestos especiales de legitimación para la defensa de ciertos derechos.

     (11) Derechos e intereses de consumidores y usuarios.

     (11 bis) Derecho a la igualdad de trato y no discriminación.

     (11 ter) Por razón de orientación sexual, expresión de género o características sexuales.

     (11 quater) Derechos de trabajadores autónomos del arte y la cultura.

§ 4. Litisconsorcio

Concepto. Comparecencia en juicio de varias personas cuando las acciones provienen de un mismo título o causa de pedir:

     1.- Activo, de los que ejercitan la acción.

     2.- Pasivo, de aquéllos frente a los que la acción es ejercitada.

          (i) Necesario: cuando la tutela jurisdiccional sólo puede hacerse efectiva frente a varios sujetos conjuntamente considerados.

          (ii) Voluntario: cuando el llamamiento de varios demandados es potestativo para el actor.

12

§ 5. Intervención de sujetos originariamente no actores ni demandados

13

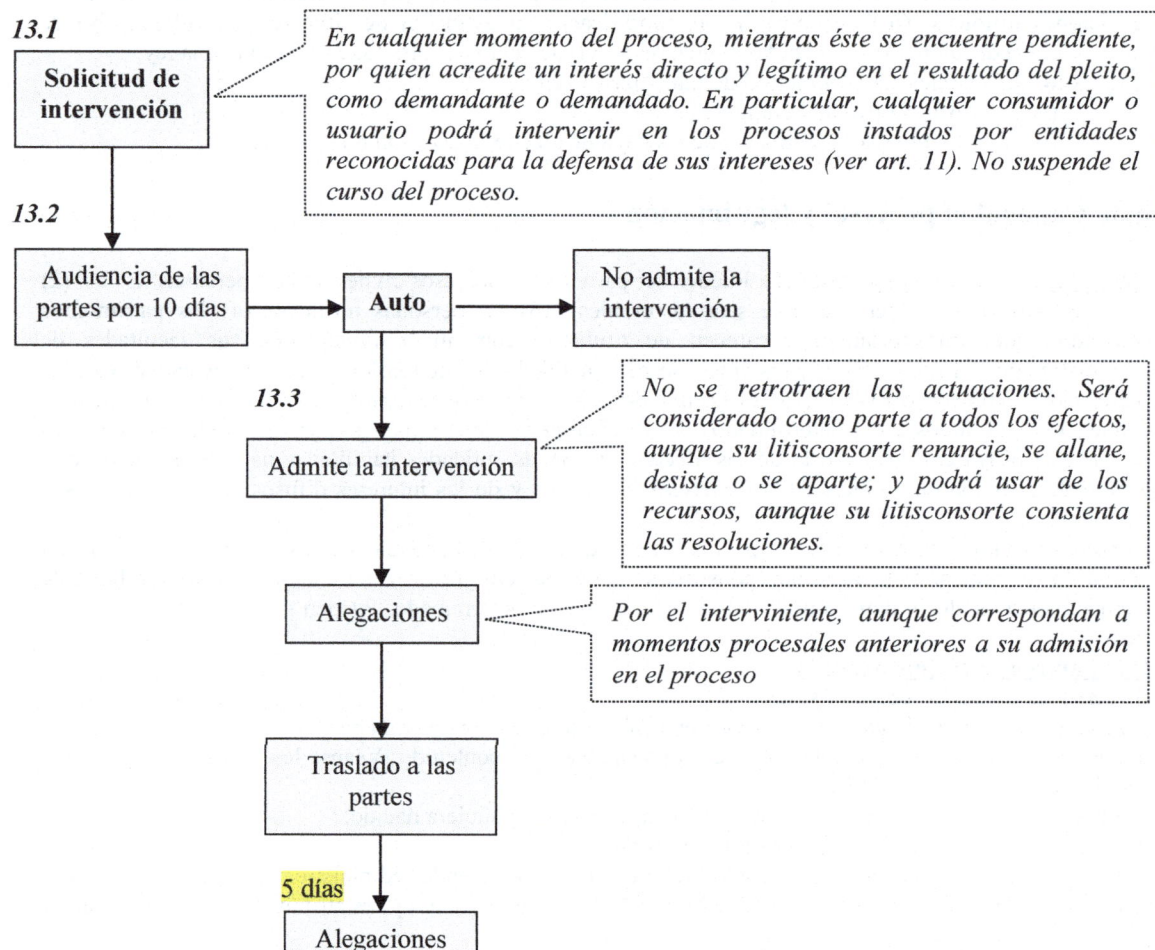

13.1

Solicitud de intervención

En cualquier momento del proceso, mientras éste se encuentre pendiente, por quien acredite un interés directo y legítimo en el resultado del pleito, como demandante o demandado. En particular, cualquier consumidor o usuario podrá intervenir en los procesos instados por entidades reconocidas para la defensa de sus intereses (ver art. 11). No suspende el curso del proceso.

13.2

Audiencia de las partes por 10 días → **Auto** → No admite la intervención

13.3

Admite la intervención

No se retrotraen las actuaciones. Será considerado como parte a todos los efectos, aunque su litisconsorte renuncie, se allane, desista o se aparte; y podrá usar de los recursos, aunque su litisconsorte consienta las resoluciones.

Alegaciones

Por el interviniente, aunque correspondan a momentos procesales anteriores a su admisión en el proceso

Traslado a las partes

5 días

Alegaciones

§ 6. Intervención de tercero provocada

14

(i) Provocada por el actor (sólo cuando la ley lo permita)

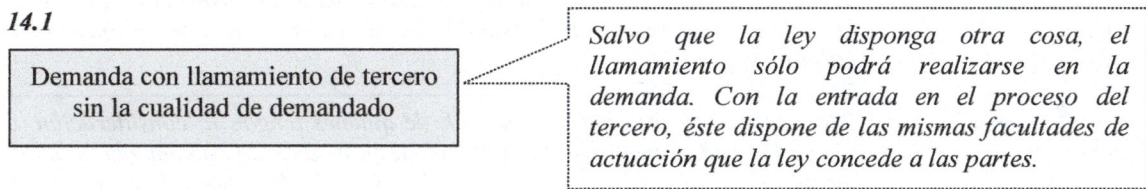

14.1

| Demanda con llamamiento de tercero sin la cualidad de demandado |

Salvo que la ley disponga otra cosa, el llamamiento sólo podrá realizarse en la demanda. Con la entrada en el proceso del tercero, éste dispone de las mismas facultades de actuación que la ley concede a las partes.

(ii) Provocada por el demandado (sólo cuando la ley lo permita)

14.2

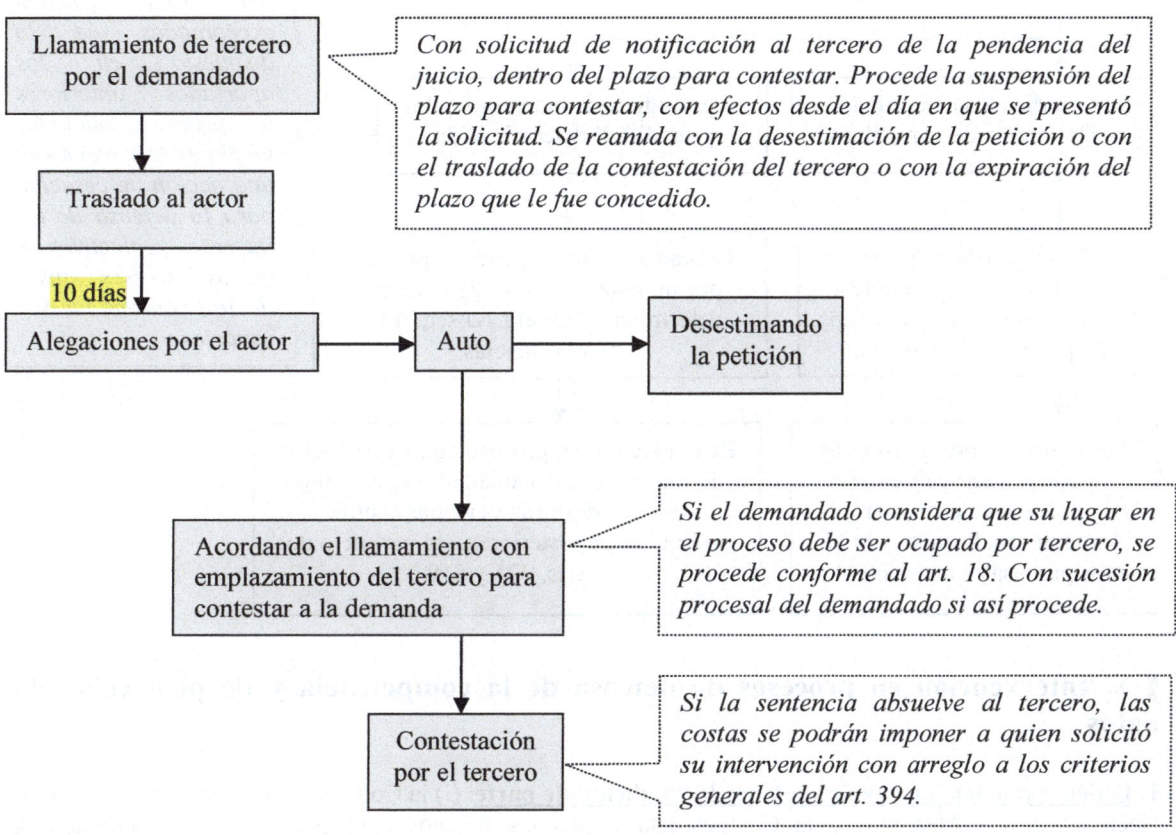

Llamamiento de tercero por el demandado

Con solicitud de notificación al tercero de la pendencia del juicio, dentro del plazo para contestar. Procede la suspensión del plazo para contestar, con efectos desde el día en que se presentó la solicitud. Se reanuda con la desestimación de la petición o con el traslado de la contestación del tercero o con la expiración del plazo que le fue concedido.

Traslado al actor

10 días

Alegaciones por el actor → Auto → Desestimando la petición

Acordando el llamamiento con emplazamiento del tercero para contestar a la demanda

Si el demandado considera que su lugar en el proceso debe ser ocupado por tercero, se procede conforme al art. 18. Con sucesión procesal del demandado si así procede.

Contestación por el tercero

Si la sentencia absuelve al tercero, las costas se podrán imponer a quien solicitó su intervención con arreglo a los criterios generales del art. 394.

Cfr. art. 18, sobre **sucesión procesal en los casos de intervención provocada**.

§ 7. Intervención en procesos para la protección de derechos e intereses colectivos y difusos de consumidores y usuarios

15

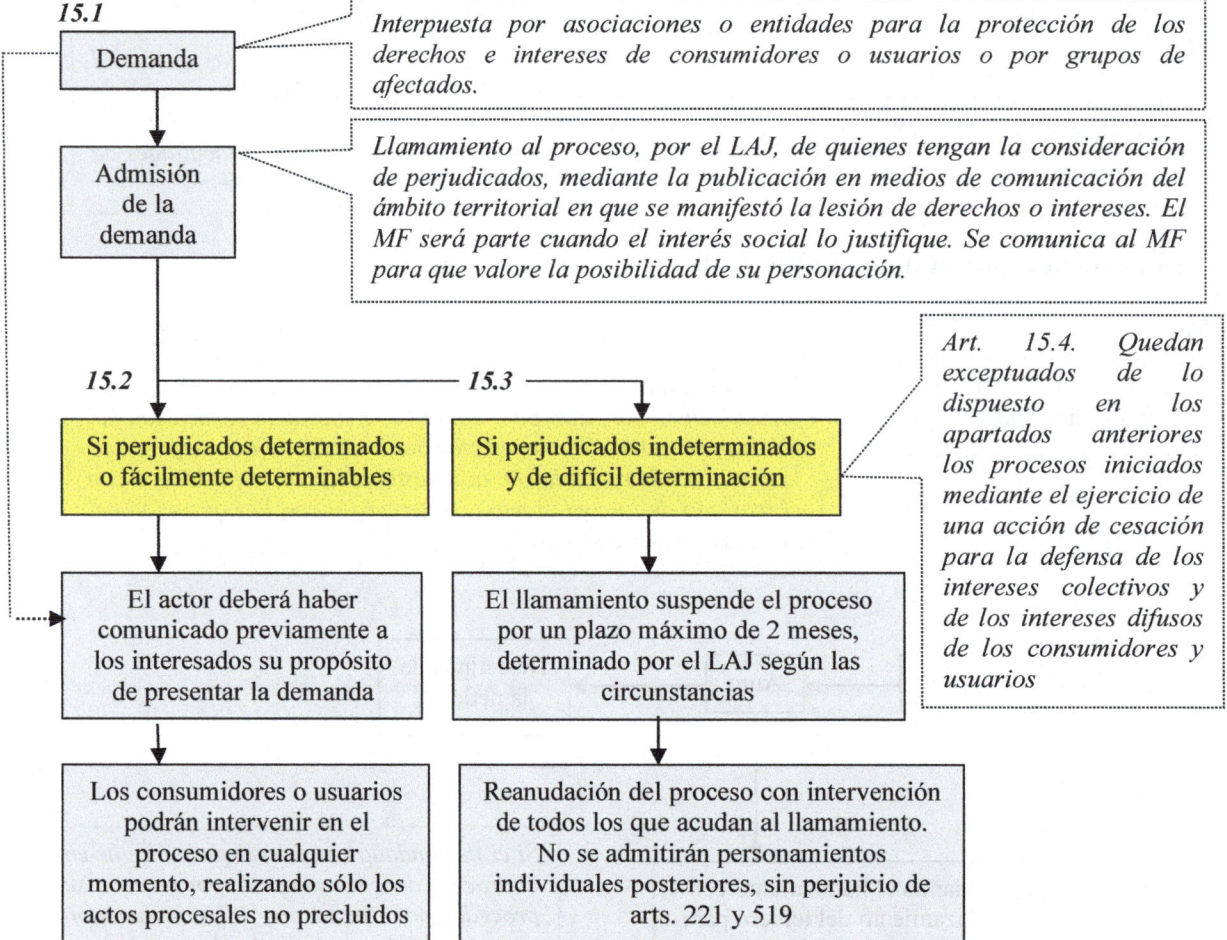

15.1 Demanda — *Interpuesta por asociaciones o entidades para la protección de los derechos e intereses de consumidores o usuarios o por grupos de afectados.*

Admisión de la demanda — *Llamamiento al proceso, por el LAJ, de quienes tengan la consideración de perjudicados, mediante la publicación en medios de comunicación del ámbito territorial en que se manifestó la lesión de derechos o intereses. El MF será parte cuando el interés social lo justifique. Se comunica al MF para que valore la posibilidad de su personación.*

15.2 Si perjudicados determinados o fácilmente determinables

15.3 Si perjudicados indeterminados y de difícil determinación

Art. 15.4. Quedan exceptuados de lo dispuesto en los apartados anteriores los procesos iniciados mediante el ejercicio de una acción de cesación para la defensa de los intereses colectivos y de los intereses difusos de los consumidores y usuarios

El actor deberá haber comunicado previamente a los interesados su propósito de presentar la demanda

El llamamiento suspende el proceso por un plazo máximo de 2 meses, determinado por el LAJ según las circunstancias

Los consumidores o usuarios podrán intervenir en el proceso en cualquier momento, realizando sólo los actos procesales no precluidos

Reanudación del proceso con intervención de todos los que acudan al llamamiento. No se admitirán personamientos individuales posteriores, sin perjuicio de arts. 221 y 519

§ 8. Intervención en procesos de defensa de la competencia y de protección de datos

15 bis

1. Quiénes pueden intervenir sin tener la condición de parte: (i) la Comisión Europea, (ii) la Comisión Nacional de los Mercados y la Competencia y (iii) los órganos competentes de las comunidades autónomas en el ámbito de sus competencias.

2. *En qué procesos*. *En los de defensa de la competencia y de protección de datos. Así como cuando afecte a cuestiones relativas a la aplicación del Reglamento (UE) 2016/679 de 27 de abril de 2016*

3. De qué forma. Por propia iniciativa o a instancia del órgano judicial, mediante la aportación de información o presentación de observaciones escritas sobre cuestiones relativas a la aplicación de los artículos 101 y 102 del Tratado de Funcionamiento de la Unión Europea o los artículos 1 y 2 de la Ley 15/2007, de 3 de julio, de Defensa de la Competencia. Con la venia del correspondiente órgano judicial, podrán presentar también observaciones verbales. A estos efectos, podrán solicitar al órgano jurisdiccional competente que les remita o haga remitir todos los documentos necesarios para realizar una valoración del asunto de que se trate.

La aportación de información no alcanzará a los datos o documentos obtenidos en el ámbito de las circunstancias de aplicación de la exención o reducción del importe de las multas previstas en los artículos 65 y 66 de la Ley 15/2007, de 3 de julio, de Defensa de la Competencia.

4. Momento procesal de la intervención. La aportación de la información o la presentarán de las observaciones tendrán lugar 10 días antes de la celebración del acto del juicio a que se refiere el artículo 433 o dentro del plazo de oposición o impugnación del recurso interpuesto.

§ 9. Intervención en procesos para la defensa del derecho a la igualdad de trato y no discriminación

15 ter

1. Quiénes pueden intervenir. (i) Los partidos políticos, (ii) sindicatos, (iii) asociaciones profesionales de trabajadores autónomos, (iv) organizaciones de personas consumidoras y usuarias y (v) asociaciones y organizaciones legalmente constituidas, que tengan entre sus fines la defensa y promoción de los derechos humanos.

2. En qué procesos. En los promovidos por la Autoridad Independiente para la Igualdad de Trato y la No Discriminación.

3. De qué forma. Se llamará al proceso a quienes tengan la condición de personas afectadas por haber sufrido la situación de discriminación que dio origen al proceso, para que hagan valer su derecho o interés individual.

4. Ministerio Fiscal. El órgano judicial que conozca de alguno de estos procesos le comunicará su iniciación para que, de conformidad con las funciones que le son propias, valore la posibilidad de su personación.

§ 10. Intervención en procesos para la defensa del derecho a la igualdad de trato y no discriminación por razón de orientación e identidad sexual, expresión de género o características sexuales

15 quater

1. Quiénes pueden intervenir. Los que tengan la condición de personas afectadas por haber sufrido la situación de discriminación que dio origen al proceso, para que hacer valer su derecho o interés individual.

2. En qué procesos. En los promovidos por partidos políticos, organizaciones sindicales, asociaciones profesionales de trabajadores autónomos, organizaciones de personas consumidoras y usuarias y asociaciones y organizaciones legalmente constituidas, que tengan entre sus fines la defensa y promoción de los derechos de las personas lesbianas, gais, trans, bisexuales e intersexuales y de sus familias.

3. De qué forma. Serán llamados al proceso por el LAJ.

4. Ministerio Fiscal. Será parte en estos procesos cuando el interés social lo justifique. El Tribunal que conozca de alguno de estos procesos le comunicará su iniciación para que valore la posibilidad de su personación.

5. Procesos en que los afectados estén determinados o sean fácilmente determinables. Los demandantes deberán haber comunicado previamente su propósito de presentar la demanda a todos los interesados. Tras el llamamiento, la persona afectada podrá intervenir en el proceso en cualquier momento, pero solo podrá realizar los actos procesales que no hubieran precluido.

4. Procesos con afectados indeterminados o de difícil determinación. El llamamiento suspende el curso del proceso por un plazo que no excederá de dos meses (que el LAJ determinará en cada caso atendiendo a las circunstancias). El proceso se reanudará con la intervención de todas aquellas que hayan acudido al llamamiento, no admitiéndose la personación individual de personas afectadas en un momento posterior, sin perjuicio de que éstas puedan hacer valer sus derechos o intereses conforme a lo dispuesto en los artículos 221 y 519.

§ 11. Sucesión procesal por causa de muerte

16

1. Comunicada la defunción de cualquier litigante por quien deba sucederle, el LAJ acordará la suspensión del proceso y dará traslado a las demás partes. Acreditados la defunción y el título sucesorio y cumplidos los trámites pertinentes, el LAJ tendrá por personado al sucesor.

2. Cuando la defunción conste al Tribunal y no se persone el sucesor en los 5 días siguientes, por DO, el LAJ permitirá a las demás partes pedir, con identificación del sucesor y de su domicilio, que se le notifique la existencia del proceso, emplazándole para comparecer en 10 días, con suspensión del proceso entre tanto.

3. Si el fallecido es el demandado y las partes no conocen al sucesor o no puede ser localizado o no quiere comparecer, el LAJ declara la rebeldía del demandado.

4. Si el fallecido es el actor y el sucesor no se persona (no se conoce al sucesor o no puede ser localizado), el LAJ, teniendo por desistido al demandante, ordenará el archivo de las actuaciones, salvo que el demandado se opusiere, en cuyo caso se estará a lo dispuesto en el art. 20.3. Si la no personación se debe a que no quiere comparecer, se entenderá que la parte actora renuncia a la acción.

§ 12. Sucesión procesal por transmisión del objeto litigioso

17

```
┌─────────────────────────────────┐
│  Transmisión del objeto litigioso │
└─────────────────────────────────┘
              │
              ▼
┌─────────────────────────────────┐     ┌──────────────────────────────────────┐
│ Solicitud por el adquirente que se │····│ El adquirente ha de acreditar la transmisión │
│  le tenga por parte en la posición │     └──────────────────────────────────────┘
│        del transmitente           │
└─────────────────────────────────┘
              │
              ▼
┌─────────────────────────────────┐  10 d.  ┌──────────────┐
│ D.O. suspensión y traslado por 10 │────────│   Oposición   │
│      días para alegaciones        │         └──────────────┘
└─────────────────────────────────┘                 │
              │ 10 días                              ▼
              ▼                            ┌──────────────────┐
┌─────────────────────────────────┐        │ Auto resolviendo │
│           No oposición            │        └──────────────────┘
└─────────────────────────────────┘
              │
              ▼
┌─────────────────────────────────┐
│  Decreto alzando la suspensión y  │
│ ordenando que el adquirente ocupe │
│     la posición del transmitente  │
└─────────────────────────────────┘
```

No se accederá a la pretensión cuando se acredite que le competen derechos o defensas que sólo puede hacer valer frente al transmitente o un derecho a reconvenir o si el cambio puede dificultar notoriamente su defensa

Cuando no se acceda a la pretensión del adquirente, el transmitente continuará en el juicio, quedando a salvo las relaciones jurídicas privadas que existan entre ambos.

Derecho concursal. La sucesión procesal derivada de la enajenación de bienes y derechos litigiosos en procedimientos de concurso se regirá por lo establecido en la Ley Concursal. En estos casos, la otra parte podrá oponer eficazmente al adquirente cuantos derechos y excepciones le correspondieran frente al concursado

§ 13. Sucesión en los casos de intervención provocada

18

En el caso a que se refiere la regla 4.ª del apartado 2 del artículo 14, de la solicitud presentada por el demandado se dará traslado por el LAJ a las demás partes para que aleguen lo que a su derecho convenga, por plazo de cinco días, decidiendo a continuación el Tribunal por medio de auto, lo que resulte procedente en orden a la conveniencia o no de la sucesión.

§ 14. Poder de disposición sobre el proceso

Poder de disposición. Salvo cuando la ley lo prohíba o limite, las partes podrán (i) renunciar, (ii) desistir, (iii) allanarse, (iv) someter a mediación o arbitraje y (v) transigir sobre el objeto del proceso (requiere de homologación por el tribunal).

19

Momento. En cualquiera; de la primera instancia o de los recursos (vide infra, norma especial para el recurso de casación) o de la ejecución de sentencia.

Límite temporal (sólo en el recurso de casación). Estos actos de disposición no podrán realizarse una vez señalado día para la deliberación, votación y fallo del recurso de casación.

Derivación a mediación. En cualquier momento del procedimiento, el LAJ o el tribunal podrá plantear a las partes la posibilidad de derivar el litigio a mediación o a otro medio adecuado de solución de controversias, si considera (mediante resolución motivada que podrá ser oral), que concurren circunstancias que posibilitan una solución del conflicto en ese ámbito y, singularmente, en los casos en que no haya sido posible llevar a cabo la actividad negociadora previa. La derivación requerirá la **conformidad de las partes**, que podrán pedir conjuntamente la suspensión del procedimiento.

Suspensión del proceso. A solicitud de las partes, será acordada por el LAJ mediante Decreto, siempre que no perjudique al interés general o a tercero y el plazo de suspensión no supere los 60 días.

Renuncia a la acción o al derecho. Tribunal dictará sentencia absolviendo al demandado, salvo que sea legalmente inadmisible; en ese caso, se dictará auto mandando seguir el proceso adelante.

20

Desistimiento. (i) Antes de que el demandado sea emplazado para contestar o citado para juicio. (ii) En cualquier momento, cuando el demandado se encuentre en rebeldía. (iii) Emplazado el demandado, se le da traslado del desistimiento por 10 días:

> (a) Si el demandado presta su conformidad o no se opone, el LAJ dicta decreto acordando el sobreseimiento, pudiendo el actor promover nuevo juicio sobre el mismo objeto.
> (b) Si el demandado se opone al desistimiento, el Juez resolverá lo que estime oportuno.

Allanamiento.

> **(i) Total**. Se dictará sentencia estimatoria de la demanda, salvo en caso de fraude de ley o resultar contrario al interés general o perjuicio de tercero, en cuyo caso se dicta auto, rechazando el allanamiento, siguiendo el proceso adelante.

21

> **(ii) Parcial**. El tribunal, a instancia del actor, podrá dictar auto acogiendo las pretensiones objeto del allanamiento, siempre que sea posible un pronunciamiento separado que no prejuzgue las cuestiones no allanadas, respecto de las cuales continúa el proceso. El auto será ejecutable.

> **(iii) Supuesto de compromiso con efectos de transacción (art. 437.3): juicio de desahucio** por falta de pago o por expiración del plazo; la resolución de homologación advertirá que, de no cumplirse el plazo de desalojo previsto, la transacción quedará sin efecto y se llevará a cabo el lanzamiento en el día y hora fijado.

Terminación por satisfacción extraprocesal o carencia sobrevenida de objeto. Se pondrá de manifiesto y:

21

> **(i) Si hay acuerdo entre las partes**, el LAJ decretará la terminación del proceso, sin costas.
> **(ii) Si alguna parte sostiene la subsistencia**, el LAJ convocará (en 10 días) comparecencia y se resuelve por auto si procede o no continuar el juicio, con imposición de costas. **Recurso**: cabe apelación si deniega continuación; no cabe recurso si acuerda la continuación.

Si el interés se circunscribe a las **costas**, el LAJ dará cuenta al tribunal, que acordará mediante auto, previa audiencia de la otra parte, la terminación del proceso, pudiendo condenar al pago de las costas conforme a los criterios del art. 395. Contra este auto cabe **recurso** de apelación.

> **(iii) Regla especial para la enervación en el desahucio por falta de pago**. Termina el proceso mediante decreto del LAJ si, requerido el demandado (art. 440.3), paga o consigna en el Tribunal o notarialmente, dentro de plazo, el importe de lo reclamado y lo que adeude. Si el actor se opone a la enervación, citación a la vista del art. 443, tras la que se dicta sentencia (con declaración de enervación o estimación de la demanda). **Excepción**: si hubo enervación en ocasión anterior o previo requerimiento de pago fehaciente con, al menos, 30 días de antelación a la presentación de la demanda y el pago no fue efectuado al tiempo de esa presentación. **Costas de enervación**: se imponen al arrendatario, salvo que las rentas no se hubiesen cobrado por causa imputable al arrendador.

§ 15. Intervención de procurador

No es preceptiva:

1. En el Juicio Verbal cuya cuantía no exceda de 2.000 euros.
2. Petición inicial en el procedimiento monitorio.
3. Juicios universales, si la comparecencia se limita a la presentación de títulos o a concurrir a juntas.
4. Incidentes sobre la impugnación de resoluciones en materia de asistencia jurídica gratuita o sobre medidas urgentes anteriores al juicio.

Formas de apoderamiento:

1. Por comparecencia electrónica (en sede judicial electrónica).
2. Por comparecencia personal, (i) ante notario (otorgamiento de escritura pública de poder para pleitos) o (ii) ante el LAJ de cualquier oficina judicial.

Elemento temporal. El otorgamiento debe ser efectuado al mismo tiempo que la presentación del primer escrito o, en su caso, antes de la primera actuación; no requiere la concurrencia del procurador.

§ 16. Intervención de abogado

No es preceptiva:

1. En el Juicio Verbal por razón de la cuantía, cuando no exceda de 2.000 euros.
2. Petición inicial en el procedimiento monitorio.
3. Escritos (i) de personamiento, (ii) solicitud de medidas urgentes anteriores al juicio, (iii) pedir la suspensión de vistas o actuaciones, salvo que la causa se refiera al abogado, en cuyo caso deberá firmar el escrito si ello es posible, y (iv) los escritos para acreditar el cumplimiento de actividades en el proceso de ejecución que hayan sido delegadas al procurador por el Tribunal.

§ 17. Intervención no preceptiva de abogado o procurador

En la **demanda**, el actor que pretenda servirse de abogado y/o procurador no siendo preceptiva su intervención, lo hará constar así. Y, dentro de los 3 días siguientes a la notificación de la demanda, el **demandado** comunicará al tribunal su pretensión de valerse de abogado y/o procurador, si tal fuese su voluntad.

En el supuesto que el actor no anuncie en la demanda su voluntad de servirse de tales profesionales, y si lo advierte dentro de los tres días siguientes el demandado, se notificará al actor para que en el plazo de tres días comunique al tribunal su pretensión de valerse de abogado y/o procurador, si así lo quiere.

Norma especial sobre costas procesales en art. 32.5 LEC: Cuando la **intervención** de abogado y procurador **no sea preceptiva**, de la eventual condena en costas se excluirán los derechos y honorarios devengados, salvo que el Tribunal aprecie (i) temeridad o (ii) abuso del servicio público de Justicia en el condenado en costas o (iii) que el domicilio de la parte esté en partido judicial distinto al de tramitación (en este caso con las limitaciones del art. 394.3). También se excluirán, en todo caso, los derechos devengados por el procurador como consecuencia de actuaciones de facultativas que hubieran podido ser practicadas por la Oficina judicial.

Supuesto especial del consumidor que opte por valerse de estos profesionales para interponer demanda tras una reclamación extrajudicial previa, en la tasación de costas se incluirá la cuenta del procurador y la minuta del abogado (en este caso sin el límite del art. 394.3).

23

24

31

32

§ 18. Reclamación al cliente por su abogado y/o su procurador

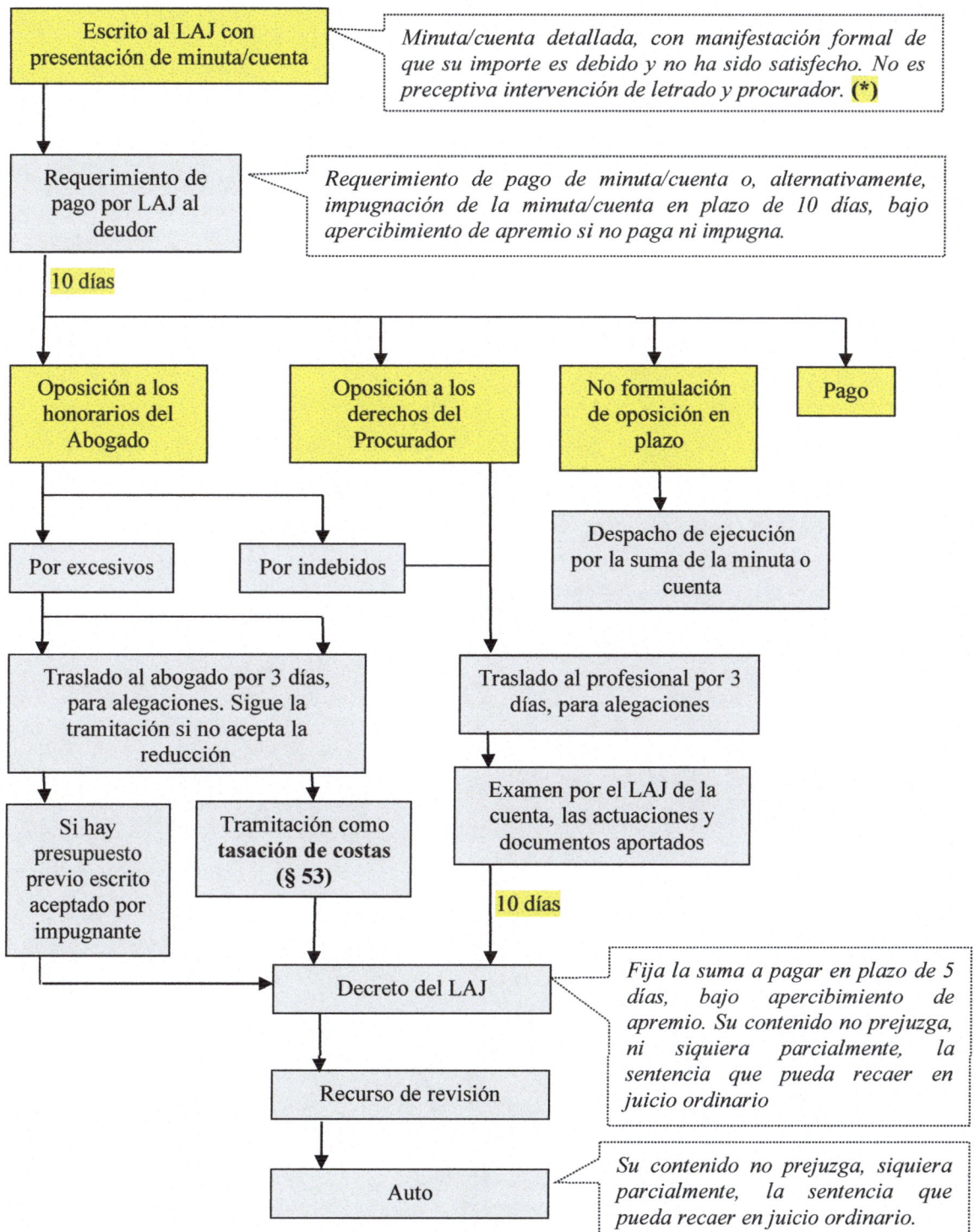

Escrito al LAJ con presentación de minuta/cuenta

Minuta/cuenta detallada, con manifestación formal de que su importe es debido y no ha sido satisfecho. No es preceptiva intervención de letrado y procurador. **(*)**

Requerimiento de pago por LAJ al deudor

Requerimiento de pago de minuta/cuenta o, alternativamente, impugnación de la minuta/cuenta en plazo de 10 días, bajo apercibimiento de apremio si no paga ni impugna.

10 días

Oposición a los honorarios del Abogado

Oposición a los derechos del Procurador

No formulación de oposición en plazo

Pago

Despacho de ejecución por la suma de la minuta o cuenta

Por excesivos

Por indebidos

Traslado al abogado por 3 días, para alegaciones. Sigue la tramitación si no acepta la reducción

Traslado al profesional por 3 días, para alegaciones

Si hay presupuesto previo escrito aceptado por impugnante

Tramitación como **tasación de costas** **(§ 53)**

Examen por el LAJ de la cuenta, las actuaciones y documentos aportados

10 días

Decreto del LAJ

Fija la suma a pagar en plazo de 5 días, bajo apercibimiento de apremio. Su contenido no prejuzga, ni siquiera parcialmente, la sentencia que pueda recaer en juicio ordinario

Recurso de revisión

Auto

Su contenido no prejuzga, siquiera parcialmente, la sentencia que pueda recaer en juicio ordinario.

(*) Si la reclamación se dirige contra una persona física, el profesional deberá aportar junto con la cuenta el **contrato suscrito con el cliente**, y el LAJ, previamente a efectuar el requerimiento, dará cuenta al juez para apreciar el posible **carácter abusivo de cualquier cláusula** que fundamente la petición o determine la cantidad exigible. Si apreciare que alguna cláusula puede ser calificada como abusiva, dará audiencia por cinco días a las partes. Oídas estas, resolverá lo procedente mediante auto dentro de los cinco días siguientes. Para dicho trámite no será preceptiva la intervención de abogado ni de procurador. De estimar el carácter abusivo de alguna de las cláusulas contractuales, el auto que se dicte determinará las consecuencias de tal consideración acordando, bien la improcedencia de la pretensión, bien la continuación del procedimiento sin aplicación de las consideradas abusivas. Si el tribunal no estimase la existencia de cláusulas abusivas, lo declarará así y el LAJ procederá a requerir al deudor. El **auto** que se dicte será apelable en todo caso. El pronunciamiento, una vez firme, tendrá fuerza de cosa juzgada.

II. JURISDICCIÓN Y COMPETENCIA

§ 19. Cuestiones prejudiciales penales

40

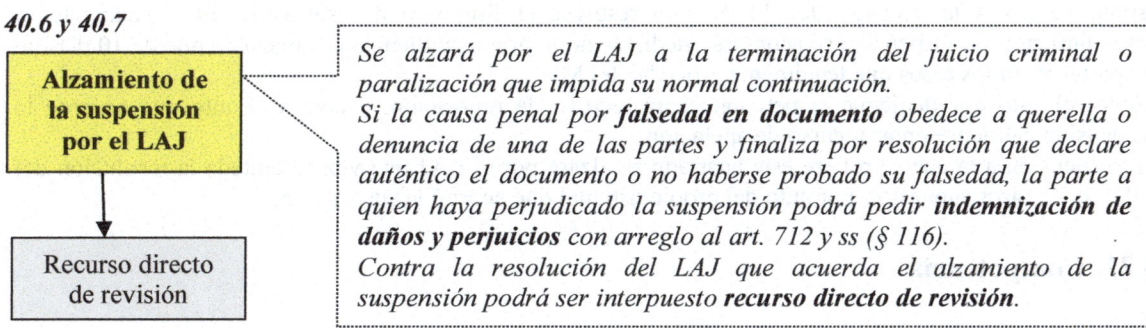

40

> Si noticia de un hecho con apariencia de delito o falta perseguible de oficio

↓

> Auto

Providencia: *puesta en conocimiento del Mº Fiscal*
Requisitos para la suspensión de las actuaciones:
1º Que se acredite exista causa criminal que se esté investigando sobre los mismos hechos fundamento de la pretensión civil
2º Que la decisión del tribunal penal pueda influir decisivamente en la resolución del asunto civil
Momento de la suspensión: *una vez que el proceso esté pendiente sólo de sentencia. Excepto, si posible* **delito de falsedad en documentos aportados***, en cuyo caso se acordará tan pronto se acredite que se sigue causa criminal si a juicio del Tribunal el documento pudiese ser decisivo para resolver sobre el fondo del asunto; no se acuerda la suspensión, o ésta se alzará, si la parte favorecida por el documento renuncia a él (con separación de los autos.* **Alzamiento de la suspensión** (vide infra).

41.2
> Acuerda la suspensión

41.1
> Deniega la suspensión

—5 días→

> Recurso de reposición (§ 94)

Sin perjuicio de reproducir la solicitud de suspensión durante la segunda instancia y recursos extraordinarios (infracción procesal o casación).

↓ 5 días

> Recurso de apelación (§ 96)

→

> Auto en apelación confirmando la suspensión

→

> No cabe recurso

40.6 y 40.7

> **Alzamiento de la suspensión por el LAJ**

↓

> Recurso directo de revisión

Se alzará por el LAJ a la terminación del juicio criminal o paralización que impida su normal continuación.
Si la causa penal por **falsedad en documento** *obedece a querella o denuncia de una de las partes y finaliza por resolución que declare auténtico el documento o no haberse probado su falsedad, la parte a quien haya perjudicado la suspensión podrá pedir* **indemnización de daños y perjuicios** *con arreglo al art. 712 y ss (§ 116).*
Contra la resolución del LAJ que acuerda el alzamiento de la suspensión podrá ser interpuesto **recurso directo de revisión***.*

§ 20. Cuestiones prejudiciales contencioso-administrativas y sociales

Conocerán de ellas los tribunales civiles a los solos efectos prejudiciales (sin efectos fuera del proceso civil).

Cuando lo establezca la ley o lo pidan las partes de común acuerdo (o una con el consentimiento de la otra) **se suspenderá el curso de las actuaciones** hasta la resolución de la cuestión prejudicial por el órgano competente. En tal caso, el tribunal civil quedará vinculado por la decisión del órgano competente.

§ 21. Cuestión prejudicial civil objeto principal de otro proceso no acumulable

43

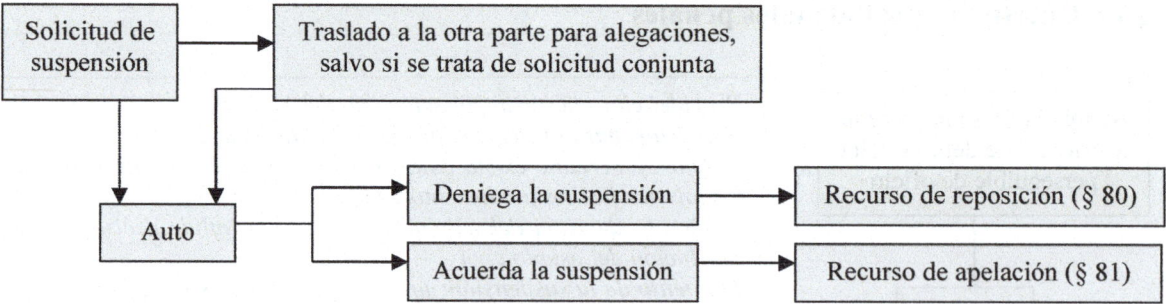

§ 22. Cuestión prejudicial europea

Nota.- El **art. 43 bis** fue derogado por la disposición derogatoria única.2 del **Real Decreto-ley 4/2024, de 26 de junio**. No obstante, recogemos su regulación por ser evidente que la cuestión prejudicial podrá ser planteada.

43 bis

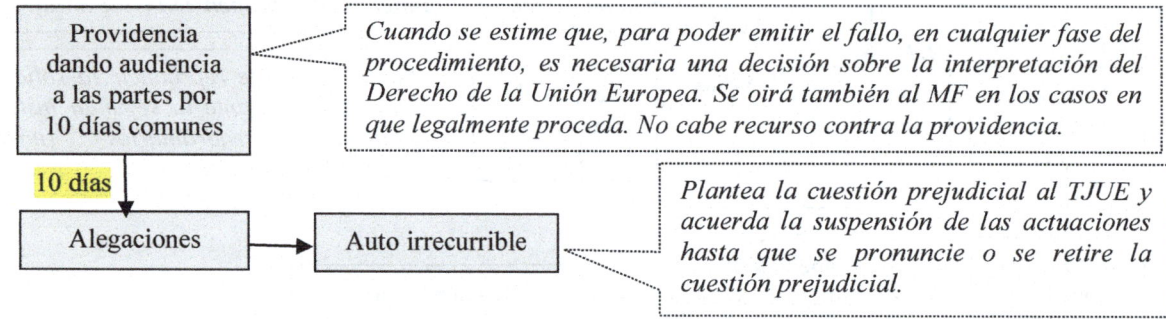

Si ya hay planteada una cuestión prejudicial anterior por otro Tribunal. Cuando se encuentre pendiente ante el TJUE una cuestión prejudicial directamente vinculada con el objeto del litigio de que conoce un tribunal, ya planteada por otro órgano jurisdiccional de cualquier Estado de la UE, si el tribunal estima necesaria la decisión del TJUE para resolver el litigio, podrá suspender motivadamente el procedimiento. La suspensión se acordará, mediante auto, previa audiencia por plazo común de 10 días de las partes y, en los casos que legalmente proceda, del MF.

Contra el auto que deniegue la petición cabrá recurso de reposición, y contra el auto que acuerde la suspensión cabrá presentar recurso de apelación.

La suspensión a la que se refiere este apartado se alzará por el LAJ una vez acreditada la resolución del TJUE o, en otros supuestos, por auto del propio tribunal que acordó la suspensión.

§ 23. Competencia

44

Predeterminación legal. Ha de venir atribuida por normas con rango de ley anteriores a la incoación de las actuaciones.

§ 24. Competencia objetiva

45
a
49

Su falta será apreciable de oficio o a instancia de parte (mediante la declinatoria). Es causa de nulidad absoluta, previa audiencia de las partes y del MF por un plazo común de 10 días. El Auto que declare la falta de competencia objetiva indicará el Tribunal al que corresponde su conocimiento.

Tribunales de Instancia	1.- Asuntos civiles no atribuidos a otros tribunales. 2.- Asuntos, actos y recursos atribuidos por la LOPJ
Jueces de Paz	1.- Asuntos de cuantía no superior a 150 € en que no proceda el J.V. por razón de la materia (§ 56) 2.- Actos de conciliación de cuantía inferior a 10.000 €. 3.- Actos de conciliación del art. 804 LECrim si (i) el hecho sucedió en el término municipal y (ii) en él tiene su domicilio el requerido.

Alegación a instancia de parte: por medio de la **declinatoria.**
Pérdida de la competencia por **actos de violencia sobre la mujer**: cfr. **art. 49 bis** LEC (salvo que se haya iniciado materialmente la vista o comparecencia del procedimiento civil).

§ 25. Competencia territorial

50
51

Fuero general de las personas físicas (subsidiarios unos de otros, salvo que la ley disponga otro)	1. Domicilio del demandado en territorio nacional 2. Residencia del demandado en dicho territorio 3. Donde se encuentre o su última residencia en España 4. Domicilio del actor
Fuero de empresarios y profesionales, en litigios derivados de su actividad	1. Lugar donde desarrollen su actividad 2. Si en diferentes lugares, cualquiera de ellos a elección del actor
Fuero general de las personas jurídicas (a elección del actor)	1. Su domicilio 2. Lugar de nacimiento de la relación jurídica o donde deba surtir efectos si allí tiene establecimiento abierto o representante
Fuero de los entes sin personalidad (a elección del actor)	1. Domicilio de sus gestores 2. Cualquier lugar en el que desarrollen su actividad

Casos especiales. Son supuestos de **fuero imperativo** (excepto n.º 2 y n.º 3, en los que cabe sumisión expresa o tácita). **No cabe la sumisión** expresa o tácita en los asuntos que deban ventilarse en Juicio Verbal; y no se permite la sumisión expresa en: (1) Contratos de adhesión; (2) Condiciones generales; (3) Consumidores y usuarios.

`54`

`52`

N.º	Acción ejercitada	Tribunal competente
1	Acciones reales sobre inmuebles	Lugar donde radique la cosa; si varios: cualquiera
2	Acciones sobre presentación o rendición de cuentas por administradores de bienes ajenos	Lugar donde deban presentarse; si no determinado, domicilio dueño bienes o donde se desempeña la administración, a elección del actor
3	Acciones sobre obligaciones de garantía	Tribunal competente para la obligación principal
4	Juicios sobre cuestiones hereditarias	Último domicilio del finado; si en extranjero, último domicilio en España o donde radique la mayor parte de los bienes, a elección del actor
5	Acciones sobre medidas de apoyo al discapacitado	Lugar de residencia del discapacitado
6	Honor, intimidad personal y familiar, propia imagen y protección derechos fundamentales	Domicilio del actor; si en extranjero, lugar donde se produce el hecho vulnerador del derecho
7	Arrendamiento inmuebles y desahucio	Lugar donde radique la finca
8	Propiedad horizontal	Lugar donde radique la finca
9	Indemnización circulación vehículos a motor	Lugar donde se causan los daños
10	Impugnación de acuerdos sociales	Domicilio de la sociedad
11	Infracciones de la propiedad intelectual	Lugar de comisión de la infracción o donde se encuentren ejemplares ilícitos (a elección actor)
12	Competencia desleal	Donde el demandado tenga su establecimiento; a falta de éste, su domicilio o residencia; en su defecto, donde se haya realizado el acto de competencia desleal o donde su produzcan sus efectos, a elección del actor
13	Propiedad industrial	Remisión a la legislación especial
13 bis	Resoluciones administrativas sobre propiedad industrial	Ver contenido n.º 13 bis
14	-Cláusulas condiciones generales contratación -Acción declarativa, de cesación o retracción	-Domicilio del actor -Donde el demandado tenga su establecimiento y, en su defecto, su domicilio y, si en extranjero, donde se haya realizado la adhesión
15	Tercerías en relación con procedimiento administrativo de apremio	Lugar donde el órgano acordó el embargo (a salvo especialidades de Administraciones públicas)
16	Acción de cesación defensa intereses colectivos o difusos de consumidores y usuarios	Donde el demandado tenga un establecimiento o, en su defecto, el de su domicilio; si carece en España, el domicilio del actor
17	Contra resoluciones DGRN en materia de Registro Civil (excepto nacionalidad por residencia)	El JPI de la capital de la provincia del domicilio del recurrente

Cuando las normas anteriores no sean de aplicación en materia de **seguros, ventas a plazos de muebles y contratos sobre su financiación y contratos sobre muebles precedidos de oferta pública**, será competente el Tribunal del domicilio del asegurado, comprador o prestatario o de quien acepte la oferta.

`52-2`

Cuando las normas anteriores no sean de aplicación a los **litigios de acciones individuales de consumidores o usuarios** será competente, a elección del consumidor o usuario, el tribunal de su domicilio o el tribunal correspondiente conforme a los arts. 50 y 51.

En caso de **ejercicio plural de acciones**, es competente el tribunal del lugar correspondiente a la acción que sea fundamento de las demás; en su defecto, el que deba conocer de mayor número de acciones; y, en último término, el lugar que corresponda a la acción más importante cuantitativamente. En caso de **concurrencia de varios demandados**, ante cualquiera de ellos, a elección del actor.

`53`

Supuestos de competencia territorial imperativa:

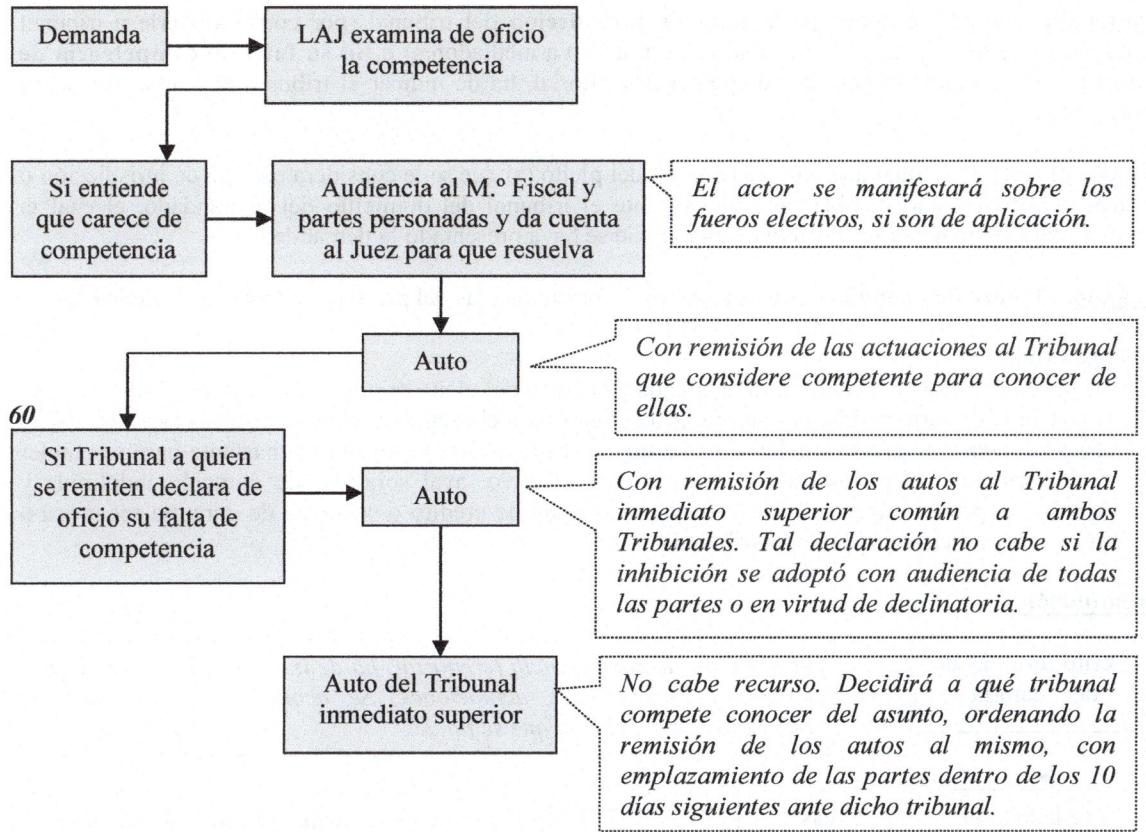

En los supuestos en que la competencia territorial no sea imperativa la falta de competencia territorial sólo será apreciable a instancia de parte mediante la **declinatoria** (§ 27).

§ 26. Competencia funcional

Por conexión.- El tribunal con competencia para conocer un pleito la tendrá también para resolver sus incidentes y para ejecutar las sentencias o convenios y transacciones que apruebe.

Respecto de los recursos.- Naturaleza imperativa de las normas. No admisión a trámite de los recursos dirigidos a un tribunal sin competencia. No obstante, si es admitido el recurso, el tribunal al que se haya dirigido entiende que no tiene competencia funcional, dictará Auto absteniéndose de conocer, previa audiencia de las partes por 10 días. Notificado el auto, los litigantes dispondrán de 5 días para la correcta interposición o anuncio del recurso.

§ 27. Declinatoria

Contenido. Por ella se opone **(i) la falta de jurisdicción** del tribunal (por corresponderle a tribunal extranjero o de otro orden jurisdiccional o a árbitros o a mediadores) o **(ii) su falta de competencia de todo tipo**; si se funda en falta de competencia territorial, ha de indicar el tribunal al que se considera competente.

> 63

Dónde. (i) Ante el tribunal que está conociendo del pleito (al que se le considera carente de jurisdicción o competencia); (ii) podrá también formularse ante el tribunal del domicilio del demandado, el cual la remitirá, para su tramitación, al tribunal ante el que se haya presentado la demanda.

Cuándo. El **plazo de formulación** será el de los 10 primeros días del plazo para contestar la demanda.

> 64-1

Efectos. Produce:
1. Suspende el plazo para contestar la demanda y el curso del pleito principal (lo declara el LAJ).
2. A instancia de parte podrán practicarse actuaciones para el aseguramiento de pruebas (ver art. 297, § 65) o adoptarse medidas cautelares, salvo que el demandado preste caución bastante para responder de los daños y perjuicios (mediante dinero en efectivo, aval solidario de duración indefinida y pagadero a primer requerimiento emitido por entidad de crédito o sociedad de garantía recíproca u otro medio suficiente a juicio del tribunal).

> 64-2

Tramitación

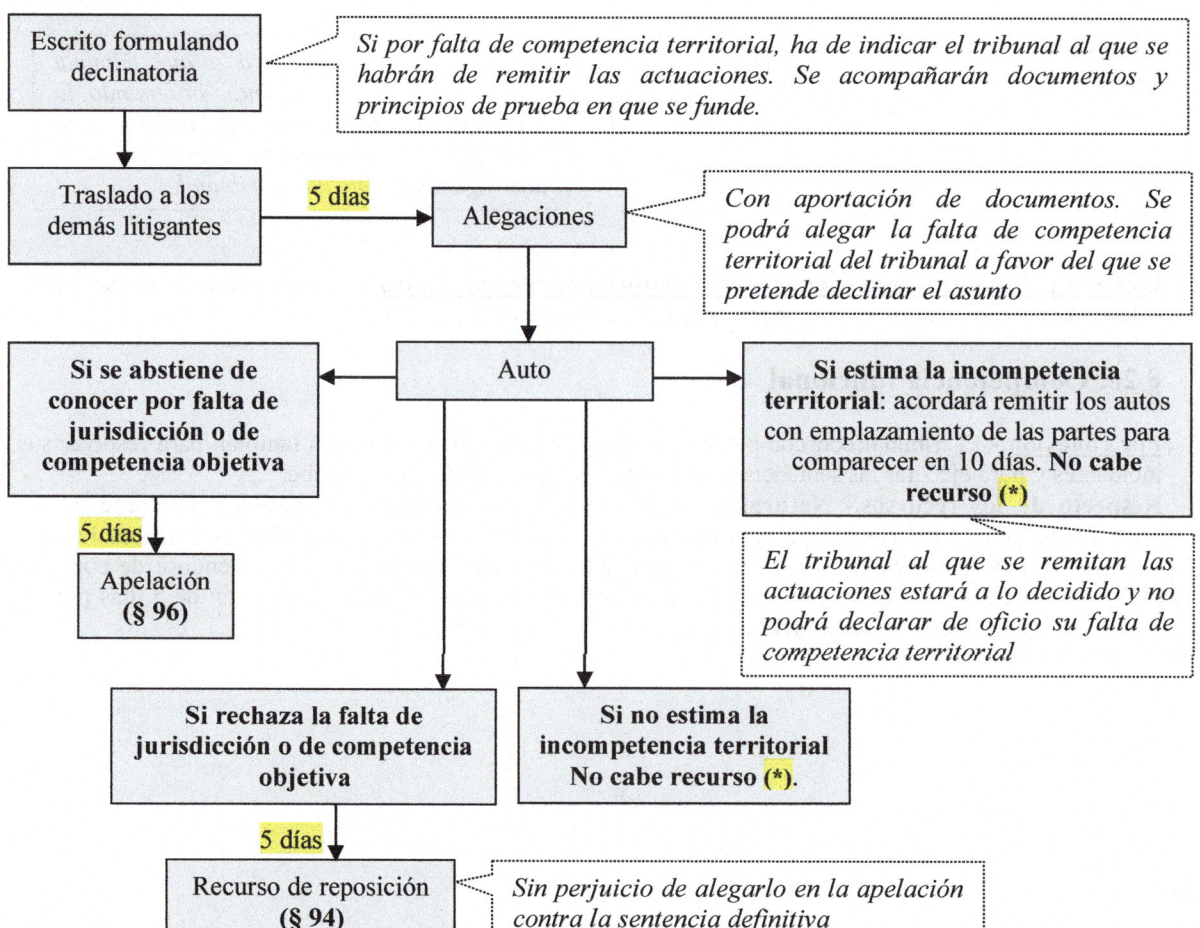

> 65
> a
> 67

(*) En los recursos de apelación y de casación contra la sentencia que se dicte sólo se admitirán alegaciones sobre la falta de competencia territorial cuando, en el caso de que se trate, fueren de aplicación normas imperativas.

§ 28. Reparto de asuntos y medidas urgentes

Contra las decisiones relativas al reparto no procede la declinatoria, pero se podrá impugnar la infracción de las normas de reparto. Las resoluciones dictadas por el tribunal al que no corresponda conocer según las normas de reparto serán nulas si la nulidad se instase en el trámite inmediatamente posterior al momento en que la parte hubiese tenido conocimiento de la infracción cometida y no hubiese sido corregida por el cauce de la impugnación antes señalada.

Los asuntos se repartirán en el plazo de 2 días desde la presentación del escrito o solicitud de incoación de actuaciones.

Los Jueces Decanos y los Presidentes de Tribunales podrán, a instancia de parte, adoptar las medidas urgentes en los asuntos no repartidos si, de no hacerlo, pudiera quebrantarse algún derecho o producirse algún perjuicio grave e irreparable.

*68
a
70*

III. ACUMULACIÓN DE ACCIONES Y PROCESOS

§ 29. Acumulación de acciones

71
72

1. Acumulación objetiva. El actor podrá acumular contra el demandado aquellas acciones que, aunque provengan de diferentes títulos, no sean incompatibles entre sí (bien porque se excluyan mutuamente o bien porque sean contradictorias entre ellas, de suerte que la elección de una impida o haga ineficaz el ejercicio de la otra), sin perjuicio de, en caso de incompatibilidad, pueda acumularlas formulándolas como peticiones subsidiarias o alternativas.

2. Acumulación subjetiva. Uno podrá demandar a varios o varios a uno, si existe un nexo por razón del objeto o del título o causa de pedir; se entiende que el título o causa de pedir es idéntico o conexo cuando las acciones se fundan en los mismos hechos.

§ 30. Requisitos de la acumulación de acciones

73

1. **Que el tribunal posea jurisdicción y competencia** respecto de la acción principal y la acción acumulada (en el J.O. puede acumularse una acción que por sí sola se tramitaría por J.V.).
    No obstante, cuando se acumulen inicialmente varias acciones conexas cuyo conocimiento se atribuya a tribunales con diferente competencia objetiva, corresponderá conocer de todas ellas a los Tribunales de lo Mercantil si éstos resultaren competentes para conocer de la principal y las demás fueren conexas o prejudiciales a ella.
    Cuando la acción principal deba ser conocida por los Tribunales de Instancia, no se permitirá la acumulación inicial de cualesquiera otras que no sean de su competencia objetiva.
2. **Que las acciones no hayan de ventilarse en juicios de diferentes tipos.** Véase la acumulabilidad de la acción de liquidación del régimen económico matrimonial y la acción de división de herencia, procedentes por fallecimiento de uno o ambos cónyuges, tramitándose por el procedimiento de división judicial de la herencia.
3. **Que la ley no prohíba la acumulación.**

§ 31. Supuestos de acumulación indebida de acciones

73-3

```
┌─────────────────────────┐
│ Demanda con acumulación │
│ de acciones indebida    │
└───────────┬─────────────┘
            │
            ▼
┌─────────────────────────┐          ┌─────────────────────────┐
│ Requerimiento al actor  │          │ Si subsana la falta,    │
│ para que subsane la     │   5 días │ continúa la tramitación │
│ falta en 5 días,        ├──────────┤                         │
│ manteniendo la          │          ├─────────────────────────┤
│ acumulación que sea     │          │ Si no subsana la falta, │
│ posible                 │          │ decidirá el Tribunal    │
└─────────────────────────┘          │ sobre la admisión de la │
                                      │ demanda                 │
                                      └─────────────────────────┘
```

§ 32. Acumulación de procesos

Concepto legal. En virtud de ella se seguirán dos o más procesos en un solo procedimiento, que será terminado por una sola sentencia.

74

Legitimación. Podrá ser solicitada por quien sea parte en cualquiera de los procesos a acumular o acordada de oficio cuando se esté en alguno de los casos del art. 76 LEC.

75

Habrá de ser acordada siempre que:
1. La sentencia pueda producir efectos prejudiciales en otro proceso.
2. Exista tal conexión entre los objetos de los procesos que, de seguirse separadamente, puedan dictarse sentencias con pronunciamientos o fundamentos contradictorios, incompatibles o mutuamente excluyentes.

Asimismo, procederá la acumulación en los siguientes casos:
1. Procesos incoados para la protección de los derechos e intereses colectivos o difusos que las leyes reconozcan a consumidores o usuarios, susceptibles de acumulación, cuando la diversidad de procesos no se hubiera podido evitar mediante la acumulación de acciones o la intervención prevista en el art. 15 LEC.
2. Cuando el objeto de la acumulación fuera la impugnación de acuerdos sociales adoptados en una misma junta o asamblea o en una misma sesión de órgano colegiado de administración, siempre que las mismas hubiesen sido presentadas en un período no superior a 40 días desde la presentación de la primera demanda.
3. Cuando se trate de procesos en los que se sustancie la oposición a resoluciones administrativas en materia de protección de un mismo menor, tramitados conforme al art. 780, siempre que en ninguno de ellos se haya iniciado la vista.

Cfr. **norma especial de reparto** en el último párrafo del art. 76 LEC, en relación con esos tres supuestos.

76

Procesos acumulables:

Sólo procede la acumulación de procesos declarativos que se sustancien por los mismos trámites o cuya tramitación pueda unificarse sin pérdida de derechos procesales, siempre que concurra alguna de las causas expresadas en la LEC. Salvo lo dispuesto en el art. 555 LEC sobre acumulación de ejecuciones.

Se entiende que no hay pérdida de derechos procesales cuando se acuerde la acumulación de un juicio ordinario y un juicio verbal, que proseguirán por los trámites del juicio ordinario (si fuere necesario, se retrotraerán las actuaciones del verbal hasta el momento de la contestación a la demanda, para que siga los trámites del juicio ordinario).

Requisitos de la acumulación (art. 77.5 LEC):
1. Que los procesos estén en primera instancia.
2. Que en ninguno de ellos haya finalizado el juicio.

77

No procede la acumulación:
1. Si los procesos penden ante distintos tribunales y (i) el más antiguo carece de competencia objetiva en el proceso a acumular; o, (ii) el más moderno tiene una competencia territorial inderogable. No obstante, podrá instarse la acumulación de procesos ante el Tribunal de lo Mercantil, aunque no esté conociendo del proceso más antiguo y alguno de ellos se esté tramitando ante un Tribunal de Instancia, siempre que se cumplan los demás requisitos mencionados en los arts. 76 y 78.
2. Si el riesgo de sentencias contradictorias, incompatibles o excluyentes puede evitarse con la oposición de la excepción de litispendencia.
3. Si no se justifica que con la primera demanda o con la reconvención no pudo promoverse un proceso igual a aquél cuya acumulación se pretende. Si los procesos cuya acumulación se pretende fueron promovidos por el mismo demandante o demandado-reconviniente se presume, salvo justificación cumplida, que pudieron promoverse en un único proceso y no cabrá la acumulación.

78

Escrito de solicitud de acumulación. Se presenta ante el tribunal que conozca el proceso más antiguo, al que se acumularán los más modernos. Para determinar la antigüedad, ver art. 79-2.

79

Especialidad del J.V. si los procesos se siguen ante el mismo tribunal, se tramitará según § 33.

80

§ 33. Acumulación de procesos seguidos ante un mismo Tribunal

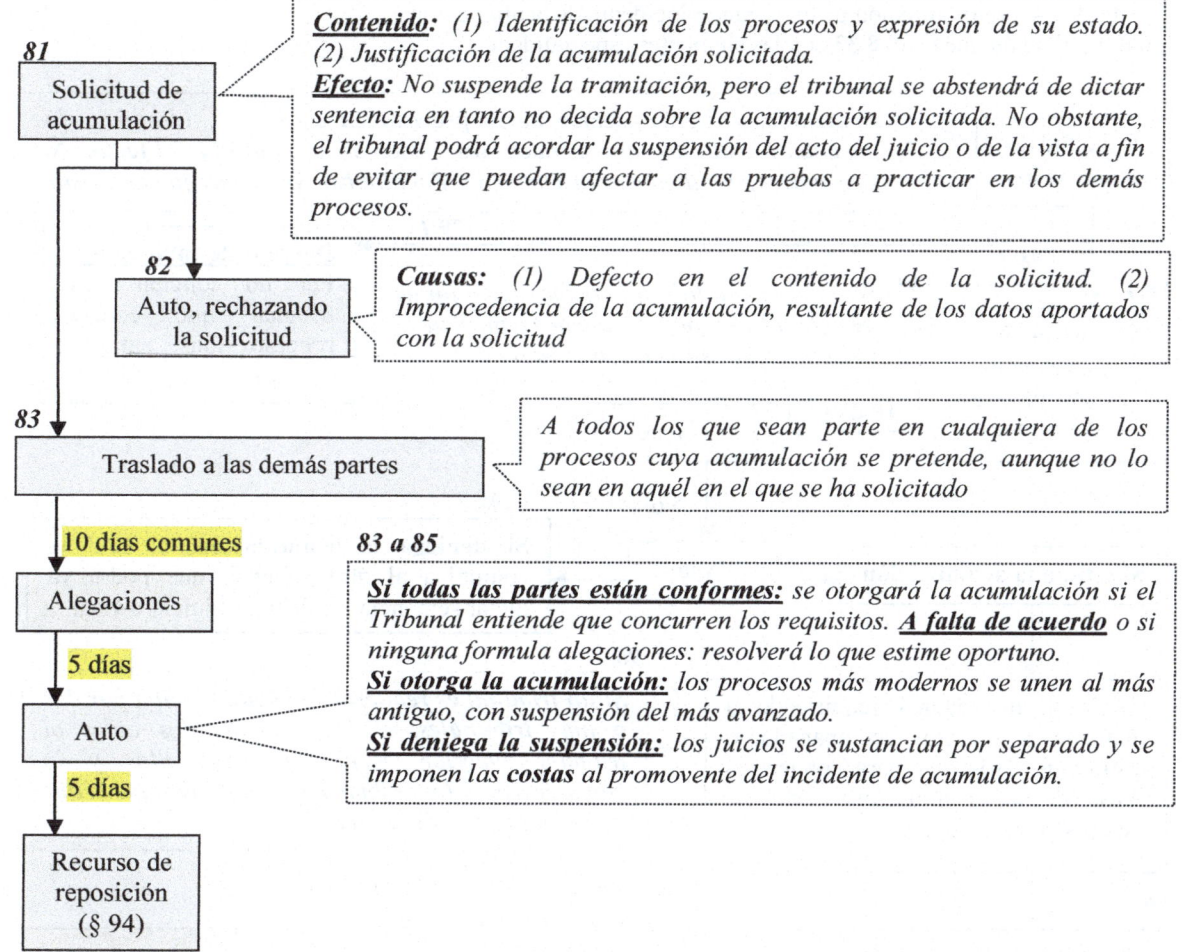

81 Solicitud de acumulación

Contenido: (1) Identificación de los procesos y expresión de su estado. (2) Justificación de la acumulación solicitada.
Efecto: No suspende la tramitación, pero el tribunal se abstendrá de dictar sentencia en tanto no decida sobre la acumulación solicitada. No obstante, el tribunal podrá acordar la suspensión del acto del juicio o de la vista a fin de evitar que puedan afectar a las pruebas a practicar en los demás procesos.

82 Auto, rechazando la solicitud

Causas: (1) Defecto en el contenido de la solicitud. (2) Improcedencia de la acumulación, resultante de los datos aportados con la solicitud

83 Traslado a las demás partes

A todos los que sean parte en cualquiera de los procesos cuya acumulación se pretende, aunque no lo sean en aquél en el que se ha solicitado

10 días comunes

Alegaciones

5 días

Auto

5 días

Recurso de reposición (§ 94)

83 a 85

Si todas las partes están conformes: se otorgará la acumulación si el Tribunal entiende que concurren los requisitos. *A falta de acuerdo* o si ninguna formula alegaciones: resolverá lo que estime oportuno.
Si otorga la acumulación: los procesos más modernos se unen al más antiguo, con suspensión del más avanzado.
Si deniega la suspensión: los juicios se sustancian por separado y se imponen las **costas** al promovente del incidente de acumulación.

§ 34. Acumulación de procesos seguidos ante distintos Tribunales

Cfr. art. 97, sobre prohibición de un segundo incidente de acumulación.
Igual tramitación que en el § 33 con las siguientes especialidades:

86

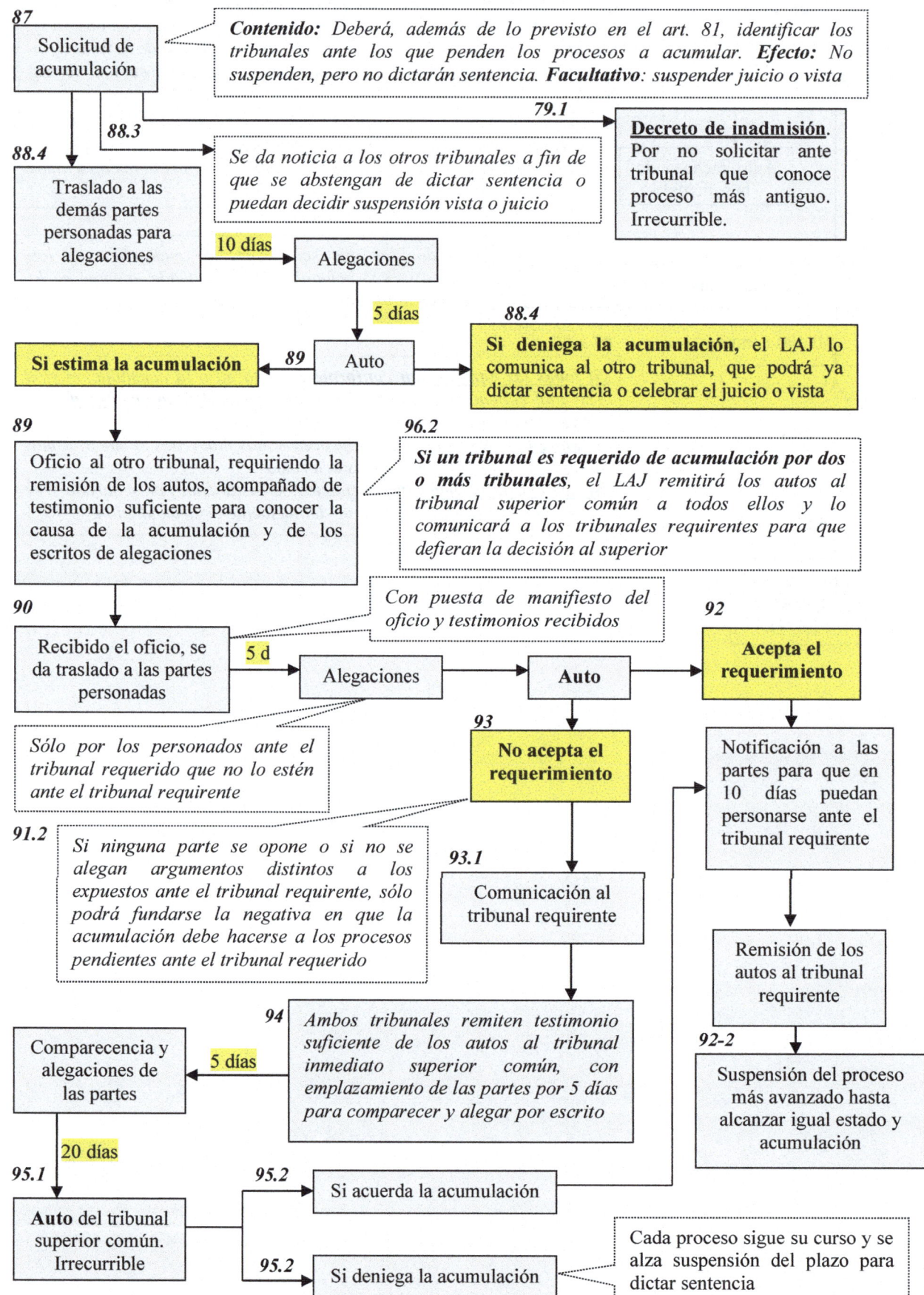

87

Solicitud de acumulación

*Contenido: Deberá, además de lo previsto en el art. 81, identificar los tribunales ante los que penden los procesos a acumular. **Efecto:** No suspenden, pero no dictarán sentencia. **Facultativo**: suspender juicio o vista*

88.4   **88.3**   **79.1**

Se da noticia a los otros tribunales a fin de que se abstengan de dictar sentencia o puedan decidir suspensión vista o juicio

Traslado a las demás partes personadas para alegaciones

Decreto de inadmisión. Por no solicitar ante tribunal que conoce proceso más antiguo. Irrecurrible.

10 días → Alegaciones

5 días

Si estima la acumulación   **89**   Auto

88.4
Si deniega la acumulación, el LAJ lo comunica al otro tribunal, que podrá ya dictar sentencia o celebrar el juicio o vista

89
Oficio al otro tribunal, requiriendo la remisión de los autos, acompañado de testimonio suficiente para conocer la causa de la acumulación y de los escritos de alegaciones

96.2
Si un tribunal es requerido de acumulación por dos o más tribunales, el LAJ remitirá los autos al tribunal superior común a todos ellos y lo comunicará a los tribunales requirentes para que defieran la decisión al superior

Con puesta de manifiesto del oficio y testimonios recibidos

90
Recibido el oficio, se da traslado a las partes personadas

5 d → Alegaciones → Auto

92
Acepta el requerimiento

Sólo por los personados ante el tribunal requerido que no lo estén ante el tribunal requirente

93
No acepta el requerimiento

Notificación a las partes para que en 10 días puedan personarse ante el tribunal requirente

91.2
Si ninguna parte se opone o si no se alegan argumentos distintos a los expuestos ante el tribunal requirente, sólo podrá fundarse la negativa en que la acumulación debe hacerse a los procesos pendientes ante el tribunal requerido

93.1
Comunicación al tribunal requirente

Remisión de los autos al tribunal requirente

94
Ambos tribunales remiten testimonio suficiente de los autos al tribunal inmediato superior común, con emplazamiento de las partes por 5 días para comparecer y alegar por escrito

Comparecencia y alegaciones de las partes

5 días

92-2
Suspensión del proceso más avanzado hasta alcanzar igual estado y acumulación

20 días

95.1
Auto del tribunal superior común. Irrecurrible

95.2
Si acuerda la acumulación

95.2
Si deniega la acumulación

Cada proceso sigue su curso y se alza suspensión del plazo para dictar sentencia

§ 35. Acumulación de procesos singulares a procesos universales

Casos en los que procede:
1. Pendiente proceso concursal del caudal contra el que se formula demanda (remisión a la legislación concursal).
2. Pendiente proceso sucesorio del caudal contra el que se formula demanda. **Excepciones:** Los procesos de ejecución contra bienes hipotecados o pignorados, cualquiera que sea la fecha de inicio de la ejecución.

Solicitud: ante el tribunal que conozca del proceso universal, independientemente de la antigüedad de los procesos.

Tramitación: se regirá por las normas de la LEC con las especialidades establecidas en la legislación concursal y reguladora de las sucesiones.

IV. ABSTENCIÓN Y RECURSACIÓN

§ 36. Abstención y recusación. Disposiciones generales

99 a 101

Causas: Remisión a la LOPJ (para jueces y magistrados, 217 a 228 LOPJ; fiscales, 28 EOMF; LAJ, 446 LOPJ; funcionarios 499 LOPJ). Sobre deber de abstención: art. 100 LEC.
Legitimación para recusar: Ministerio Fiscal (si interviene en el proceso) y las partes.

§ 37. Abstención de Jueces y Magistrados

102.1

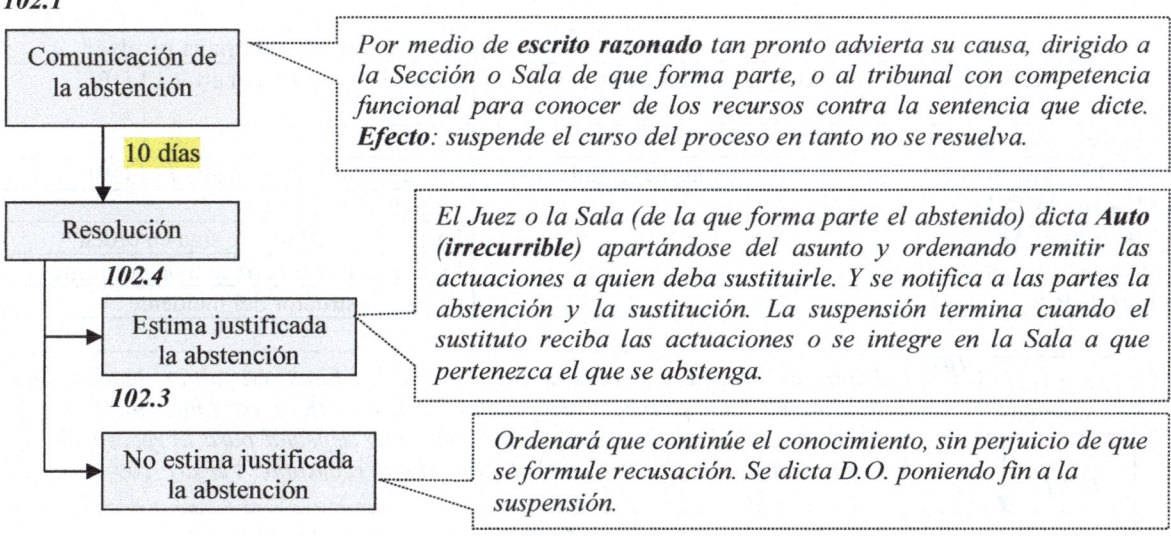

Comunicación de la abstención

*Por medio de **escrito razonado** tan pronto advierta su causa, dirigido a la Sección o Sala de que forma parte, o al tribunal con competencia funcional para conocer de los recursos contra la sentencia que dicte. **Efecto**: suspende el curso del proceso en tanto no se resuelva.*

10 días

Resolución

102.4

Estima justificada la abstención

*El Juez o la Sala (de la que forma parte el abstenido) dicta **Auto (irrecurrible)** apartándose del asunto y ordenando remitir las actuaciones a quien deba sustituirle. Y se notifica a las partes la abstención y la sustitución. La suspensión termina cuando el sustituto reciba las actuaciones o se integre en la Sala a que pertenezca el que se abstenga.*

102.3

No estima justificada la abstención

Ordenará que continúe el conocimiento, sin perjuicio de que se formule recusación. Se dicta D.O. poniendo fin a la suspensión.

§ 38. Abstención de Letrados de la Administración de Justicia

103

Se rige por las normas de la LOPJ.

§ 39. Abstención de otros funcionarios

104

Mediante escrito motivado dirigido al Juez o al Presidente de Sala/Sección.
Decide si es justificada o no el Juez o la Sala/Sección.
Si se estima justificada, el funcionario será reemplazado por su sustituto legal.

§ 40. Abstención de peritos designados por el Tribunal

105

La abstención podrá ser oral o escrita, y debidamente justificada con base en las causas legalmente previstas.

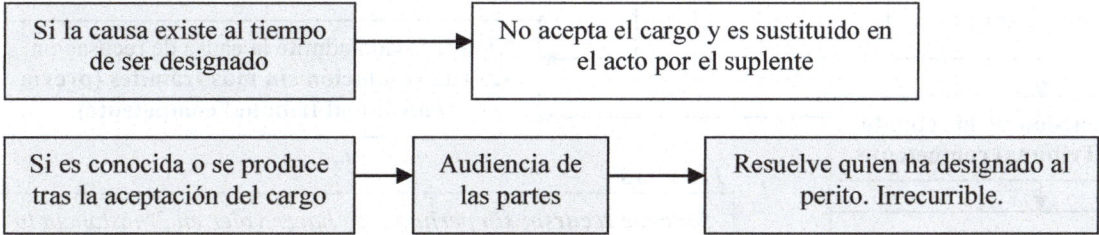

Si la causa existe al tiempo de ser designado → No acepta el cargo y es sustituido en el acto por el suplente

Si es conocida o se produce tras la aceptación del cargo → Audiencia de las partes → Resuelve quien ha designado al perito. Irrecurrible.

§ 41. Abstención de miembros del Ministerio Fiscal

106

Remisión a su Estatuto orgánico (cfr. art. 28 EOMF).

§ 42. Recusación de Jueces y Magistrados

Sobre la recusación durante la vista o con posterioridad a ella, ver § 47.

Recusado	Instructor del expediente
Pte. o Magistrado del TS o TSJ	Magistrado de la misma Sala, por turno de antigüedad
Pte. de AP	Magistrado Sala C/P del TSJ, por turno de antigüedad
Magistrado de AP	Magistrado de AP, de distinta Sección, por turno de antigüedad
Todos los Magistrados de una Sala	Magistrado del Tribunal, no afectado, por turno de antigüedad
Juez o Magistrado unipersonal	Magistrado de AP, por turno de antigüedad
Juez de Paz	Juez de 1ª Instancia del Partido, por turno de antigüedad

108

Si no fuere posible la designación del instructor conforme a lo expuesto, la Sala de Gobierno del Tribunal designará instructor, procurando que sea de mayor categoría o, al menos, más antigüedad que el recusado.

Recusado	Competencia para resolver
Pte. TS, Pte. Sala 1ª TS ó 2 ó más Magistrados de la Sala 1ª TS	La Sala prevista en el art. 61 LOPJ
Magistrado de la Sala 1ª TS	La Sala 1ª TS
Pte. TSJ, Pte. Sala C/P TSJ, Pte. AP, 2 ó más Mag. Sala o AP	La Sala prevista en el art. 77 LOPJ
Magistrado TSJ	La Sala C/P del TSJ
Magistrado AP	La Sección AP que le siga en orden
Juez de 1ª Instancia	La Sec. AP que corresponda por turno
Juez de Paz	El Juez instructor del incidente

110

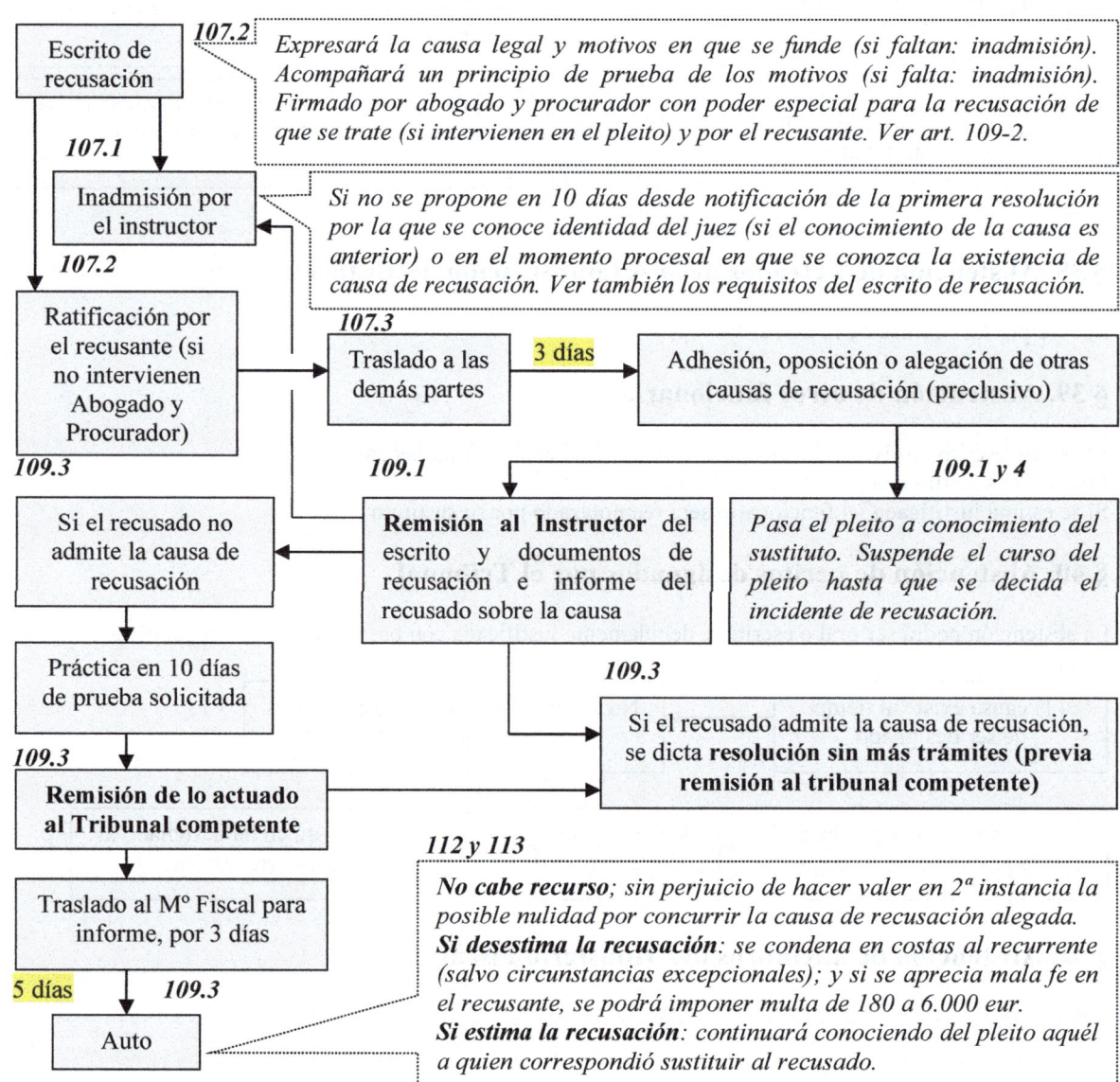

Escrito de recusación

107.2 Expresará la causa legal y motivos en que se funde (si faltan: inadmisión). Acompañará un principio de prueba de los motivos (si falta: inadmisión). Firmado por abogado y procurador con poder especial para la recusación de que se trate (si intervienen en el pleito) y por el recusante. Ver art. 109-2.

107.1

Inadmisión por el instructor
107.2

Si no se propone en 10 días desde notificación de la primera resolución por la que se conoce identidad del juez (si el conocimiento de la causa es anterior) o en el momento procesal en que se conozca la existencia de causa de recusación. Ver también los requisitos del escrito de recusación.

Ratificación por el recusante (si no intervienen Abogado y Procurador)

107.3
Traslado a las demás partes — 3 días — Adhesión, oposición o alegación de otras causas de recusación (preclusivo)

109.3

109.1
Remisión al Instructor del escrito y documentos de recusación e informe del recusado sobre la causa

109.1 y 4
Pasa el pleito a conocimiento del sustituto. Suspende el curso del pleito hasta que se decida el incidente de recusación.

Si el recusado no admite la causa de recusación

Práctica en 10 días de prueba solicitada

109.3
Si el recusado admite la causa de recusación, se dicta **resolución sin más trámites (previa remisión al tribunal competente)**

109.3
Remisión de lo actuado al Tribunal competente

Traslado al Mº Fiscal para informe, por 3 días

112 y 113
No cabe recurso; sin perjuicio de hacer valer en 2ª instancia la posible nulidad por concurrir la causa de recusación alegada.
Si desestima la recusación: se condena en costas al recurrente (salvo circunstancias excepcionales); y si se aprecia mala fe en el recusante, se podrá imponer multa de 180 a 6.000 eur.
Si estima la recusación: continuará conociendo del pleito aquél a quien correspondió sustituir al recusado.

5 días **109.3**

Auto

§ 43. Especialidades del Juicio Verbal

`111`

```
┌─────────────────────┐
│ Si el recusado no    │
│ acepta               │
│ la causa de          │         ┌ ─ ─ ─ ─ ─ ─ ─ ─ ─ ─ ─ ┐
│ recusación           │          Queda entre tanto en suspenso
└──────────┬──────────┘          el asunto principal
           │                     └ ─ ─ ─ ─ ─ ─ ─ ─ ─ ─ ─ ┘
           ▼            En 5 días
┌─────────────────────┐      ┌──────────────────┐      ┌─────────────────────┐
│ Pasan las actuaciones│─────▶│ Comparecencia    │─────▶│ Son oídas y se      │
│ al instructor del    │      │ de las partes    │      │ propone y practica  │
│ expediente           │      └──────────────────┘      │ la prueba           │
└─────────────────────┘                                 └──────────┬──────────┘
                                                                    │
                                                                    ▼
                                                         ┌─────────────────────┐
                                                         │ Providencia, en el  │
                                                         │ acto, resolviendo   │
                                                         └─────────────────────┘
```

Para la recusación de Jueces o Magistrados posterior al señalamiento de vistas, se estará a lo dispuesto en los arts. 190 a 192 LEC.

§ 44. Recusación de Letrados de la Administración de Justicia

`114 a 119`

Se aplican las normas sobre recusación de jueces de LOPJ, con las siguientes especialidades:
No podrán ser recusados durante la práctica de cualquier diligencia o actuación.
La pieza será instruida y resuelta por el Secretario de Gobierno respectivo, previa instrucción por el Secretario Coordinador correspondiente o, en su caso, LAJ que aquél designe.
Tras al escrito de recusación se **reemplaza al LAJ por su sustituto legal**.

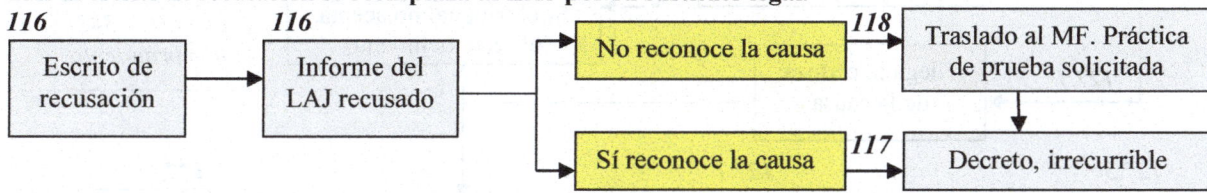

```
116              116
┌──────────┐   ┌──────────┐      ┌──────────────────┐  118  ┌─────────────────────┐
│ Escrito  │──▶│ Informe  │──┬──▶│ No reconoce la   │──────▶│ Traslado al MF.     │
│ de       │   │ del LAJ  │  │   │ causa            │       │ Práctica de prueba  │
│recusación│   │ recusado │  │   └──────────────────┘       │ solicitada          │
└──────────┘   └──────────┘  │                              └──────────┬──────────┘
                             │   ┌──────────────────┐  117             ▼
                             └──▶│ Sí reconoce la   │──────▶┌─────────────────────┐
                                 │ causa            │       │ Decreto, irrecurrible│
                                 └──────────────────┘       └─────────────────────┘
```

§ 45. Recusación de otros funcionarios

`120 a 123`

Será **instructor,** el LAJ del que dependan, y **resolverá** el Juez o el Magistrado-Presidente.

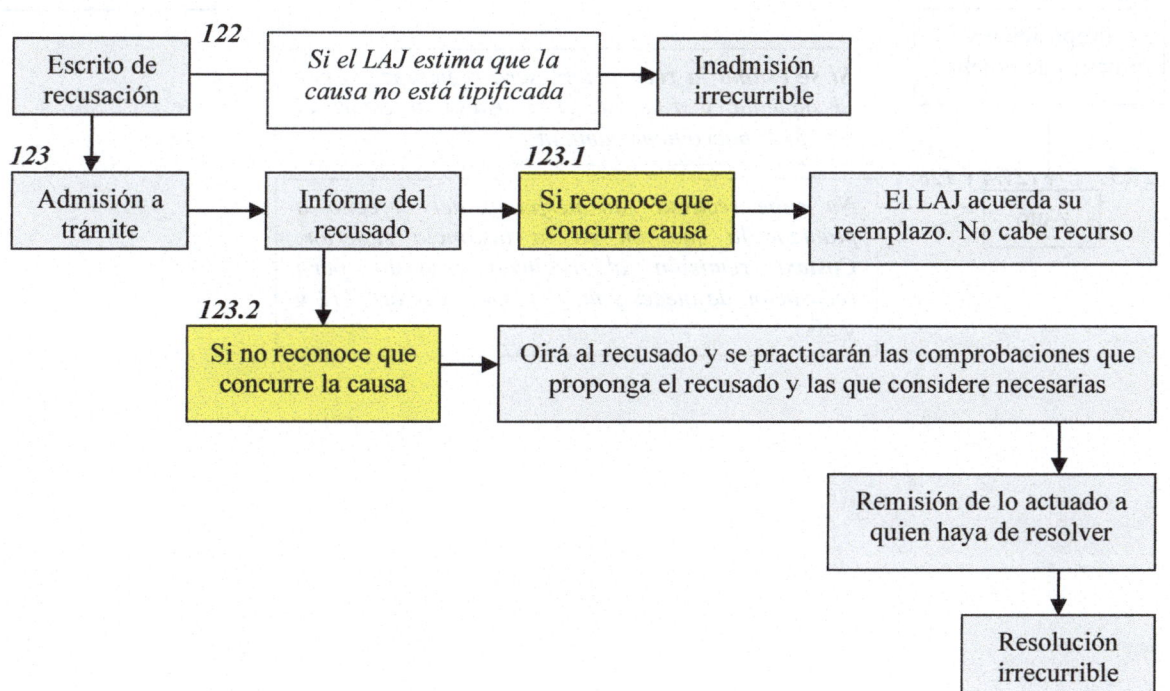

```
          122
┌──────────┐     ┌────────────────────┐      ┌──────────────┐
│ Escrito  │────▶│ Si el LAJ estima   │─────▶│ Inadmisión   │
│ de       │     │ que la causa no    │      │ irrecurrible │
│recusación│     │ está tipificada    │      └──────────────┘
└────┬─────┘     └────────────────────┘
 123 │
     ▼
┌──────────┐     ┌──────────┐    123.1  ┌──────────────┐      ┌─────────────────────┐
│Admisión a│────▶│ Informe  │─────────▶│ Si reconoce  │─────▶│ El LAJ acuerda su   │
│ trámite  │     │ del      │          │ que concurre │      │ reemplazo. No cabe  │
└──────────┘     │ recusado │          │ causa        │      │ recurso             │
                 └────┬─────┘          └──────────────┘      └─────────────────────┘
            123.2     │
                      ▼
         ┌──────────────┐      ┌──────────────────────────────────────────────┐
         │ Si no reconoce│─────▶│ Oirá al recusado y se practicarán las        │
         │ que concurre  │      │ comprobaciones que proponga el recusado y    │
         │ la causa      │      │ las que considere necesarias                 │
         └──────────────┘      └──────────────────────┬───────────────────────┘
                                                      ▼
                                     ┌─────────────────────────────┐
                                     │ Remisión de lo actuado a    │
                                     │ quien haya de resolver      │
                                     └──────────────┬──────────────┘
                                                    ▼
                                     ┌──────────────┐
                                     │ Resolución   │
                                     │ irrecurrible │
                                     └──────────────┘
```

§ 46. Recusación de peritos

Sólo cabe la recusación de los **peritos judiciales** (incluidos los suplentes), pues los **peritos de parte** habrán de ser objeto de **tacha** (cfr. arts. 343 y 344; ver § 71).

124
a
128

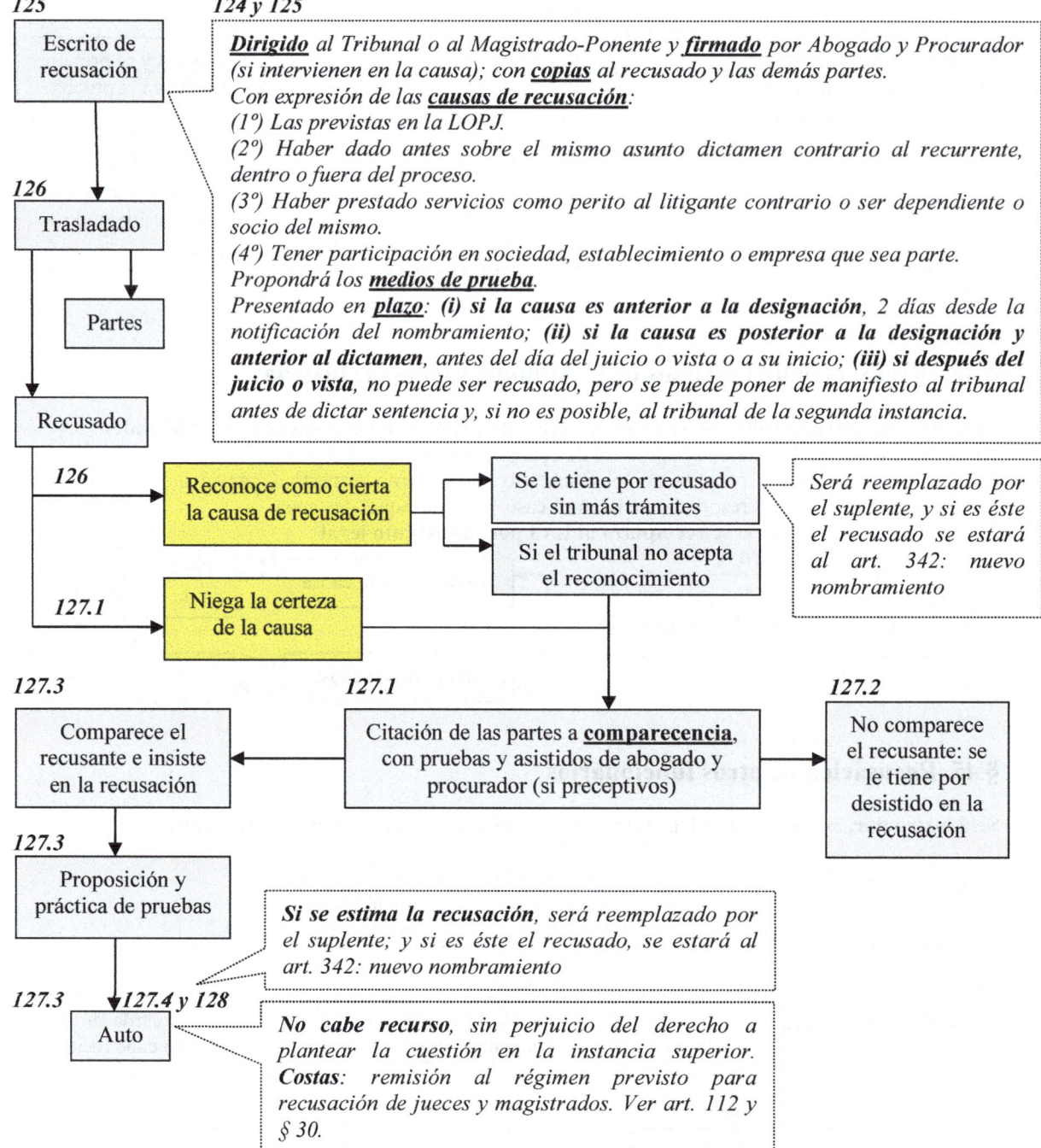

125

Escrito de recusación

126

Trasladado

Partes

Recusado

124 y 125

__Dirigido__ al Tribunal o al Magistrado-Ponente y __firmado__ por Abogado y Procurador (si intervienen en la causa); con __copias__ al recusado y las demás partes.
Con expresión de las __causas de recusación__:
(1º) Las previstas en la LOPJ.
(2º) Haber dado antes sobre el mismo asunto dictamen contrario al recurrente, dentro o fuera del proceso.
(3º) Haber prestado servicios como perito al litigante contrario o ser dependiente o socio del mismo.
(4º) Tener participación en sociedad, establecimiento o empresa que sea parte.
Propondrá los __medios de prueba__.
*Presentado en __plazo__: **(i) si la causa es anterior a la designación**, 2 días desde la notificación del nombramiento; **(ii) si la causa es posterior a la designación y anterior al dictamen**, antes del día del juicio o vista o a su inicio; **(iii) si después del juicio o vista**, no puede ser recusado, pero se puede poner de manifiesto al tribunal antes de dictar sentencia y, si no es posible, al tribunal de la segunda instancia.*

126 → **Reconoce como cierta la causa de recusación** → **Se le tiene por recusado sin más trámites**

Si el tribunal no acepta el reconocimiento

127.1 → **Niega la certeza de la causa**

Será reemplazado por el suplente, y si es éste el recusado se estará al art. 342: nuevo nombramiento

127.3

Comparece el recusante e insiste en la recusación

127.1

Citación de las partes a __comparecencia__, con pruebas y asistidos de abogado y procurador (si preceptivos)

127.2

No comparece el recusante: se le tiene por desistido en la recusación

127.3

Proposición y práctica de pruebas

Si se estima la recusación, será reemplazado por el suplente; y si es éste el recusado, se estará al art. 342: nuevo nombramiento

127.3 *127.4 y 128*

Auto

__No cabe recurso__, sin perjuicio del derecho a plantear la cuestión en la instancia superior.
__Costas__: remisión al régimen previsto para recusación de jueces y magistrados. Ver art. 112 y § 30.

§ 47. Recusación de Jueces o Magistrados durante la vista o con posterioridad

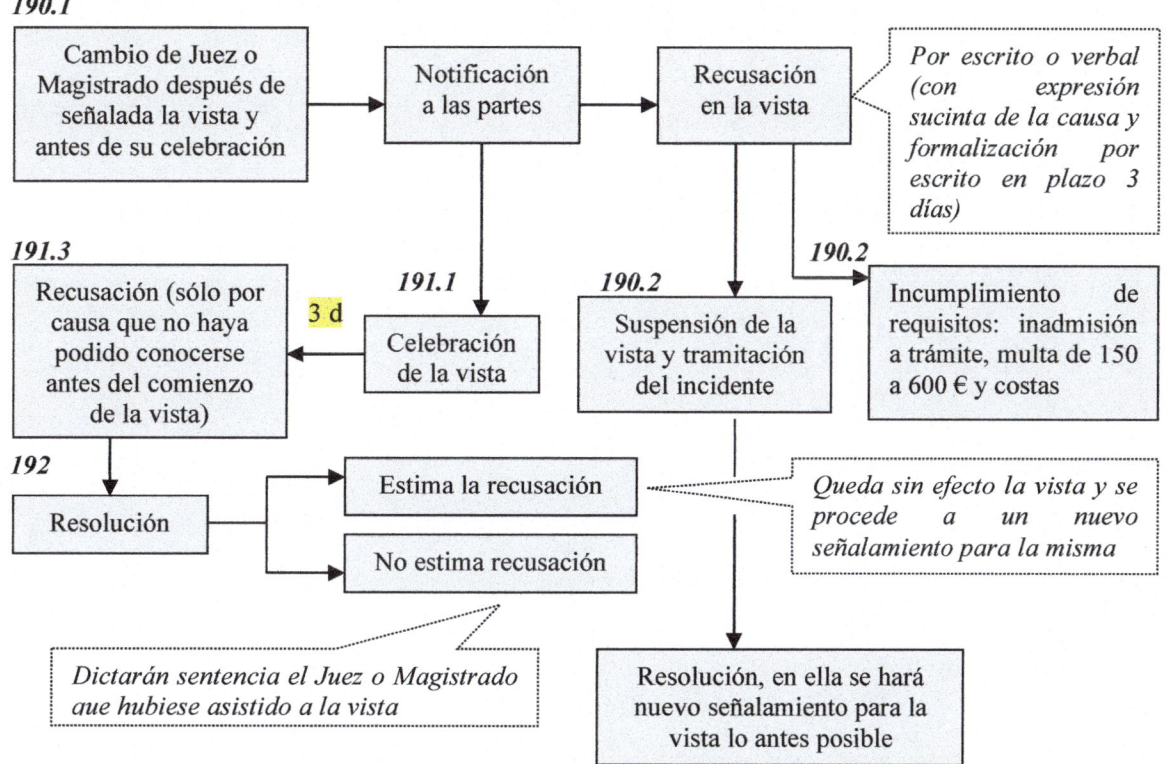

190.1

Cambio de Juez o Magistrado después de señalada la vista y antes de su celebración → Notificación a las partes → Recusación en la vista

Por escrito o verbal (con expresión sucinta de la causa y formalización por escrito en plazo 3 días)

191.3
Recusación (sólo por causa que no haya podido conocerse antes del comienzo de la vista)

191.1
3 d
Celebración de la vista

190.2
Suspensión de la vista y tramitación del incidente

190.2
Incumplimiento de requisitos: inadmisión a trámite, multa de 150 a 600 € y costas

192
Resolución → Estima la recusación / No estima recusación

Queda sin efecto la vista y se procede a un nuevo señalamiento para la misma

Dictarán sentencia el Juez o Magistrado aue hubiese asistido a la vista

Resolución, en ella se hará nuevo señalamiento para la vista lo antes posible

LAJ (art. 192 bis). Lo dispuesto en los tres artículos anteriores se aplicará a los LAJ respecto de aquellas actuaciones que hayan de celebrarse únicamente ante ellos.

§ 48. Interrupción de las vistas

193

Causas. Una vez iniciada la celebración de una vista, sólo puede interrumpirse:
1º. Cuando el tribunal deba resolver alguna cuestión incidental que no puede decidirse en el acto.
2º. Cuando deba practicarse alguna diligencia de prueba fuera de la sede del tribunal.
3º. Cuando no comparezcan los testigos o peritos citados judicialmente y el tribunal los considere imprescindibles.
4º. Cuando después de iniciada la vista se produzca circunstancia que hubiese determinado la suspensión.

Reanudación: dentro de los 20 días siguientes.

IV BIS. RESOLUCIONES ESCRITAS Y ORALES

<u>Sentencias escritas</u> (art. 209). **Estructura**:
> **(1) Encabezamiento**: contendrá (i) nombres de las partes y, cuando sea necesario, la legitimación y representación en virtud de las cuales actúen; (ii) los nombres de los abogados, (iii) los procuradores y (iv) el objeto del juicio.
> **(2) Antecedentes de hecho**. En párrafos separados y numerados: (i) las pretensiones de las partes, (ii) los hechos en que las funden, (iii) las pruebas que se hubiesen propuesto y practicado y (iv) los hechos probados, en su caso.
> **(3) Fundamentos de derecho**. En párrafos separados y numerados: (i) los puntos de hecho y de derecho fijados por las partes y (ii) los que ofrezcan las cuestiones controvertidas, (iii) dando las razones y fundamentos legales del fallo que haya de dictarse, con expresión concreta de las normas jurídicas aplicables al caso.
> **(4) El fallo**, que se acomodará a lo previsto en los arts. 216 y siguientes, contendrá, numerados, (i) los pronunciamientos correspondientes a las pretensiones de las partes, aunque la estimación o desestimación de todas o algunas de dichas pretensiones pudiera deducirse de los fundamentos jurídicos, (ii) el pronunciamiento sobre las costas; (iii) determinará, en su caso, la cantidad objeto de la condena, sin que pueda reservarse su determinación para la ejecución de la sentencia, sin perjuicio de lo dispuesto en el art. 219.

<u>Resoluciones orales</u> (art. 210).

(1) Resoluciones distintas de Sentencia. Salvo que la ley permita diferir el pronunciamiento, se pronunciarán oralmente en el mismo acto, documentándose éste con expresión del fallo y motivación sucinta de aquellas resoluciones. Asimismo, se expresará si la resolución es o no firme, indicando, en este caso, los recursos que procedan, órgano ante el cual deben interponerse y plazo para ello.

Pronunciada oralmente una resolución, si todas las personas que fueren parte en el proceso estuvieren presentes en el acto, por sí o debidamente representadas, y expresaren su decisión de no recurrir, se declarará, en el mismo acto, la firmeza de la resolución. Fuera de este caso, el plazo para recurrir comenzará a contar desde la notificación de la resolución debidamente redactada.

(2) Sentencias orales. Salvo en los procedimientos en los que no intervenga abogado, podrán dictarse sentencias oralmente en el ámbito del juicio verbal, haciéndose expresión de las pretensiones de las partes, las pruebas propuestas y practicadas y, en su caso, de los hechos probados, haciendo constar las razones y fundamentos legales del fallo. El fallo se ajustará a las previsiones del art. 209.4ª.

La sentencia se dictará al concluir el mismo acto de la vista en presencia de las partes, sin perjuicio de su ulterior redacción. Se expresará si la sentencia es o no firme, indicando, en este caso, los recursos que procedan, órgano ante el cual deben interponerse y plazo para ello.

Firmeza. Pronunciada oralmente, si todas las personas que fueren parte en el proceso estuvieren presentes en el acto y expresaren su decisión de no recurrir, se declarará, en el mismo acto, la firmeza de la resolución.

Plazo para recurrir. Fuera de este caso, el plazo para recurrir comenzará a contar desde la notificación *de la sentencia debidamente redactada. Las partes tendrán un plazo de 5 días desde la celebración de la* vista para presentar un **escrito manifestando su interés en recurrirla**, con expresión de los pronunciamientos objeto del mismo. **El plazo para interponer el recurso de apelación** comenzará a contar desde el día siguiente a la notificación a la parte de la sentencia por escrito con expresión del fallo y con motivación sucinta.

V. NULIDAD DE ACTUACIONES, CADUCIDAD DE LA INSTANCIA, RECONSTRUCCIÓN DE AUTOS Y TASACIÓN DE COSTAS

§ 49. Nulidad de actuaciones judiciales

225 a 227

Causas de nulidad de pleno derecho de los actos procesales:
1. Por o ante tribunal con falta de jurisdicción o de competencia objetiva o funcional.
2. Realizados bajo violencia o intimidación.
3. Cuando se prescinda de normas esenciales de procedimiento si, por esa causa, se produce indefensión
4. Realizados sin intervención de abogado, si ésta es obligatoria.
5. Se celebren vistas sin preceptiva intervención del LAJ.
6. Resolución mediante Decreto o DO cuestiones que deban resolverse por Providencia, Auto o Sentencia.
7. En los demás casos en que la LEC así lo establezca.

La alegación de la nulidad se realizará por medio de los recursos contra la resolución de que se trate. Sin perjuicio de ello, el tribunal podrá, de oficio o a instancia de parte, declarar, previa audiencia de las partes, la nulidad de todas las actuaciones o de alguna, siempre que: (i) no hubiese recaído resolución que ponga fin al proceso; (ii) que no proceda la subsanación.
En ningún caso podrá el tribunal, con ocasión de un recurso, decretar de oficio una nulidad de actuaciones que no haya sido solicitada en dicho recurso, excepto: (i) si aprecia falta de jurisdicción o de competencia objetiva o funcional; (ii) si se hubiese producido con violencia o intimidación que afectare al tribunal.

§ 50. Incidente excepcional de nulidad de actuaciones

228

Legitimación activa: las partes o quienes hubiesen debido serlo.
Competencia: tribunal que dictó la resolución o sentencia que hubiese adquirido firmeza.
Plazo: 20 días desde la notificación de la sentencia o resolución, o, en todo caso, desde que se tuvo conocimiento del defecto causante de indefensión, sin que, en este caso, pueda solicitarse después de 5 años desde la notificación.
Requisitos: Que se haya incurrido en defecto de forma que haya causado indefensión que, en el momento de producirse no se hubiera podido denunciar antes de recaer resolución que ponga fin al proceso y que ésta no sea susceptible de recurso ordinario ni extraordinario.

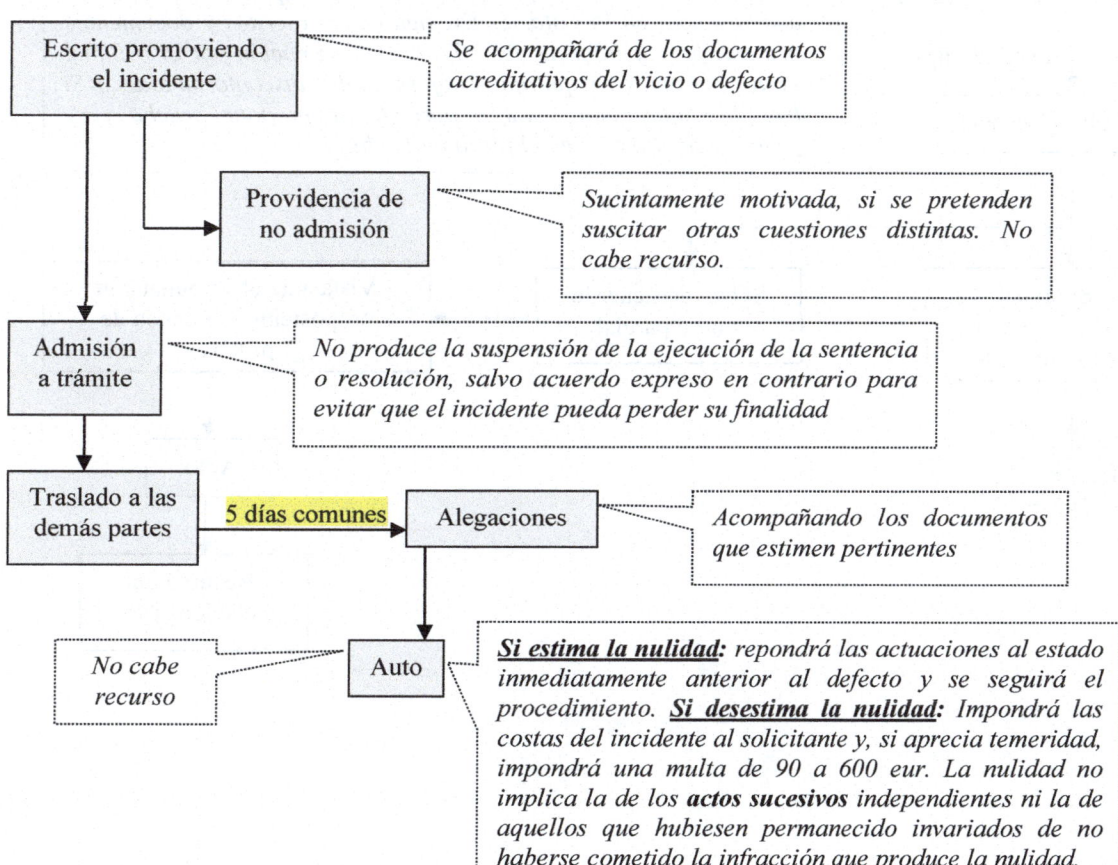

§ 51. Caducidad de la instancia

236 a 240

En la primera instancia, por el transcurso de **2 años**. Produce el efecto de entender desistida la acción.
En la segunda instancia o pendiente recurso extraordinario, por el transcurso de **1 año**. Produce el efecto de entender desistido el recurso con adquisición de firmeza por la resolución recurrida.
Dies a quo: última notificación a las partes.
Se declara por **Decreto** (que no contendrá imposición de costas) frente al que cabe **recurso de revisión**.

Exclusión de la caducidad. No se produce si la paralización es por fuerza mayor o por cualquier otra causa contraria o no imputable a las partes. La caducidad no es aplicable a las actuaciones para la **ejecución forzosa**; éstas se podrán proseguir, aunque hayan quedado sin curso durante esos plazos.

§ 52. Expediente de reconstrucción de los autos

Competencia: LAJ del tribunal en el que la desaparición o mutilación de los autos hubiere acontecido. Será siempre parte el **Ministerio Fiscal**.

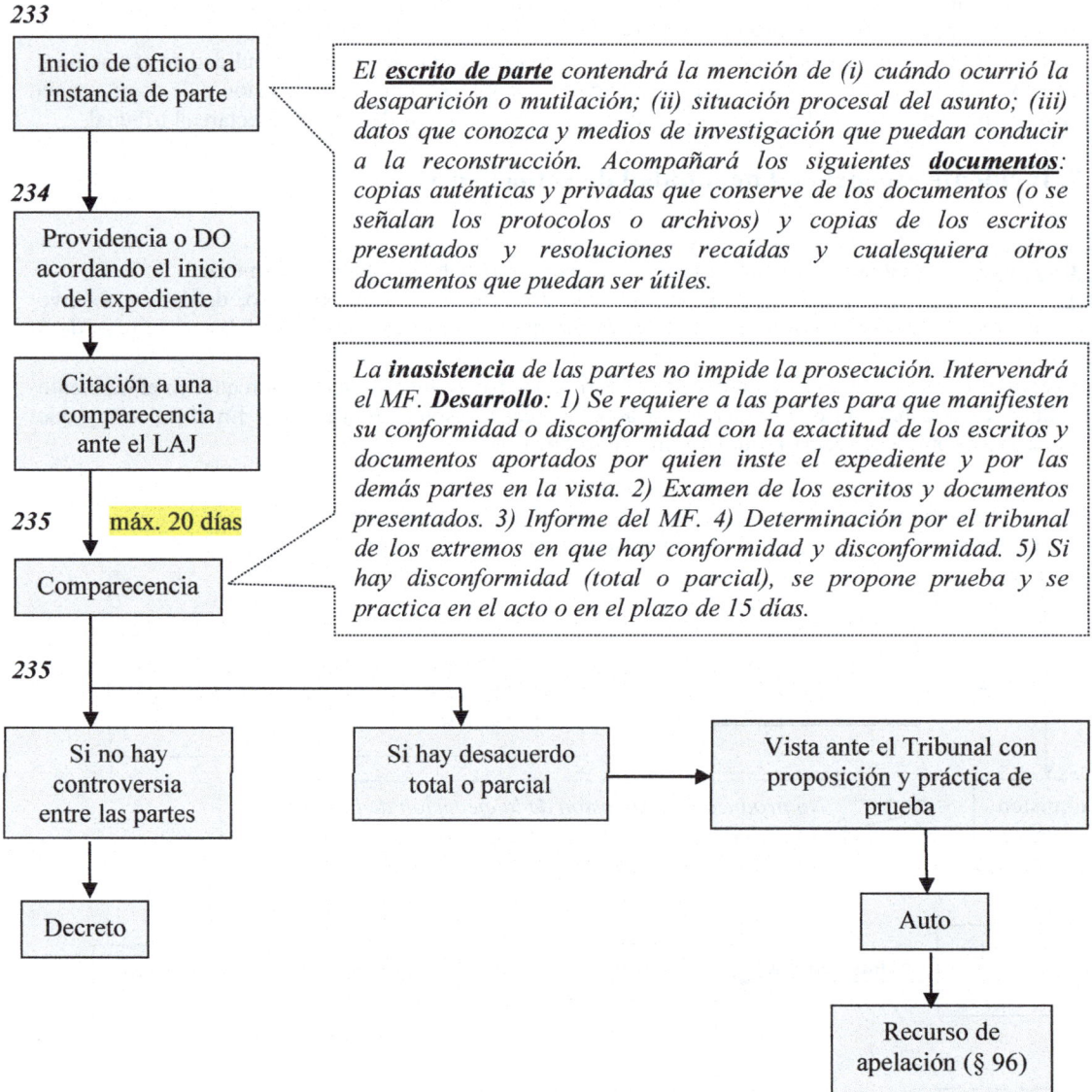

233

Inicio de oficio o a instancia de parte

El escrito de parte contendrá la mención de (i) cuándo ocurrió la desaparición o mutilación; (ii) situación procesal del asunto; (iii) datos que conozca y medios de investigación que puedan conducir a la reconstrucción. Acompañará los siguientes documentos: copias auténticas y privadas que conserve de los documentos (o se señalan los protocolos o archivos) y copias de los escritos presentados y resoluciones recaídas y cualesquiera otros documentos que puedan ser útiles.

234

Providencia o DO acordando el inicio del expediente

Citación a una comparecencia ante el LAJ

La inasistencia de las partes no impide la prosecución. Intervendrá el MF. Desarrollo: 1) Se requiere a las partes para que manifiesten su conformidad o disconformidad con la exactitud de los escritos y documentos aportados por quien inste el expediente y por las demás partes en la vista. 2) Examen de los escritos y documentos presentados. 3) Informe del MF. 4) Determinación por el tribunal de los extremos en que hay conformidad y disconformidad. 5) Si hay disconformidad (total o parcial), se propone prueba y se practica en el acto o en el plazo de 15 días.

235 máx. 20 días

Comparecencia

235

Si no hay controversia entre las partes

Si hay desacuerdo total o parcial

Vista ante el Tribunal con proposición y práctica de prueba

Decreto

Auto

Recurso de apelación (§ 96)

§ 53. Tasación de costas.- *Cfr. art. 394 sobre **imposición de costas procesales** (§ 84).*

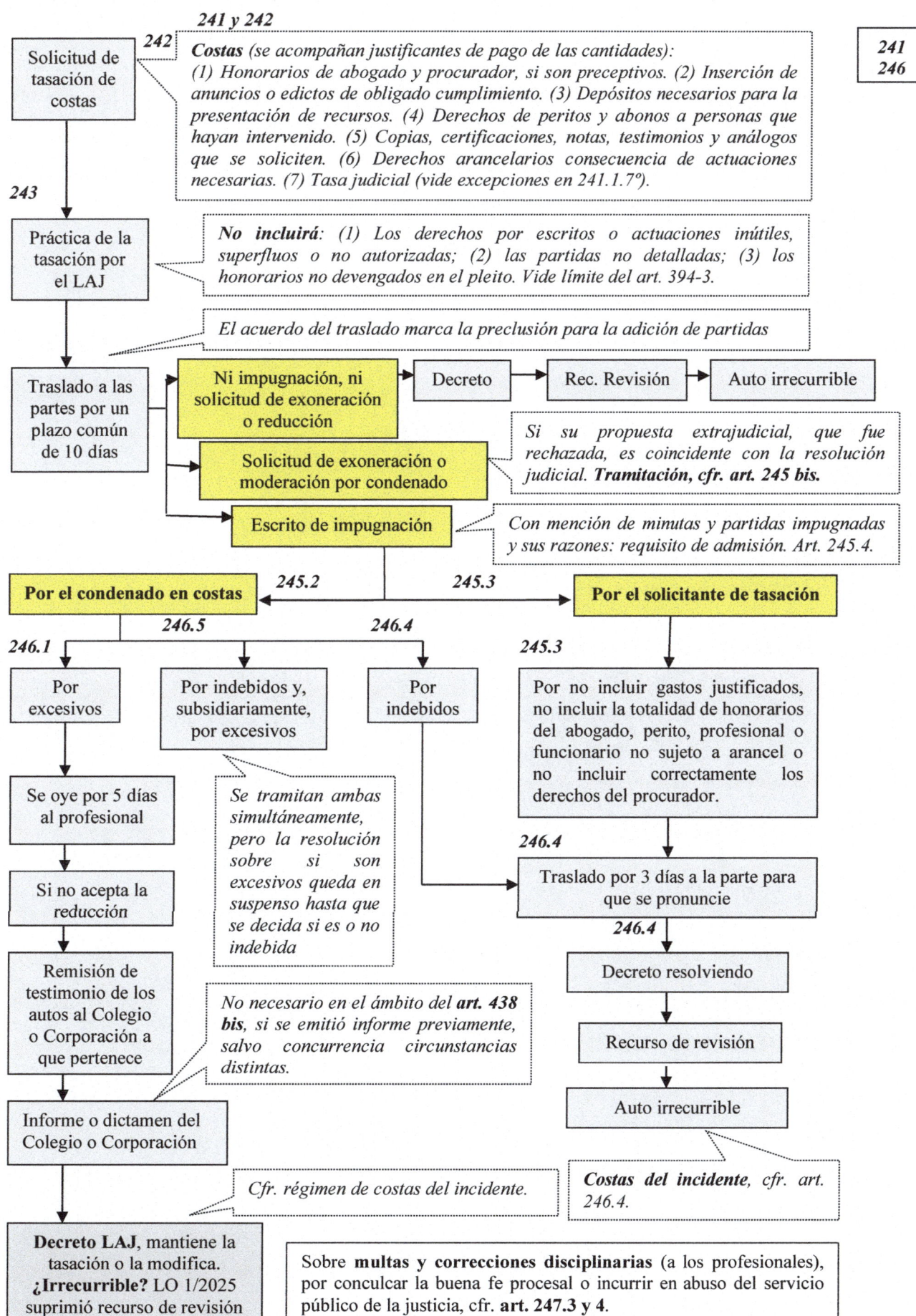

241 y 242

242 Solicitud de tasación de costas

241 246

Costas *(se acompañan justificantes de pago de las cantidades):*
(1) Honorarios de abogado y procurador, si son preceptivos. (2) Inserción de anuncios o edictos de obligado cumplimiento. (3) Depósitos necesarios para la presentación de recursos. (4) Derechos de peritos y abonos a personas que hayan intervenido. (5) Copias, certificaciones, notas, testimonios y análogos que se soliciten. (6) Derechos arancelarios consecuencia de actuaciones necesarias. (7) Tasa judicial (vide excepciones en 241.1.7º).

243

Práctica de la tasación por el LAJ

***No incluirá**: (1) Los derechos por escritos o actuaciones inútiles, superfluos o no autorizadas; (2) las partidas no detalladas; (3) los honorarios no devengados en el pleito. Vide límite del art. 394-3.*

El acuerdo del traslado marca la preclusión para la adición de partidas

Traslado a las partes por un plazo común de 10 días

Ni impugnación, ni solicitud de exoneración o reducción → Decreto → Rec. Revisión → Auto irrecurrible

Solicitud de exoneración o moderación por condenado

*Si su propuesta extrajudicial, que fue rechazada, es coincidente con la resolución judicial. **Tramitación, cfr. art. 245 bis.***

Escrito de impugnación

Con mención de minutas y partidas impugnadas y sus razones: requisito de admisión. Art. 245.4.

Por el condenado en costas *245.2*   *245.3* **Por el solicitante de tasación**

246.5 *246.4* *245.3*

246.1

Por excesivos

Por indebidos y, subsidiariamente, por excesivos

Por indebidos

Por no incluir gastos justificados, no incluir la totalidad de honorarios del abogado, perito, profesional o funcionario no sujeto a arancel o no incluir correctamente los derechos del procurador.

Se oye por 5 días al profesional

Se tramitan ambas simultáneamente, pero la resolución sobre si son excesivos queda en suspenso hasta que se decida si es o no indebida

246.4

Traslado por 3 días a la parte para que se pronuncie

246.4

Si no acepta la reducción

Remisión de testimonio de los autos al Colegio o Corporación a que pertenece

*No necesario en el ámbito del **art. 438 bis**, si se emitió informe previamente, salvo concurrencia circunstancias distintas.*

Decreto resolviendo

Recurso de revisión

Auto irrecurrible

Informe o dictamen del Colegio o Corporación

Cfr. régimen de costas del incidente.

***Costas del incidente**, cfr. art. 246.4.*

Decreto LAJ, mantiene la tasación o la modifica. **¿Irrecurrible?** LO 1/2025 suprimió recurso de revisión

Sobre **multas y correcciones disciplinarias** (a los profesionales), por conculcar la buena fe procesal o incurrir en abuso del servicio público de la justicia, cfr. **art. 247.3 y 4.**

VI. PROCESOS DECLARATIVOS

<mark>§ 54. Clases de procesos declarativos</mark>

249
250

-<u>Juicio Ordinario</u>: Normas por razón de la materia. En su defecto, cuantía > **15.000 €** o **indeterminada**
-<u>Juicio Verbal</u>: Normas por razón de la materia. En su defecto, cuantía inferior o igual a **15.000 €**.

<mark>§ 55. Juicio Ordinario (por razón de la materia)</mark>

249

Se deciden en **Juicio Ordinario**, <u>**cualquiera que sea la cuantía**</u>, las demandas sobre:
1. Derechos honoríficos de la persona.
2. Derecho al honor, intimidad y propia imagen u otro derecho fundamental (salvo el derecho de rectificación); siempre será parte el Mº Fiscal y de tramitación preferente.
3. Impugnación de acuerdos sociales.
4. Competencia desleal, defensa de la competencia, propiedad industrial, intelectual y publicidad (salvo si se trata de reclamación de cantidad, en que se estará a su cuantía). Vide art. 250.1.12º.
5. Condiciones generales de la contratación, en los casos previstos en su legislación especial.
6. Arrendamientos rústicos o urbanos (excepto desahucio por falta de pago o por extinción del plazo).
7. Retracto de cualquier tipo.
8. Propiedad Horizontal (excepto reclamaciones de cantidad, en que se estará a su cuantía).

<mark>§ 56. Juicio Verbal (por razón de la materia)</mark>

250

Se deciden en **Juicio Verbal**, <u>**cualquiera que sea la cuantía**</u>, las demandas sobre:
1. Reclamación de cantidad por impago de rentas en arrendamientos; recuperación de la posesión de finca (rústica o urbana) por impago de renta o expiración del plazo.
2. Recuperación de la posesión de finca (rústica o urbana) cedida en precario.
3. Toma de posesión de bienes hereditarios no poseídos por nadie a título de dueño o usufructuario.
4. Protección sumaria de la tenencia o posesión por quien se ve despojado o privado de su disfrute.
5. Suspensión de obra nueva con carácter sumario.
6. Demolición o derribo (sumario) de obra, árbol o análogo en estado de ruina que amenace daños.
7. Efectividad de derechos reales inscritos en el Registro de la Propiedad frente a quienes se opongan a ellos o perturben su ejercicio sin disponer de título inscrito que los legitime.
8. Solicitud de alimentos debidos por disposición legal u otro título.
9. Rectificación de hechos inexactos y perjudiciales.
10. Procedimiento sumario sobre incumplimiento por comprador en contratos inscritos en el Registro de Venta a Plazos de Bienes Muebles y formalizados en modelo oficial, a fin de obtener sentencia condenatoria que permita dirigir la ejecución directamente sobre el bien adquirido o financiado.
11. Procedimiento sumario sobre incumplimiento de contrato de arrendamiento financiero o contrato de venta a plazos con reserva de dominio inscritos en el Registro de Venta a Plazos de Bienes Muebles y formalizados en modelo oficial, por acción encaminada exclusivamente a obtener la inmediata entrega del bien, previa declaración de resolución del contrato en su caso.
12. Acción de cesación en defensa de intereses colectivos y difusos de consumidores y usuarios.
13. Acciones del art. 160 CC (con las peculiaridades previstas en cap. I, título I del libro IV LEC).
14. Acciones individuales relativas a condiciones generales de la contratación, según su legislación especial.
15. Acciones otorgadas a las juntas de propietarios y a los propietarios por la LPH, siempre que versen exclusivamente sobre reclamaciones de cantidad, cualquiera que sea dicha cantidad.
16. Acciones de división de cosa común.
17. Recursos contra las resoluciones que agoten la vía administrativa en materia de propiedad industrial, dictadas por la Oficina Española de Patentes y Marcas (con las especialidades del art. 447 bis LEC).

Vide art. 328 LH sobre recursos contra las calificaciones de registros y en caso de resoluciones DGSJyFP.

§ 57. Reglas generales de determinación de la cuantía

	Acción ejercitada	Cuantía
1	Reclamación de dinero	Su cantidad; en su defecto, cuantía indeterminada
2	Entrega de muebles o inmuebles	Valor del bien según mercado o por valoración oficial, con el límite inferior del valor catastral
3	Demandas para garantizar el disfrute de facultades de dominio Validez, eficacia, existencia o extensión de título de dominio Otras peticiones que dependan de la acreditación de la condición de dueño Demandas basadas en derecho de adquirir la propiedad Sobre la posesión (si no cabe otra regla) Deslinde, amojonamiento o división	Valor del bien según mercado o por valoración oficial, con el límite inferior del valor catastral
4	Reclamación sobre usufructo o nuda propiedad, uso, habitación, aprovechamiento por turnos, u otro derecho real no sujeto a regla especial	La base imponible tributaria del impuesto para su constitución o transmisión
5	Servidumbre	Precio de constitución (si consta y no tiene una antigüedad de más de 5 años); en otro caso, las reglas legales para establecer su precio y, en su defecto, 1/20 parte valor predios dominante y sirviente conforme a la regla 2ª
6	Existencia, validez o eficacia de un derecho real de garantía	Importe de las sumas garantizadas por todos los conceptos
7	Juicio sobre derecho a exigir prestaciones periódicas (temporales o vitalicias)	Diez veces el importe de una anualidad, salvo que el plazo sea inferior a 1 año, en que se estará a su importe
8	Existencia, validez o eficacia de obligación	Importe total de lo debido
9	Arrendamientos (salvo reclamación rentas)	Una anualidad de renta.
10	Valores negociados en Bolsa	Media del cambio medio ponderado durante el año natural anterior a la fecha de interposición de la demanda o durante el periodo de cotización si inferior
	Valores negociados en otro mercado secundario	Precio medio acreditado por certificación expedida por el órgano rector del mercado
	Valores que carecen de cotización	Su valor contable al interponer la demanda
11	Obligaciones de hacer	Coste de lo instado o importe de los daños y perjuicios derivados del incumplimiento (no acumulables, salvo que se pretendan ambas cantidades)
12	Herencia o masa patrimonial	Se aplican las reglas anteriores respecto de los bienes, derechos o créditos que la integran

§ 58. Cuantía en procesos con pluralidad de objetos o partes

1. Si se acumulan, aunque sea en forma eventual, varias acciones principales que no provengan del mismo título: la cuantía de la acción de mayor valor.
2. Si las acciones provienen del mismo título o si con la acción principal se piden accesoriamente frutos, rentas o daños o perjuicios: la suma de las acciones acumuladas (tomando sólo las de importe determinado y los frutos, rentas o intereses vencidos y no los por correr). Sin perjuicio de lo anterior, si las acciones acumuladas fueran la de desahucio por falta de pago o por expiración del plazo, y la de reclamación de rentas debidas, la cuantía vendrá determinada por la acción de mayor valor.
3. Acumulación de acciones reales sobre un mismo bien: el valor del bien es el límite superior.
4. Reclamación de varios plazos de una misma obligación: la suma de los importes reclamados, salvo que también se pida la declaración sobre la validez o eficacia de la obligación, en cuyo caso lo será el valor total de la misma.
5. Reconvención y acumulación de autos: no afectan a la cuantía.
6. Concurrencia de demandantes o demandados: no afecta a la cuantía.
7. Si la pluralidad de partes determina también la pluralidad de acciones, la cuantía se determinará por las reglas anteriores.
8. En caso de ampliación de demanda: se estará a las reglas anteriores.

§ 59. Cuestiones relativas a la cuantía

253 a
255

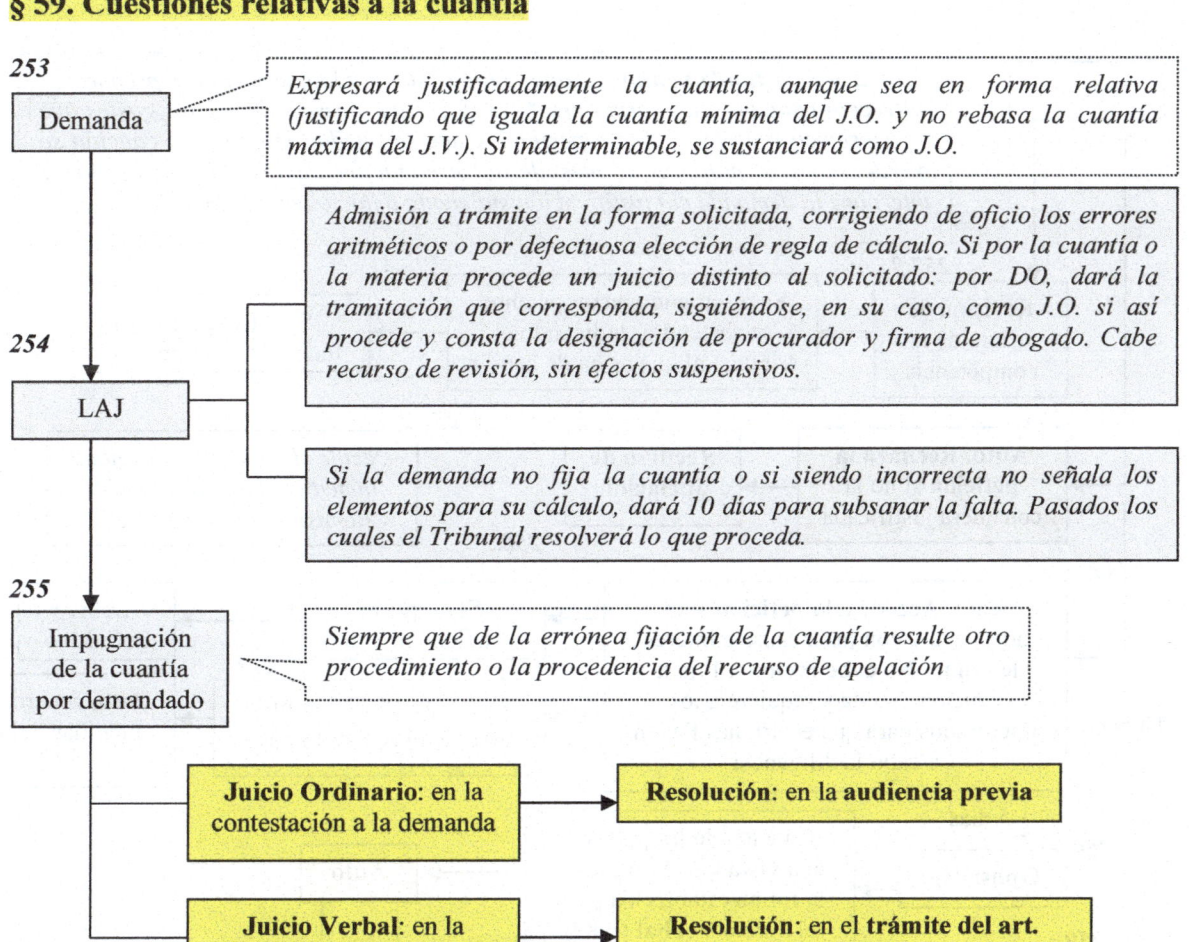

253

Demanda

Expresará justificadamente la cuantía, aunque sea en forma relativa (justificando que iguala la cuantía mínima del J.O. y no rebasa la cuantía máxima del J.V.). Si indeterminable, se sustanciará como J.O.

254

LAJ

Admisión a trámite en la forma solicitada, corrigiendo de oficio los errores aritméticos o por defectuosa elección de regla de cálculo. Si por la cuantía o la materia procede un juicio distinto al solicitado: por DO, dará la tramitación que corresponda, siguiéndose, en su caso, como J.O. si así procede y consta la designación de procurador y firma de abogado. Cabe recurso de revisión, sin efectos suspensivos.

Si la demanda no fija la cuantía o si siendo incorrecta no señala los elementos para su cálculo, dará 10 días para subsanar la falta. Pasados los cuales el Tribunal resolverá lo que proceda.

255

Impugnación de la cuantía por demandado

Siempre que de la errónea fijación de la cuantía resulte otro procedimiento o la procedencia del recurso de apelación

Juicio Ordinario: en la contestación a la demanda → **Resolución**: en la **audiencia previa**

Juicio Verbal: en la contestación a la demanda → **Resolución**: en el **trámite del art. 438.10**

§ 60. Diligencias preliminares

Peticiones. Todo juicio podrá prepararse con peticiones relativas a:

1. **Que el futuro demandado declare** acerca de hechos relativos a su capacidad, representación o legitimación, cuyo conocimiento sea necesario para el pleito, o exhiba los documentos en que consten.
2. **Que el futuro demandado exhiba la cosa** a que se ha de referir el juicio.
3. Por petición de quien se considera heredero o legatario, **exhibición de acto de última voluntad**.
4. Por un socio o comunero, **exhibición de documentos o cuentas** de la sociedad o comunidad.
5. **Exhibición de contrato de seguro de responsabilidad civil** a quien lo tenga en su poder.

5 bis. Petición de **historial clínico**.

6. Por quien pretenda iniciar procesos de defensa de intereses colectivos de consumidores y usuario, **concreción de los afectados**, cuando sean fácilmente determinables.
7. **Acción por infracción propiedad industrial o intelectual** (vide).
8. **Acción por infracción propiedad industrial o intelectual** (vide).
9. **Diligencias y averiguaciones** para la protección de determinados derechos que prevean las leyes especiales (ver art. 263 para su régimen, con aplicación supletoria de la LEC).
10. **Identificar prestadores de servicios** en propiedad industrial o intelectual.
11. **Identificación de usuarios** en propiedad industrial o intelectual.

256

Tribunal competente: el del domicilio de la persona que ha de declarar, exhibir o intervenir, salvo en el nº 6 al 9 en que lo será el tribunal ante el que haya de presentarse la demanda. **No se admitirá la declinatoria**, pero el tribunal examinará de oficio su propia competencia, indicando al solicitante el competente al que debe acudir, si se trata de otro; si éste se inhibiere, decidirá el conflicto negativo el tribunal inmediato superior común (cfr. art. 60 LEC).

257

Tramitación de las Diligencias Preliminares:

256.2 y 3

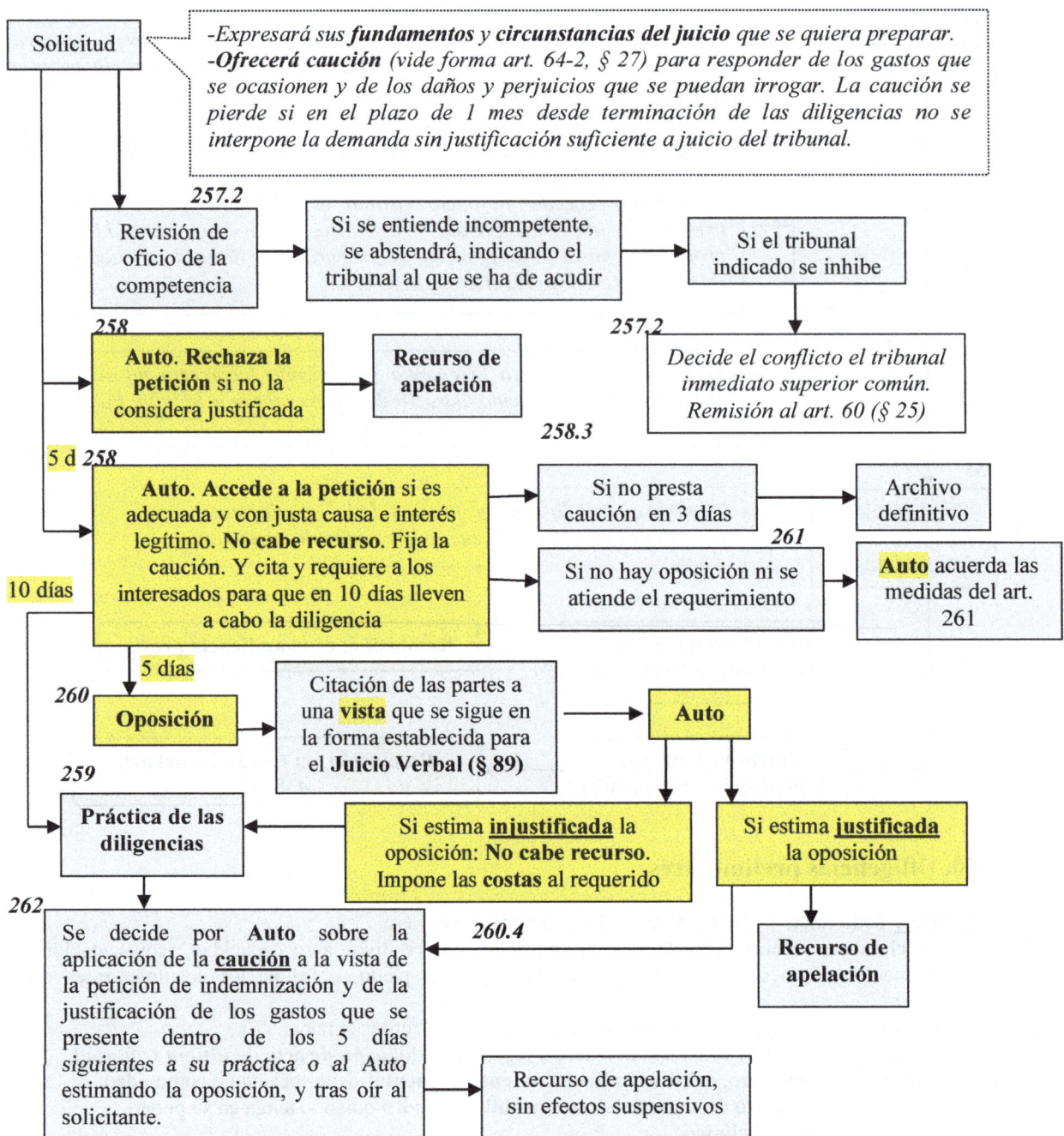

*-Expresará sus **fundamentos** y **circunstancias del juicio** que se quiera preparar.*
*-**Ofrecerá caución** (vide forma art. 64-2, § 27) para responder de los gastos que se ocasionen y de los daños y perjuicios que se puedan irrogar. La caución se pierde si en el plazo de 1 mes desde terminación de las diligencias no se interpone la demanda sin justificación suficiente a juicio del tribunal.*

Solicitud

257.2

Revisión de oficio de la competencia

Si se entiende incompetente, se abstendrá, indicando el tribunal al que se ha de acudir

Si el tribunal indicado se inhibe

258

Auto. Rechaza la petición si no la considera justificada

Recurso de apelación

257.2

Decide el conflicto el tribunal inmediato superior común. Remisión al art. 60 (§ 25)

258.3

5 d 258

Auto. Accede a la petición si es adecuada y con justa causa e interés legítimo. **No cabe recurso**. Fija la caución. Y cita y requiere a los interesados para que en 10 días lleven a cabo la diligencia

Si no presta caución en 3 días

Archivo definitivo

261

Si no hay oposición ni se atiende el requerimiento

Auto acuerda las medidas del art. 261

10 días

5 días

260

Oposición

Citación de las partes a una **vista** que se sigue en la forma establecida para el **Juicio Verbal (§ 89)**

Auto

259

Práctica de las diligencias

Si estima **injustificada** la oposición: **No cabe recurso**. Impone las **costas** al requerido

Si estima **justificada** la oposición

262

Se decide por **Auto** sobre la aplicación de la **caución** a la vista de la petición de indemnización y de la justificación de los gastos que se presente dentro de los 5 días *siguientes a su práctica o al Auto* estimando la oposición, y tras oír al solicitante.

260.4

Recurso de apelación

Recurso de apelación, sin efectos suspensivos

Cfr. **art. 261**, sobre las medidas a adoptar en caso de negativa a llevar a cabo las diligencias acordadas.

§ 61. Presentación de documentos

Preclusión: La presentación de un documento con posterioridad al momento procesal oportuno provoca la inadmisión, de oficio o a instancia de parte, por medio de Providencia frente a la que no cabe recurso, sin perjuicio de hacerlo valer en la segunda instancia.

272

§ 62. Documentos a presentar con la demanda o con la contestación

1. **Documentos procesales**:

   1.1. **Certificación del Registro de Apoderamientos Judiciales** o referencia a su número.

   1.2. Documentos que **acreditan la representación** que el litigante se atribuya.

   1.3. **Acreditativos del valor de la cosa litigiosa** (a efectos de la competencia y procedimiento).

   1.4. El que acredite **haber intentado la actividad negociadora previa** a la vía judicial cuando la ley lo exija como **requisito de procedibilidad**, o declaración responsable de la parte de la imposibilidad por desconocer el domicilio del demandado o el medio por el que puede ser requerido

   1.5. Documento acreditativo del **pago de la tasa judicial**, en su caso (cfr. Ley 10/2012).

   `264`

2. **Documentos relativos al fondo del asunto**. Si su interés o relevancia sólo se pone de manifiesto a consecuencia de alegaciones en la contestación, el actor puede presentarlos **en la audiencia previa** al juicio **o en la vista** del juicio verbal.

   2.1. **(*)**Documentos en que funde su derecho.

   2.2. **(*)**Instrumentos de sonido o imagen en que se funden las pretensiones.

   2.3. **(*)**Certificaciones o notas de asientos registrales o expedientes.

   2.4. Dictámenes periciales de parte (si goza de justicia gratuita bastará con que los anuncie).

   2.5. Informes de investigadores privados (si no se reconocen los hechos, se practicará testifical).

   (*)= Si no pueden disponer de ellos, podrá designarse el archivo, protocolo o registro; pero si se puede pedir u obtener copia, se entenderá que dispone de ellos.

   `265`

3. **Documentos exigidos en casos especiales** (sanción: **inadmisión de la demanda, art. 269.2**):

   3.1. Documentos justificativos del título para pedir **alimentos**.

   3.2. Principio de prueba del título en que se funde la **demanda de retracto** y documento acreditativo de la consignación del precio o de constitución de caución que garantice la consignación cuando sea conocido, cuando tal consignación se exija por ley o por contrato.

   3.3. Documento fehaciente acreditativo de la sucesión mortis causa y relación de testigos que puedan declarar sobre la ausencia de poseedor a título de dueño o usufructuario, cuando se pretenda adquirir la **posesión de bienes hereditarios**.

   3.4. Otros documentos exigidos por la ley en **otros supuestos**.

   `266`

Forma de presentación de los documentos:

1. **Documento público**: Los del art. 265 (documentos relativos al fondo del asunto), podrán presentarse por copia simple (en soporte papel o soporte electrónico); si se impugna su autenticidad habrá de llevarse a los autos el original, copia auténtica o certificación.

2. **Documento privado**: El original o copia autenticada por fedatario público (se une a los autos o se dejará testimonio si así se pide). Pueden también presentarse en imagen digitalizada; si se impugnare su autenticidad, se llevará a los autos original o certificación. Si sólo se posee copia simple, y no es impugnada, surte iguales efectos que si se aporta el original. Si el original está incorporado a un expediente, protocolo o registro público, se presentará copia auténtica o se designará el archivo, protocolo o registro, conforme al art. 265.

| 267 |
| 268 |

Falta de presentación de documentos:

Los supuestos del n.º 3 (art. 266) provocan la **no admisión de la demanda**. En los demás casos, **no podrán ya presentarse posteriormente** ni solicitar que se traigan a los autos. **Excepciones**:

1. Documentos de fecha posterior si no se hubiera podido confeccionar u obtener con anterioridad.
2. Documentos anteriores de los que se justifique no haber tenido conocimiento de su existencia.
3. No haber sido posible obtenerlos por causas no imputables a la parte, siempre se haya hecho la designación del art. 265.2 o el anuncio del art. 265.1.4º.

| 269 |
| 270 |

Si, pese a ello, se presentasen los documentos, se podrá alegar en el juicio o en la vista la improcedencia de su toma en consideración, dictándose resolución en el acto (que si aprecia ánimo dilatorio o mala fe procesal en la presentación del documento podrá imponer una multa de 180 a 1.200 €).

Presentación de documentos en actuaciones judiciales por videoconferencia: remisión a la Ley reguladora del uso de tecnologías en la Administración de Justicia (art. 270.3).

Art. 272: Cuando se presente un documento con posterioridad al momento procesal oportuno, por Providencia **se inadmitirá**, de oficio o a instancia de parte, mandando devolverlo. Contra la resolución que se dicte no cabe recurso alguno, sin perjuicio de hacerse valer en la segunda instancia.

Preclusión definitiva:

Se produce **tras la vista o juicio**, no admitiéndose ningún documento, instrumento, informe o dictamen, sin perjuicio de la práctica de diligencias finales en el J.O. **Excepto**: las resoluciones judiciales o administrativas notificadas en fecha no anterior a las conclusiones y que puedan resultar condicionantes o decisivas, que podrán presentarse incluso en el plazo para dictar sentencia, con traslado a las partes por 5 días comunes para alegaciones y decidiéndose sobre su admisión y alcance en la propia sentencia.

| 271 |

§ 63. Proposición y admisión de la prueba

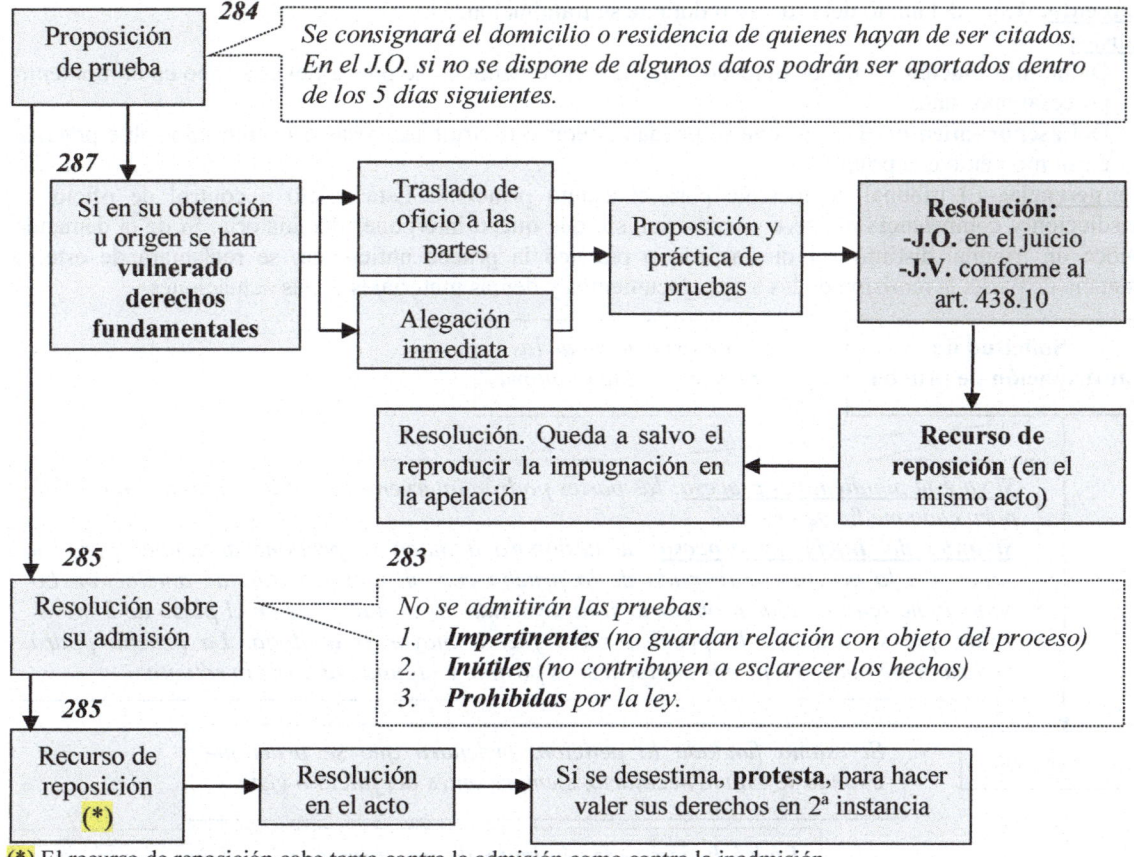

284

Proposición de prueba

Se consignará el domicilio o residencia de quienes hayan de ser citados. En el J.O. si no se dispone de algunos datos podrán ser aportados dentro de los 5 días siguientes.

287

Si en su obtención u origen se han **vulnerado derechos fundamentales**

Traslado de oficio a las partes

Alegación inmediata

Proposición y práctica de pruebas

Resolución:
-**J.O.** en el juicio
-**J.V.** conforme al art. 438.10

Resolución. Queda a salvo el reproducir la impugnación en la apelación

Recurso de reposición (en el mismo acto)

285

Resolución sobre su admisión

283

No se admitirán las pruebas:
1. **Impertinentes** *(no guardan relación con objeto del proceso)*
2. **Inútiles** *(no contribuyen a esclarecer los hechos)*
3. **Prohibidas** *por la ley.*

285

Recurso de reposición (*)

Resolución en el acto

Si se desestima, **protesta**, para hacer valer sus derechos en 2ª instancia

(*) El recurso de reposición cabe tanto contra la admisión como contra la inadmisión.

Art. 288.- El litigante por cuya causa no se ejecute **temporáneamente** una prueba admitida será sancionado con **multa de 60 a 600 €**, salvo que acredite falta de culpa o desista de practicar dicha prueba, si la hubiera propuesto. Se impone en el acto del juicio o vista, previa audiencia de las partes.

Art. 290.-Práctica de las pruebas en **unidad de acto**. Excepcionalmente, mediante Providencia se podrá acordar su práctica fuera del acto del juicio o vista.

286

§ 64. Prueba sobre hechos nuevos o de nueva noticia

Los hechos nuevos o de nueva noticia, una vez precluidos los actos de alegación y antes de comenzar el plazo para dictar sentencia, podrán ser objeto de alegación si ésta no hubiese podido hacerse en el acto del juicio o vista.

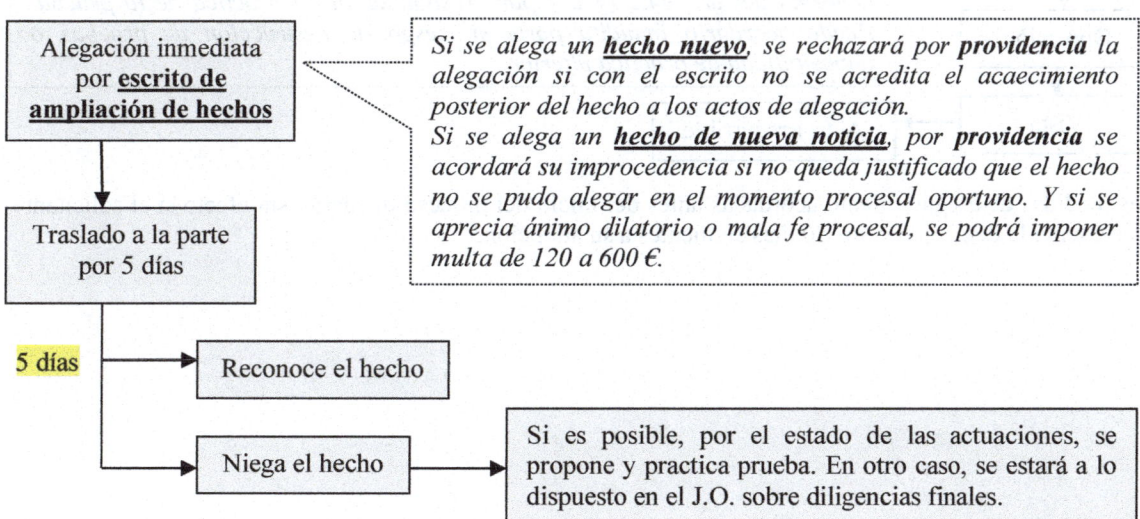

Alegación inmediata por **escrito de ampliación de hechos**

*Si se alega un **hecho nuevo**, se rechazará por **providencia** la alegación si con el escrito no se acredita el acaecimiento posterior del hecho a los actos de alegación.*
*Si se alega un **hecho de nueva noticia**, por **providencia** se acordará su improcedencia si no queda justificado que el hecho no se pudo alegar en el momento procesal oportuno. Y si se aprecia ánimo dilatorio o mala fe procesal, se podrá imponer multa de 120 a 600 €.*

Traslado a la parte por 5 días

5 días

Reconoce el hecho

Niega el hecho

Si es posible, por el estado de las actuaciones, se propone y practica prueba. En otro caso, se estará a lo dispuesto en el J.O. sobre diligencias finales.

§ 65. Anticipación y aseguramiento de la prueba

Momento: Antes del inicio del proceso o durante su tramitación.

Causas:

1. **De la anticipación:** el temor fundado a que posteriormente no se pueda llevar a cabo en el momento procesal oportuno.
2. **Del aseguramiento:** el evitar que se puedan alterar o destruir las cosas o resulte imposible practica en su momento una prueba.

Competencia: El tribunal competente para el asunto principal. Está sujeto a control de oficio su jurisdicción y competencia objetiva y territorial, sin que quepa interponer declinatoria. Si de la demanda conoce un tribunal distinto del que acordó o practicó la prueba anticipada, se reclamará de éste, a instancia de parte, la remisión de las actas, documentos y demás materiales de las actuaciones.

293 y ss

Solicitud de anticipación de prueba
Con exposición de las razones en que se apoya

293 a 296

__Si ya está pendiente el proceso__: las partes podrán intervenir según lo dispuesto en la LEC para cada medio de prueba.
__Si antes del inicio del proceso__: se designará a quien se propone demandar para su citación a la práctica anticipada de la prueba con al menos 5 días de antelación. Lo actuado no tendrá valor probatorio si la demanda no se interpone en el plazo de 2 meses desde que se practica la prueba, salvo fuerza mayor o análoga. La prueba podrá realizarse de nuevo en fase probatoria si es posible y alguna parte así lo solicita.

Providencia
Si estima fundada la petición, ordenará que se practique cuando se estime necesario, siempre antes del juicio o vista.

297 a 298

*Podrá hacerse **ofrecimiento de garantía** por los daños y perjuicios que las medidas pueda irrogar.*
***Requisitos para su adopción**: 1) Que la prueba sea posible, pertinente y útil; 2) que haya razones para temer que, de no hacerse, pueda resultar imposible su práctica en el futuro; 3) que la medida se repute conducente, sea ejecutable en breve y no cause perjuicios graves y desproporcionados a los implicados o terceros.*
***Las medidas consistirán** en disposiciones que permitan conservar las cosas o situaciones o hacer constar fehacientemente su realidad y características, incluso mediante mandatos de hacer o no hacer.*
*Vide art. 297.2 para supuestos **propiedad industrial o intelectual**.*

Solicitud de aseguramiento de la prueba

Audiencia de quien haya de soportarla

Providencia
*El tribunal podrá aceptar, en lugar de la medida de aseguramiento, el ofrecimiento que haga el que deba soportarla de prestar **caución** bastante en la forma del art. 64.2 (§ 27) para responder de la práctica de la prueba. Puede acordarlo inaudita parte si riesgo de destrucción de pruebas o imposibilidad de práctica ulterior.*

Oposición

Vista → **Auto irrecurrible**

Las medidas de aseguramiento acordadas antes del inicio del proceso quedarán sin efecto si el solicitante no presenta la demanda en los 20 días siguientes a su adopción.

§ 65 BIS. Medios adecuados de solución de controversias en vía no jurisdiccional (requisito de procedibilidad, arts. 2 al 19, de la L.O. 1/2025)

Referencias a la mediación (D.A. 12ª de la L.O. 1/2025). Todas las referencias a la mediación, contenidas en la LEC, se entienden realizadas a todos los medios adecuados para la solución de controversias en vía no jurisdiccional, previstos en los **arts. 2 al 19 de la L.O. 1/2025.**

Concepto de medio adecuado de solución de controversias (art. 2). Cualquier actividad negociadora, reconocida en la LO 1/2025 o en otras leyes, a la que acuden de buena fe las partes para encontrar una solución extrajudicial, por sí mismas o con la intervención de un tercero neutral.

Ámbito de aplicación de la regulación (art. 3): **asuntos civiles y mercantiles**, incluidos conflictos transfronterizos (en caso de sometimiento expreso o tácito o cuando, (i) al menos, una parte tenga su domicilio en España y (ii) la actividad negociadora se desarrolle en España).

Principio de autonomía privada (art. 4). Siempre que no sea contrario a la ley, a la buena fe ni al orden público. No cabe el sometimiento sobre materias no disponibles por las partes (aunque sí en los supuestos de los arts. 102 y 103 CC nulidad, separación y divorcio, sin perjuicio de la homologación del acuerdo alcanzado).
Se pueden acordar **actuaciones por medios telemáticos, videoconferencia o análogos** (cfr. art. 8).
Confidencialidad y protección de datos (art. 9). Salvo la información relativa a si las partes acuden o no al intento de negociación previa y al objeto de la controversia.
  (i) **Extensión subjetiva** del deber de confidencialidad: las partes, los abogados y los terceros neutrales que intervengan.
  (ii) **Extensión objetiva**: no se podrá declarar o aportar documentación del proceso de negociación, salvo (a) dispensa expresa por escrito; (b) cuando se esté tramitando la impugnación de tasación de costas o la solicitud de exoneración o moderación de las mismas, conforme al art. 245 LEC; (c) a solicitud judicial en la jurisdicción penal; (d) por razones de orden público.
  (iii) **En especial, no cabe aportación como prueba en juicio.**

Requisito de procedibilidad (art. 5). Con carácter general, para la admisión de la demanda, es necesario acudir previamente a algún **medio adecuado de solución de controversias**, cumpliendo el requisito de identidad entre el objeto de la negociación y el objeto del litigio. Se considera cumplido el requisito si se acude previamente a: **(1) mediación; (2) conciliación ante** (i) notario (cfr. Ley Notariado), (ii) registrador (cfr. título IV bis LH), (iii) LAJ (cfr. jurisdicción voluntaria); (iv) juez; **(3) opinión neutral de experto independiente** (cfr. art. 18); **(4) formulación de oferta vinculante confidencial** (cfr. art. 17); **(5) cualquier otro tipo de actividad negociadora** reconocida en las leyes. Cfr. art. 14.
Sobre la **conciliación privada por profesional**, cfr. art. 15, art. 16 (funciones de la persona conciliadora).
Sobre el **proceso de Derecho colaborativo**, cfr. art. 19.

Ámbito objetivo del requisito de procedibilidad: los procesos declarativos del Libro II LEC y los procesos especiales del Libro IV LEC, **excepto: (i)** tutela judicial civil de derechos fundamentales; **(ii)** adopción de medidas del art. 158 CC (relaciones paterno-filiales); **(iii)** adopción de medidas judiciales de apoyo al discapacitado; **(iv)** filiación, paternidad y maternidad; **(v)** tutela sumaria de la tenencia o posesión de una cosa o derecho por quien haya sido despojado o perturbado; **(vi)** tutela sumaria en caso de demolición de obra, edificio, árbol u objeto análogo en estado de ruina o que amenace daños; **(vii)** ingreso de menores en centros específicos, ejecución forzosa de medidas de protección de menores o restitución de menores en supuestos de sustracción internacional; **(viii)** juicio cambiario.
Tampoco será de aplicación el requisito de procedibilidad, para: (i) interponer demanda ejecutiva; (ii) solicitud de medidas cautelares previas; (iii) solicitud de diligencias preliminares; (iv) inicio de expedientes de jurisdicción voluntaria (excepto, expedientes de intervención judicial en caso de desacuerdo conyugal y en la administración de bienes gananciales y en los de intervención judicial en caso de desacuerdo en el ejercicio de la patria potestad); (v) presentar petición de requerimiento europeo de pago conforme al Reglamento (CE) 1896/2006 del proceso monitorio europeo; (vi) inicio de un proceso europeo de escasa cuantía conforme al Reglamento (CE) 861/2007.
Iniciativa para acudir a los medios adecuados de solución de controversias. Puede tomarla (i) una de las partes, (ii) ambas de común acuerdo o (iii) una decisión judicial o del LAJ que derive a las partes a este tipo de medios.

Derecho de asistencia letrada (art. 6). Se reconoce en todos los medios adecuados de solución de controversias. Sólo es **preceptiva la intervención letrada** (i) para formular una oferta vinculante en asunto de cuantía superior a 2.000 euros o (ii) cuando lo exija una ley sectorial. La asistencia letrada no preceptiva debe ser comunicada con el requerimiento o dentro de los 3 días siguientes a su recepción, para que también pueda valerse de asistencia letrada en el plazo de 3 días desde recepción de la notificación.

Sobre **honorarios de los letrados y de los terceros neutrales**, cfr. art. 11.

Efectos de la apertura del proceso de negociación (art. 7). La solicitud de inicio de un procedimiento de negociación a través de un medio adecuado de solución de controversias **interrumpe la prescripción o suspende la caducidad de acciones** desde que conste el intento de comunicación de esa solicitud (i) en el domicilio personal, (ii) en el lugar de trabajo que conste o (iii) por comunicación electrónica empleada por las partes en sus relaciones previas.

Duración de la interrupción/suspensión: hasta la fecha de (i) la firma del acuerdo o (ii) la terminación del proceso de negociación sin alcanzar acuerdo o (iii) si no se mantiene la primera reunión o (iv) no se obtiene respuesta escrita en 30 días naturales desde la recepción de la solicitud o de cualquier propuesta concreta o (v) desde la fecha del intento de comunicación, si la recepción no se produce.

Cfr. reglas especiales si interviene un tercero neutral (art. 7.2). Según se trate de (i) mediador; (ii) conciliador; (iii) experto independiente; (iv) LAJ.

Efectos de la terminación sin acuerdo o cuando la solicitud inicial no tiene respuesta. **Plazo para formular demanda** teniendo por cumplido el requisito de procedibilidad: **1 año** desde la terminación sin acuerdo o desde la recepción de la solicitud de negociación. Si se hubiesen adoptado **medidas cautelares**: se presentará la demanda en los **20 días** siguientes desde la terminación del proceso o desde que se deba entender por finalizado. **En materia de costas**, los tribunales tendrán en consideración la colaboración de las partes, así como **para la imposición de multas o sanciones previstas en la LEC**.

Acreditación del intento de negociación y de la terminación sin acuerdo (art. 10).

(i) Si intervino un tercero neutral. Mediante documento expedido por éste con el contenido del art. 10.3

(ii) Si no intervino un tercero neutral. Mediante cualquier documento firmado por ambas partes (cfr. su contenido en art. 10.2) o, en su defecto, por cualquier documento que pruebe que la otra parte recibió la solicitud o invitación para negociar, o la propuesta.

Se entiende producida la terminación del proceso sin acuerdo (art. 10.4) en los siguientes supuestos:

(i) Transcurso de 30 días naturales desde la recepción de la solicitud inicial, si no se ha mantenido la primera reunión o contacto o no se obtiene respuesta por escrito.

(ii) Una vez iniciada la negociación, transcurso de 30 días desde la recepción de una propuesta concreta de acuerdo, sin que se alcance acuerdo ni se obtenga respuesta.

(iii) Transcurso de 3 meses desde la primera reunión, sin acuerdo. Las partes pueden continuar de mutuo acuerdo la negociación.

(iv) Expresión escrita por una de las partes de su voluntad de dar por terminada la negociación.

Sobre el acuerdo alcanzado

Formalización (art. 12).

(i) Contenido mínimo necesario (cfr. art. 12.1), firma y número de copias (art. 12.2).

(ii) Pueden compelerse a elevarlo a escritura pública u otorgarlo unilateralmente (art. 12.3 a 5).

Eficacia (art. 13).

(i) *Será vinculante para las partes. En contra, sólo cabe la acción de nulidad por causas que invalidan los contratos.*

(ii) Fuerza ejecutiva, (a) si es elevado a escritura pública o (b) si es homologado judicialmente o (c) si consta en certificación del art, 103 LH (conciliación registral).

VII.- LOS MEDIOS DE PRUEBA

§ 66. Medios de prueba

Salvo que, de oficio o a instancia de parte, se acuerde otro distinto, **se practicarán por este orden**:
1. Interrogatorio de las partes.
2. Interrogatorio de testigos.
3. Declaraciones de peritos (o presentación de dictámenes periciales).
4. Reconocimiento judicial (si no ha de practicarse fuera de la sede judicial).
5. Reproducción de palabras, imágenes y sonidos captados mediante instrumentos.

Son, también, medios de prueba:
6. Documentos (públicos y privados).

§ 67. Interrogatorio de las partes

Sujetos. Cada parte puede solicitar el interrogatorio de las **demás partes procesales**. Cabe solicitar **interrogatorio de colitigante**, si existe oposición o conflicto de intereses entre ambos y también el **del sujeto de la relación jurídica controvertida o titular de cualquier derecho** en cuya virtud se acciona, aunque no sea parte legitimada actuante en juicio. El art. 314 establece para este último caso la prohibición de reiterar el interrogatorio.

301

Valoración del interrogatorio: Cfr. art. 316: sana crítica. Si no lo contradice el resultado de las demás pruebas, se considerarán ciertos los hechos que una parte haya reconocido si en ellos intervino personalmente y su fijación como ciertos le es enteramente perjudicial.

Requisitos del interrogatorio:
1. Oralmente y en sentido afirmativo.
2. Preguntas claras y precisas.
3. Sin contener valoraciones ni calificaciones (que se tendrán por no realizadas si se incorporan).

302

Pueden ser objeto de impugnación en el acto por la parte que ha de responder, haciendo notar las valoraciones y calificaciones que contengan.

303

Incomparecencia: el tribunal podrá considerar como ciertos los hechos en que hubiese intervenido personalmente y que enteramente le perjudiquen. Y se impondrá multa de 180 a 600 € (ver también art. 292).

304

Orden del interrogatorio:
1. Por el abogado de quien solicitó la prueba.
2. Por los abogados de las otras partes.
3. Por el abogado del interrogado.
4. Por el tribunal.

306

Cuando la intervención de abogado no sea preceptiva, con la venia del tribunal, podrá hacerse un interrogatorio cruzado entre las partes.

Negativa a declarar. Salvo que concurra obligación legal de guardar secreto, el tribunal le apercibirá que podrá considerar reconocidos los hechos si intervino personalmente en ellos y su fijación le perjudica en todo o en parte. Y en caso de **respuestas evasivas o inconcluyentes**, el tribunal, de oficio o a instancia de parte, le apercibirá de igual modo.

307

Interrogatorio sobre hechos no personales. Responderá según sus conocimientos, dando razón del origen de éstos. Podrá proponer que conteste un tercero que tenga conocimiento personal de los hechos, aceptando las consecuencias de su declaración. Tal sustitución habrá de ser aceptada por la parte que proponga la prueba, y en caso de no aceptarlo, el declarante podrá solicitar que la persona sea interrogada en calidad de testigo, decidiendo el tribunal lo procedente.

308

Interrogatorio de persona jurídica o entidad sin personalidad jurídica:
Si el representante en juicio no intervino en los hechos:
1. Lo alegará así **en la audiencia previa** al juicio.
2. Facilitará la **identidad** de quien sí intervino, para su citación; si dicha persona ya no forma parte de la persona jurídica, puede solicitar que declare como testigo.
3. En el interrogatorio al representante responderá según sus conocimientos dando razón del origen de éstos e identificará necesariamente a la persona que intervino para su interrogatorio como diligencia final. Si manifiesta **desconocer** quién intervino, el tribunal lo considerará respuesta evasiva o resistencia a declarar.

309

Incomunicación de declarantes (art. 310).- Respecto de las partes o litisconsortes: se adoptarán las medidas necesarias para evitar que puedan conocer anticipadamente el contenido de las preguntas y las respuestas.
Interrogatorio domiciliario (arts. 311 al 313).

Interrogatorio del Estado, Comunidad Autónoma, Entidad Local u otro Organismo Público: se le remitirá, sin esperar al juicio o vista, una lista con las preguntas presentadas por el proponente en el momento en que se admita la prueba y declaradas pertinentes, para que sean respondidas por escrito antes del juicio o vista. Serán leídas en el acto del juicio. Posibilidad de preguntas complementarias: se entenderán con su representación procesal y si éste justificase no poder dar cumplida respuesta, se procederá a remitir nuevo interrogatorio por escrito como diligencia final.

315

§ 68. Prueba documental

Documentos públicos
Clases. Art. 317. Modo de aportación al proceso, art. 318.
Fuerza probatoria. Art. 319.
Impugnación de su autenticidad. Se procede a su cotejo o comprobación por el LAJ (a presencia de los defensores y las partes, si concurren previa citación) en el archivo o local donde esté el original o matriz. Si resulta ser auténtico: se imponen al impugnante las costas, gastos y derechos; y si se considera temeraria la impugnación, podrá imponérsele multa de 120 a 600 €.
Documentos públicos extranjeros. Art. 323.

320

Documentos privados
Concepto. Art. 324 (concepto negativo, los no incluidos en el art. 317).
Fuerza probatoria. Art. 326. Prueba plena si su autenticidad no es impugnada por aquél a quien perjudique. Remisión al art. 319.
Impugnación de su autenticidad. La parte que presente el documento podrá solicitar cotejo pericial de letras o cualquier otro medio de prueba.
Resolución:
1. Si resulta auténtico el documento: el impugnante abonará las costas y gastos. Si a juicio del tribunal la impugnación fue temeraria, podrá imponerle multa de 120 a 600 €.
2. Si no se puede deducir su autenticidad o no se propone prueba alguna: el tribunal valorará el documento según las reglas de la sana crítica.
Libros de comerciantes. Art. 327. Remisión a las leyes mercantiles. De manera motivada, y con carácter excepcional, el tribunal podrá reclamar que se presenten ante él los libros o su soporte informático, siempre que se especifiquen los asientos que deben ser examinados.

Solicitud de exhibición de documentos (públicos y privados)
1. **A las partes**: En caso de negativa, si se considera injustificada, el tribunal podrá atribuir valor probatorio a la copia simple que presente el solicitante o a la versión que dé del documento, o podrá requerir su exhibición por providencia, cuando así lo aconsejen las circunstancias.

329

2. **A terceros no litigantes**: Se admitirá cuando su conocimiento resulte transcendente a los efectos de dictar sentencia. Previa citación del tercero para ser oído, se dicta resolución frente a la que no cabe recurso, sin perjuicio de reiterar la petición en segunda instancia. A estos efectos no se considerarán terceros los titulares de la relación jurídica controvertida o de los que sean causa de ella, aunque no figuren como partes en el juicio. El art. 332 recoge el deber de exhibición de entidades oficiales, salvo cuando se trate de documentación declarada o clasificada como de carácter reservado o secreto.

330

§ 69. Dictamen de perito de parte

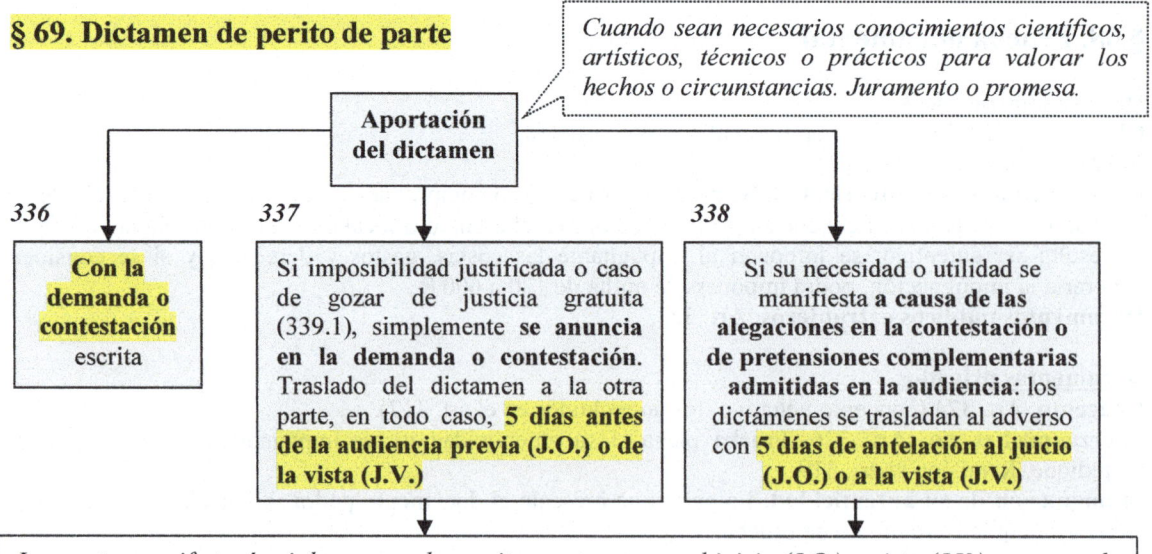

Cuando sean necesarios conocimientos científicos, artísticos, técnicos o prácticos para valorar los hechos o circunstancias. Juramento o promesa.

Aportación del dictamen

336

Con la demanda o contestación escrita

337

Si imposibilidad justificada o caso de gozar de justicia gratuita (339.1), simplemente **se anuncia en la demanda o contestación.** Traslado del dictamen a la otra parte, en todo caso, **5 días antes de la audiencia previa (J.O.) o de la vista (J.V.)**

338

Si su necesidad o utilidad se manifiesta **a causa de las alegaciones en la contestación o de pretensiones complementarias admitidas en la audiencia**: los dictámenes se trasladan al adverso con **5 días de antelación al juicio (J.O.) o a la vista (J.V.)**

Las partes manifestarán si desean que los peritos comparezcan al juicio (J.O.) o vista (J.V.), expresando si deberán exponer o explicar el dictamen o responder a preguntas, objeciones o propuestas.

§ 70. Dictamen de perito designado judicialmente

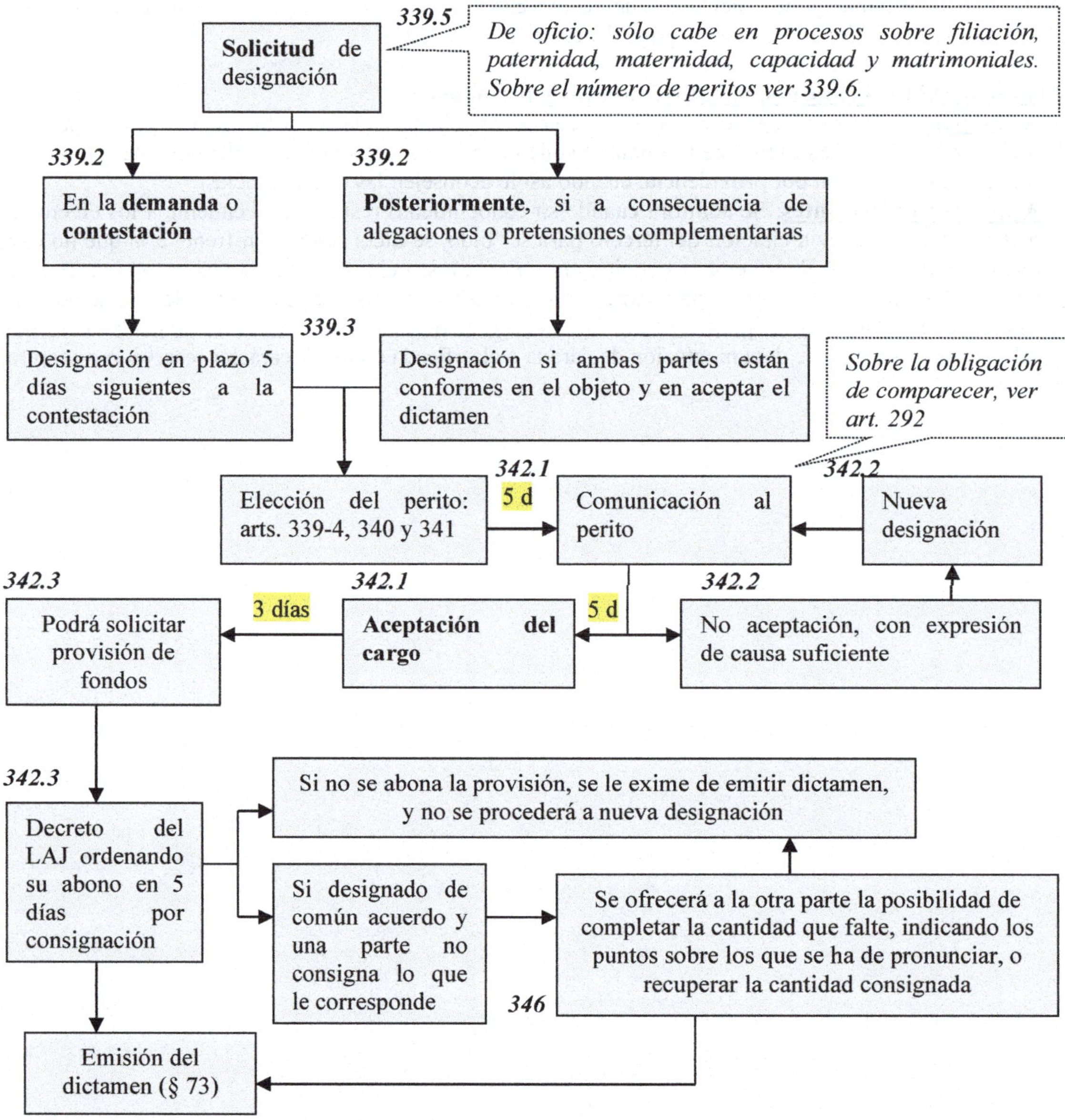

Solicitud de designación

339.5 *De oficio: sólo cabe en procesos sobre filiación, paternidad, maternidad, capacidad y matrimoniales. Sobre el número de peritos ver 339.6.*

339.2

En la **demanda** o **contestación**

339.2

Posteriormente, si a consecuencia de alegaciones o pretensiones complementarias

339.3

Designación en plazo 5 días siguientes a la contestación

Designación si ambas partes están conformes en el objeto y en aceptar el dictamen

Sobre la obligación de comparecer, ver art. 292

Elección del perito: arts. 339-4, 340 y 341

342.1 5 d

Comunicación al perito

342.2

Nueva designación

342.3

Podrá solicitar provisión de fondos

342.1 3 días

Aceptación del cargo

5 d

342.2

No aceptación, con expresión de causa suficiente

342.3

Decreto del LAJ ordenando su abono en 5 días por consignación

Si no se abona la provisión, se le exime de emitir dictamen, y no se procederá a nueva designación

Si designado de común acuerdo y una parte no consigna lo que le corresponde

346

Se ofrecerá a la otra parte la posibilidad de completar la cantidad que falte, indicando los puntos sobre los que se ha de pronunciar, o recuperar la cantidad consignada

Emisión del dictamen (§ 73)

§ 71. Tacha de peritos

Sólo pueden ser objeto de tacha los **peritos de parte**; no los peritos judicialmente designados (que podrán ser objeto de recusación, ver § 46).

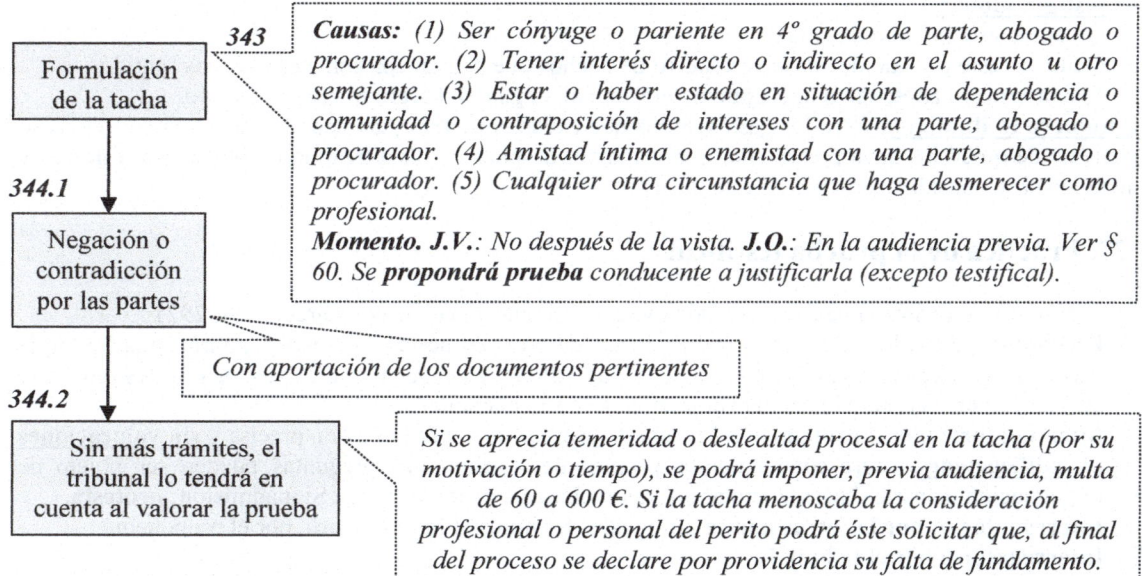

343

Causas: (1) Ser cónyuge o pariente en 4° grado de parte, abogado o procurador. (2) Tener interés directo o indirecto en el asunto u otro semejante. (3) Estar o haber estado en situación de dependencia o comunidad o contraposición de intereses con una parte, abogado o procurador. (4) Amistad íntima o enemistad con una parte, abogado o procurador. (5) Cualquier otra circunstancia que haga desmerecer como profesional.
Momento. J.V.: No después de la vista. J.O.: En la audiencia previa. Ver § 60. Se propondrá prueba conducente a justificarla (excepto testifical).

Con aportación de los documentos pertinentes

Si se aprecia temeridad o deslealtad procesal en la tacha (por su motivación o tiempo), se podrá imponer, previa audiencia, multa de 60 a 600 €. Si la tacha menoscaba la consideración profesional o personal del perito podrá éste solicitar que, al final del proceso se declare por providencia su falta de fundamento.

§ 72. Operaciones periciales

Si requieren el reconocimiento de lugares, objetos o personas u operaciones análogas, las partes y sus defensores podrán presenciarlo (si no impiden ni estorban la labor del perito y se pueden garantizar su acierto e imparcialidad).

345

La solicitud en tal sentido será resuelta por el tribunal y, en caso de ser estimada, ordenará al perito dar aviso a las partes con un mínimo de 48 horas de antelación.

§ 73. Emisión del dictamen

Por **escrito**, en el plazo que señale el tribunal. Se dará traslado a las partes a fin de que puedan solicitar la concurrencia del perito a la vista o juicio para aclaraciones o explicaciones. Si el tribunal lo considera necesario, lo acordará por providencia.

346

En el juicio (J.O.) **o vista** (J.V.) podrá pedirse al perito:

1. Exposición completa del dictamen (si requiere operaciones complementarias del escrito aportado).
2. Explicación del dictamen o alguno de sus puntos que no se considere suficientemente expresivo.
3. Respuestas a preguntas y objeciones sobre método, premisas, conclusiones y otros aspectos.
4. Respuestas a solicitudes de ampliación del dictamen a otros puntos conexos (si puede llevarse a efecto en el acto) o conocer su opinión sobre su posibilidad, utilidad y plazo necesario.
5. Crítica del dictamen por el perito de la parte contraria.
6. Formulación de tacha.

347

El tribunal podrá formular preguntas y requerir explicaciones, pero no acordar que se amplíe, salvo que se trate de peritos designados de oficio.

Valoración del dictamen pericial (art. 348).- Según reglas de la sana crítica.

§ 74. Especialidades de la pericial de cotejo de letras
Cfr. arts. 349 a 351.

§ 75. Reconocimiento judicial
El solicitante expresará los extremos principales a que se refiera e indicará si pretende concurrir al acto con algún técnico en la materia. Las otras partes, antes del reconocimiento, podrán proponer otros extremos que les interesen y manifestarán si asistirán con un técnico. El señalamiento se efectuará con un mínimo de cinco días de antelación. Si, de oficio o a instancia de parte, el tribunal considera conveniente oír a los técnicos, les tomará previamente juramento o promesa. Podrán practicarse simultáneamente al reconocimiento judicial, en un solo acto, la prueba testifical y/o los interrogatorios de las partes.

353 a 359

§ 76. Proposición de la prueba testifical

La proposición de la prueba expresará (i) la identidad del testigo (o cargo u otra circunstancia que permita su identificación), (ii) profesión y (iii) domicilio o residencia.

Son **testigos idóneos**:
1. Quien no esté privado de la razón.
2. Quien no esté privado de sentidos respecto de hechos que sólo quepa conocer por esos sentidos.
3. Mayores de 14 años, salvo que a juicio del tribunal tengan el discernimiento necesario.

Su número es ilimitable. Pero los gastos de los que excedan de **tres** para cada hecho serán en todo caso dé cuenta de quien los haya presentado. Y el tribunal, después de oír a tres, podrá obviar las testificales que falten si se considera suficientemente ilustrado.

`360 a 363`

§ 77. Práctica de la prueba testifical

1. **Juramento o promesa** de decir verdad (sobre la obligatoriedad de comparecer: art. 292).
2. **Preguntas generales** (cfr. art. 367). En vista de sus respuestas, las partes podrán manifestar la existencia de circunstancias relativas a su imparcialidad. El tribunal podrá interrogar al testigo sobre tales circunstancias para la debida valoración de sus declaraciones.
3. **Interrogatorio por el proponente**. En sentido afirmativo, de forma clara, precisa y **sin valoraciones ni calificaciones**, sobre conocimientos propios del testigo. Las preguntas pueden ser objeto de impugnación de parte (haciendo notar las valoraciones y calificaciones). Si inadmisión: **protesta**.
4. **Interrogatorios por las otras partes**. En iguales términos al interrogatorio por el proponente.
5. **Interrogatorio por el tribunal**.

Si los testigos incurren en **graves contradicciones**, de oficio o a instancia de parte (solicitado al término del interrogatorio), tendrá lugar un **careo entre testigos o entre las partes y el testigo**.

Los testigos tienen **derecho a indemnización** por los gastos y perjuicios causados. Se fijará por Decreto, finalizado el juicio o vista, recurrible en reposición. El plazo para el pago será de 10 días desde la resolución, bajo apercibimiento de apremio.

Testigo-Perito (art. 370.4).- El Tribunal admitirá las manifestaciones que por sus conocimientos agregue el testigo a sus respuestas sobre los hechos. Remisión al art. 343 sobre **tacha** (de peritos)

`365 367`

`368 369`

`372`

`373`

`375`

§ 78. Tacha de testigos

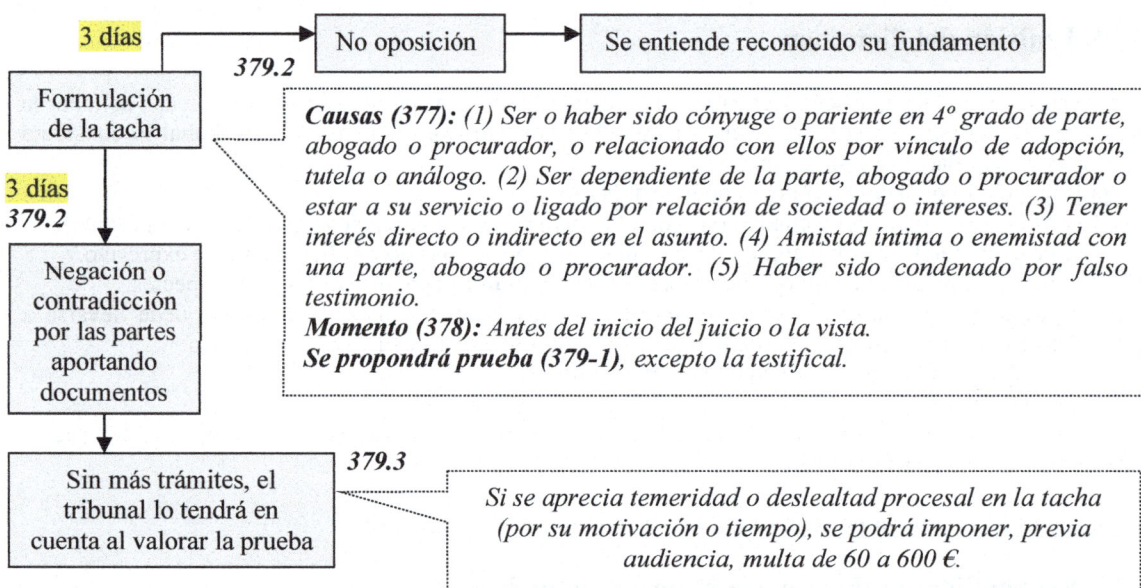

§ 79. Interrogatorio sobre informes escritos

Sólo será necesario si los hechos recogidos en los informes no son reconocidos como ciertos por aquél a quien han de perjudicar.

Especialidades:
1. Es improcedente la tacha por razón de interés en el asunto si el informe fue elaborado por encargo.
2. El autor, primeramente, reconocerá el informe y se ratificará en su contenido.
3. El interrogatorio se limitará a los hechos consignados en los informes.

`380`

381

§ 80. Interrogatorio de personas jurídicas y entidades públicas

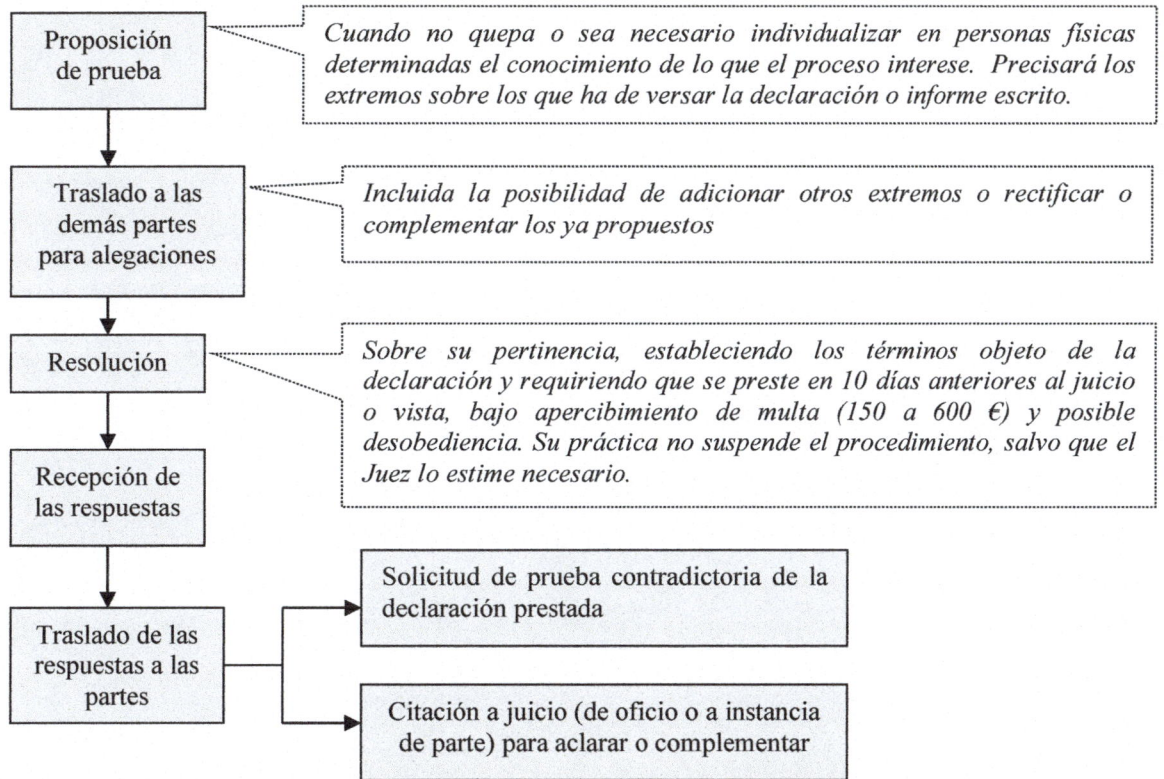

Proposición de prueba — *Cuando no quepa o sea necesario individualizar en personas físicas determinadas el conocimiento de lo que el proceso interese. Precisará los extremos sobre los que ha de versar la declaración o informe escrito.*

Traslado a las demás partes para alegaciones — *Incluida la posibilidad de adicionar otros extremos o rectificar o complementar los ya propuestos*

Resolución — *Sobre su pertinencia, estableciendo los términos objeto de la declaración y requiriendo que se preste en 10 días anteriores al juicio o vista, bajo apercibimiento de multa (150 a 600 €) y posible desobediencia. Su práctica no suspende el procedimiento, salvo que el Juez lo estime necesario.*

Recepción de las respuestas

Traslado de las respuestas a las partes → Solicitud de prueba contradictoria de la declaración prestada

→ Citación a juicio (de oficio o a instancia de parte) para aclarar o complementar

382
383

§ 81. Reproducción de la palabra, sonido, imagen y otros instrumentos de archivo

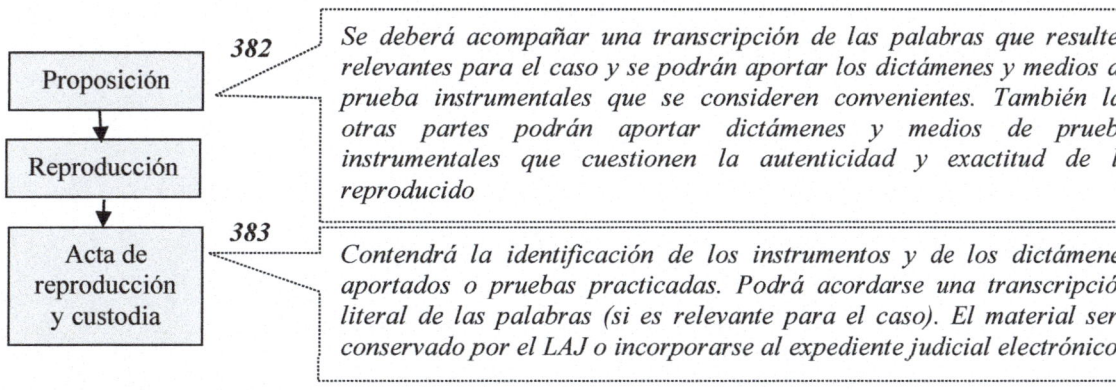

Proposición — *382* — *Se deberá acompañar una transcripción de las palabras que resulten relevantes para el caso y se podrán aportar los dictámenes y medios de prueba instrumentales que se consideren convenientes. También las otras partes podrán aportar dictámenes y medios de prueba instrumentales que cuestionen la autenticidad y exactitud de lo reproducido*

Reproducción

Acta de reproducción y custodia — *383* — *Contendrá la identificación de los instrumentos y de los dictámenes aportados o pruebas practicadas. Podrá acordarse una transcripción literal de las palabras (si es relevante para el caso). El material será conservado por el LAJ o incorporarse al expediente judicial electrónico.*

§ 82. Presunciones

385
386

***Art. 385.* Presunciones legales** (*iuris tantum, iuris et de iure*). Sólo serán admisibles cuando la certeza del hecho indicio del que parte la presunción haya quedado establecida mediante admisión o prueba.

***Art. 386.* Presunciones judiciales**. A partir de un hecho admitido o probado, el tribunal podrá presumir la certeza, a los efectos del proceso, de otro hecho, si entre el admitido o demostrado y el presunto existe un enlace preciso y directo según las reglas del criterio humano.

VIII. CUESTIONES INCIDENTALES Y COSTAS PROCESALES

§ 83. Cuestiones incidentales

Concepto. Son las que, siendo distintas de las que constituyan el objeto principal del pleito, guarden con éste relación inmediata, así como las que se susciten respecto de presupuestos y requisitos procesales de influencia en el proceso.

| 387 |
| 388 |

Su régimen jurídico es aplicable a aquellos incidentes que no tengan señalada una especial tramitación.

Clases:

1. **De especial pronunciamiento**: No suspenden el curso del proceso. Se deciden en la sentencia.
2. **De previo pronunciamiento**: Lo suspenden hasta que sean resueltas. Supuestos (además de los previstos expresamente en la ley):
   (i) Cuestiones sobre capacidad y representación por hechos posteriores a la comparecencia.
   (ii) Defecto de algún otro presupuesto procesal sobrevenido tras la audiencia previa.
   (iii) Cualquier otro incidente cuya resolución sea absolutamente necesaria para decidir sobre la continuación del juicio o su terminación.

| 389 |
| 390 |
| 391 |

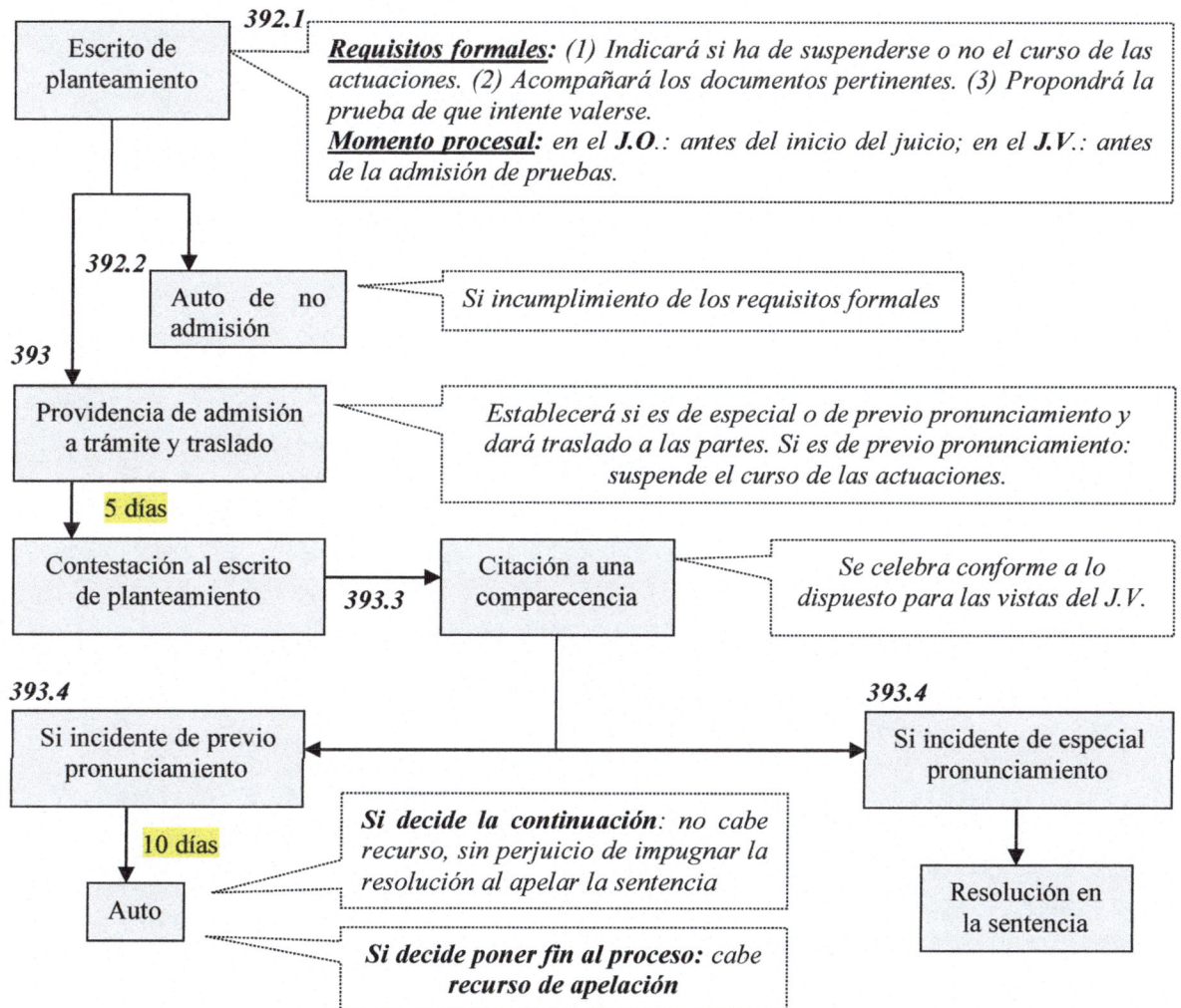

§ 84. Condena en costas

Art. 394.- Primera Instancia
Art. 395.- Allanamiento
Art. 396.- Desistimiento
Art. 397.- Apelación en materia de costas
Art. 398.- Costas en apelación y recurso de casación.

IX.- EL JUICIO ORDINARIO

§ 85. Juicio Ordinario. Esquema general

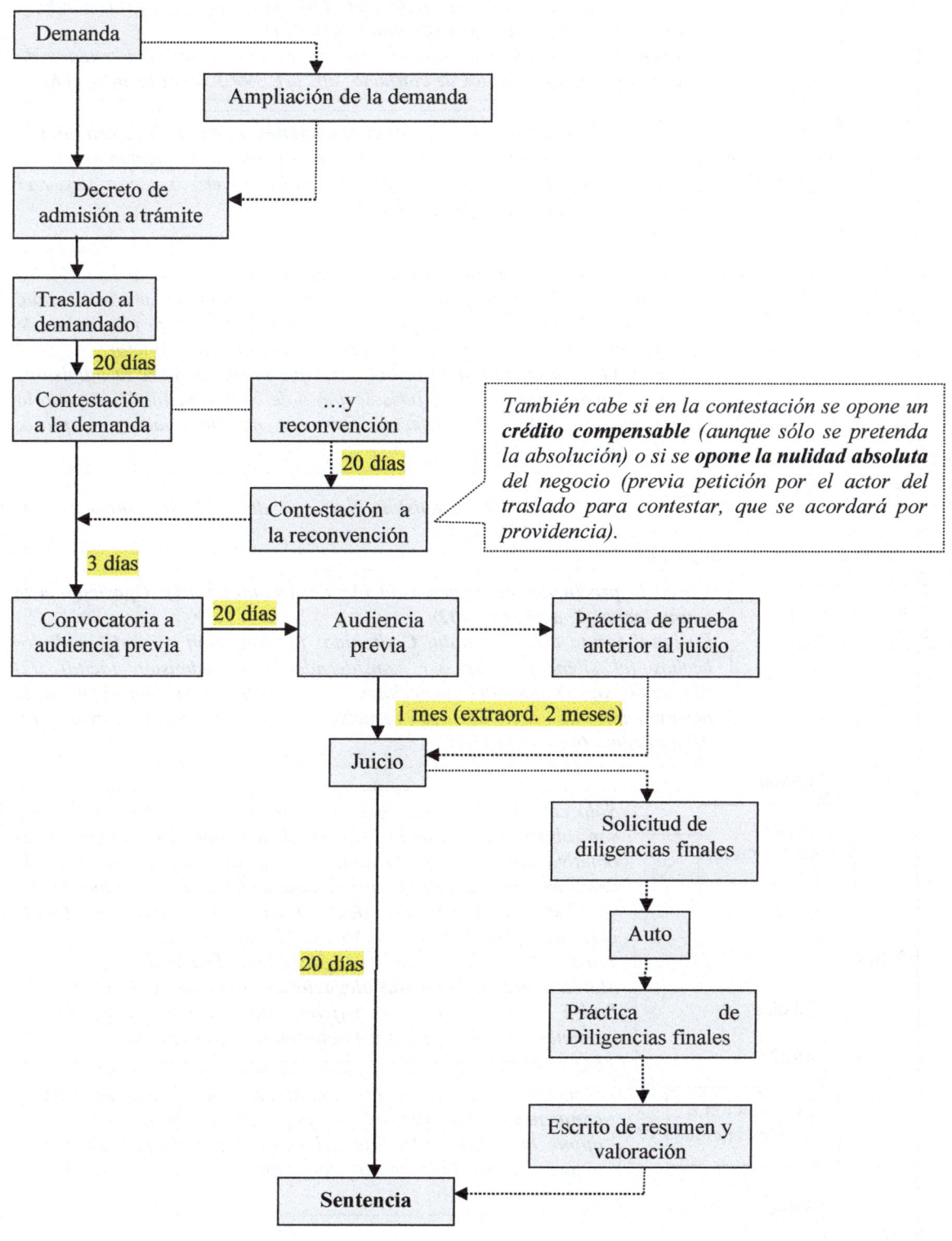

También cabe si en la contestación se opone un **crédito compensable** (aunque sólo se pretenda la absolución) o si se **opone la nulidad absoluta** del negocio (previa petición por el actor del traslado para contestar, que se acordará por providencia).

§ 86. Juicio Ordinario. Fase de alegaciones

399-400

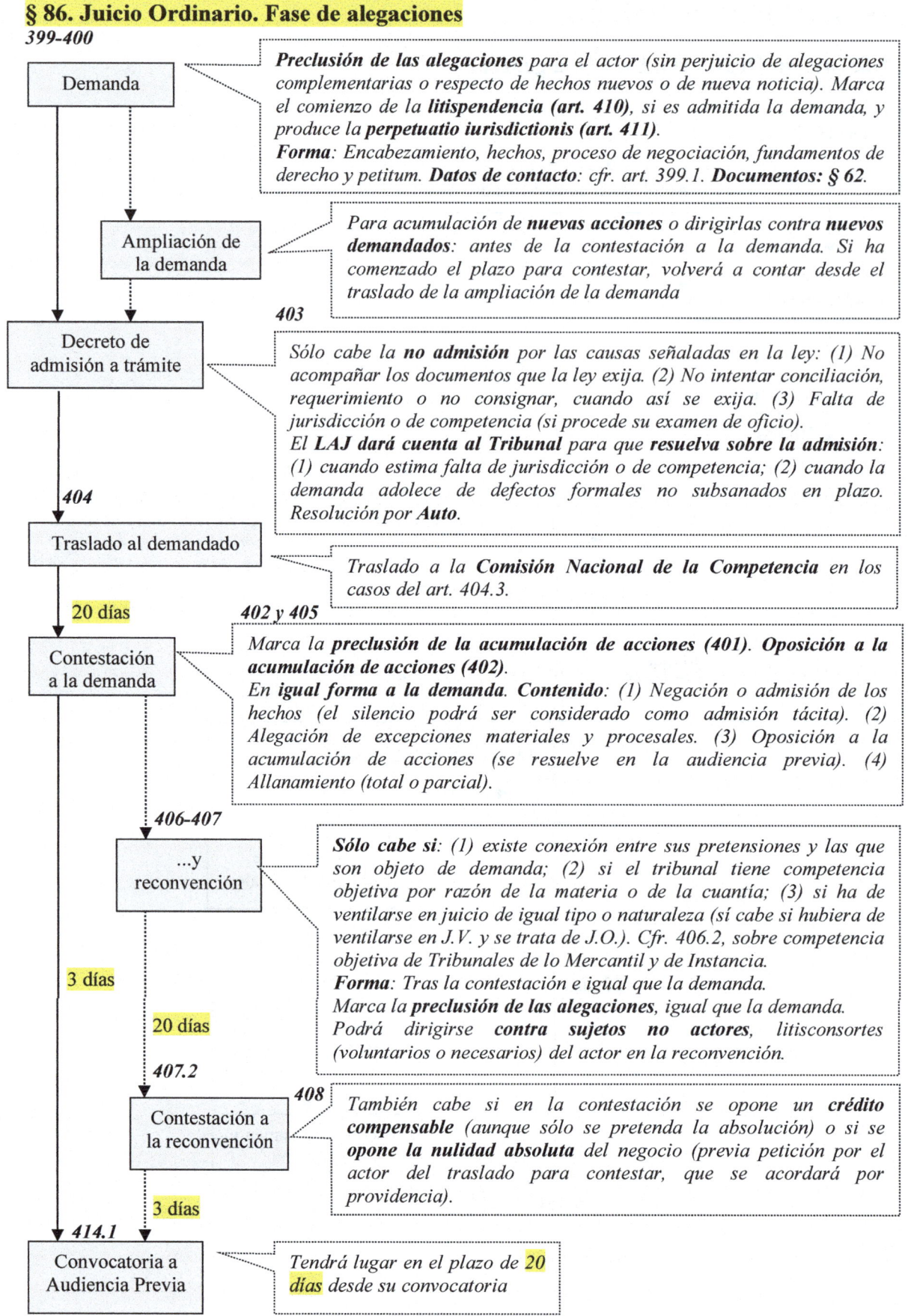

Demanda

> ***Preclusión de las alegaciones*** *para el actor (sin perjuicio de alegaciones complementarias o respecto de hechos nuevos o de nueva noticia). Marca el comienzo de la* ***litispendencia (art. 410)****, si es admitida la demanda, y produce la* ***perpetuatio iurisdictionis (art. 411)****.*
> ***Forma****: Encabezamiento, hechos, proceso de negociación, fundamentos de derecho y petitum.* ***Datos de contacto****: cfr. art. 399.1.* ***Documentos: § 62.***

Ampliación de la demanda

> *Para acumulación de* ***nuevas acciones*** *o dirigirlas contra* ***nuevos demandados****: antes de la contestación a la demanda. Si ha comenzado el plazo para contestar, volverá a contar desde el traslado de la ampliación de la demanda*

403

Decreto de admisión a trámite

> *Sólo cabe la* ***no admisión*** *por las causas señaladas en la ley: (1) No acompañar los documentos que la ley exija. (2) No intentar conciliación, requerimiento o no consignar, cuando así se exija. (3) Falta de jurisdicción o de competencia (si procede su examen de oficio).*
> *El* ***LAJ dará cuenta al Tribunal*** *para que* ***resuelva sobre la admisión****: (1) cuando estima falta de jurisdicción o de competencia; (2) cuando la demanda adolece de defectos formales no subsanados en plazo. Resolución por* ***Auto****.*

404

Traslado al demandado

> *Traslado a la* ***Comisión Nacional de la Competencia*** *en los casos del art. 404.3.*

20 días

402 y 405

Contestación a la demanda

> *Marca la* ***preclusión de la acumulación de acciones (401)****.* ***Oposición a la acumulación de acciones (402)****.*
> *En* ***igual forma a la demanda****.* ***Contenido****: (1) Negación o admisión de los hechos (el silencio podrá ser considerado como admisión tácita). (2) Alegación de excepciones materiales y procesales. (3) Oposición a la acumulación de acciones (se resuelve en la audiencia previa). (4) Allanamiento (total o parcial).*

406-407

...y reconvención

> ***Sólo cabe si****: (1) existe conexión entre sus pretensions y las que son objeto de demanda; (2) si el tribunal tiene competencia objetiva por razón de la materia o de la cuantía; (3) si ha de ventilarse en juicio de igual tipo o naturaleza (sí cabe si hubiera de ventilarse en J.V. y se trata de J.O.). Cfr. 406.2, sobre competencia objetiva de Tribunales de lo Mercantil y de Instancia.*
> ***Forma****: Tras la contestación e igual que la demanda.*
> *Marca la* ***preclusión de las alegaciones****, igual que la demanda.*
> *Podrá dirigirse* ***contra sujetos no actores****, litisconsortes (voluntarios o necesarios) del actor en la reconvención.*

3 días

20 días

407.2

Contestación a la reconvención

408

> *También cabe si en la contestación se opone un* ***crédito compensable*** *(aunque sólo se pretenda la absolución) o si se* ***opone la nulidad absoluta*** *del negocio (previa petición por el actor del traslado para contestar, que se acordará por providencia).*

3 días

414.1

Convocatoria a Audiencia Previa

> *Tendrá lugar en el plazo de* **20 días** *desde su convocatoria*

§ 87. El Juicio Ordinario. La Audiencia Previa

<u>Asistirán:</u>
1. **Abogados.**
   414
   1.1. Si falta el del actor: sobreseimiento, salvo que el demandado tenga interés legítimo en la continuación hasta la obtención de sentencia.
   1.2. Si falta el del demandado: tendrá lugar la audiencia con el actor.
2. **Las partes o sus Procuradores**, con poder para renunciar, allanarse y transigir (caso contrario se les tendrá por no comparecidos).
   2.1. Incomparecencia de ambas partes: se levanta acta y se dicta auto de sobreseimiento y archivo.
   2.2. Incomparecencia del actor: sobreseimiento, salvo que el demandado tenga interés legítimo en la continuación hasta la obtención de sentencia.
   2.3. Incomparecencia del demandado: la audiencia se entenderá con el actor.

(I).- Se declara abierto el acto y se intenta la conciliación o transacción.
415
(II).- Si hay acuerdo entre las partes:
Se desistirá del proceso o se solicitará la homologación de lo acordado por el tribunal, previo examen de la concurrencia de los requisitos de capacidad y poder de disposición, que tendrá la eficacia de transacción judicial. Las partes también pueden solicitar la suspensión para someterse a un medio adecuado para la solución de controversias.

(III).- A falta de acuerdo, se procede al examen y resolución de las cuestiones procesales (oralmente en el acto o, si más de una cuestión, por medio de Auto dentro de los 5 días siguientes) **por este orden:**
415
416

1. Defectos de capacidad o representación
418
(i) Si subsanables: se subsanarán en el acto o en el plazo que se señale (máx. 10 días) con suspensión de la audiencia. **(ii) Si no subsanables o no se subsanan**: (a) **si afecta al actor**, Auto poniendo fin al proceso; (b) **si afecta al demandado**, declaración de rebeldía, sin constancia en autos de sus actuaciones.

2. Admisión de la acumulación de acciones
419
Si hay oposición motivada del demandado en la contestación: se oirá al actor y se resolverá oralmente en el mismo acto. Continuará el proceso respecto de la acción o acciones que puedan constituir su objeto.

3. Litisconsorcio pasivo necesario
420
Si el demando alegó en la contestación litisconsorcio pasivo necesario, el actor podrá **presentar escrito dirigiendo la demanda a otros sujetos litisconsortes** (sin posible alteración sustancial de la causa de pedir). **Si el tribunal estima procedente el litisconsorcio**, suspenderá la audiencia y mandará emplazar a los nuevos demandados.
Si **el actor se opone a la existencia de litisconsorcio**: se oirá a las partes y resolverá el tribunal (por medio de Auto, en los 5 días siguientes, si la cuestión es difícil o compleja, prosiguiendo la audiencia para sus restantes finalidades). Si la resolución estima la existencia de litisconsorcio, el actor dispondrá de un plazo no inferior a 10 días para constituirlo, demandando a los litisconsortes a los que, a su vez, se les concederá 20 días para contestar la demanda. Si no lo hace así el actor: archivo definitivo de lo actuado.

4. Litispendencia o cosa juzgada
421
(i) Si se aprecia: Auto de sobreseimiento (en 5 días).
(ii) Si no se aprecia: así se declarará en el momento y continuará la audiencia (o por Auto en 5 días, continuando, entre tanto, la audiencia para sus restantes finalidades).

5. Inadecuación de procedimiento
422
(i) Por razón de la cuantía: Se oirá a las partes y resolverá en el acto; si procede seguir por el cauce del J.V. se citará a las partes a la vista, salvo que la demanda fue interpuesta fuera de plazo por caducidad, en cuyo caso se sobreseerá el proceso.
(ii) Por razón de la materia: Se oirá a las partes, y se resolverá en el acto o dentro de los 5 días
423
siguientes (prosiguiendo la audiencia para sus restantes fines):
Si procede continuar como J.V., (a) se citará a las partes a la vista salvo que proceda sobreseer el proceso si la demanda fue interpuesta fuera de plazo por caducidad; (b) se sobreseerá si no se han cumplido por requisitos exigidos por la ley (por razón de la materia) para la admisión de la demanda.

6. Falta de claridad o precisión en la demanda, contestación o reconvención (apreciada de oficio o a instancia de parte):
424
Se admitirán las aclaraciones o precisiones, procediéndose al sobreseimiento sólo si no es posible determinar las pretensiones o la persona frente a quien se formulan.

(IV).- Alegaciones complementarias y aclaratorias y rectificando extremos secundarios.

(i).- Las partes podrán efectuar **alegaciones complementarias** en relación con lo expuesto de contrario, hacer **aclaraciones** y **rectificar extremos secundarios**.

Para añadir alguna **petición accesoria o complementaria**:

    (a) Si la adversa está conforme, se admitirá.

    (b) Si la adversa se opone, se admitirá si la adición no impide el derecho de defensa en igualdad.

(ii).- Para alegar algún **hecho nuevo o de nueva noticia**: se aplica el régimen del art. 286 (§ 51). Se aportarán **documentos** (aplicables arts. 267 y 268), **dictámenes** o la solicitud de nombramiento de perito judicial (petición que se resolverá conforme a los arts. 335 y siguientes).

(iii).- El tribunal podrá **requerir a las partes que realicen aclaraciones o precisiones**, bajo apercibimiento de tenerles por conformes con los hechos y argumentos aducidos de adverso.

426

(V).- Manifestación sobre documentos e informes periciales aportados hasta ese momento.

1. **Respecto de los documentos**: manifestará si los admite o impugna o reconoce o si, en su caso, propone prueba acerca de su autenticidad.

2. **Respecto de los informes periciales y de investigación privada aportados**: manifestará si los admite, contradice o propone que sean ampliados en los extremos que determine.

3. **Si las alegaciones complementarias y/o aclaratorias o de rectificación o las peticiones accesorias o complementarias** (formuladas según punto III) suscitan en todas o algunas partes la necesidad de aportar **dictamen pericial**, lo podrán hacer en el plazo que permita dar traslado a las otras partes con al menos 5 días de antelación al juicio; alternativamente, en vez de aportar dictamen, las partes podrán solicitar en la misma audiencia la designación de perito que dictamine.

427

(VI).- Fijación de los hechos en que existe conformidad y disconformidad (hechos controvertidos).

Tras fijar las partes, con el tribunal, los hechos en que hay conformidad y disconformidad, el tribunal podrá exhortar a las partes a llegar a un acuerdo.

Si hay conformidad en todos los hechos: en 20 días, se dictará sentencia.

428

(VII).- Proposición de prueba.

Si hay disconformidad en los hechos, se propone prueba (indicando cuál se hará por auxilio judicial).

    1. Interrogatorio de partes. Si representante legal de persona jurídica no intervino en los hechos se identificará a quien si intervino para su citación; si ya no forma parte de la persona jurídica, declarará como testigo (art. 309).

    2. Testigos. Indicando cuáles comparecerán voluntariamente.

    3. Peritos. Indicando cuáles comparecerán voluntariamente.

    4. Reconocimiento judicial

    5. Reproducción de palabras, imágenes o sonidos.

    6. Documental.

Si el tribunal la **considera insuficiente**, lo manifestará a las partes, especificando el hecho que podría verse afectado por la insuficiencia probatoria, pudiendo señalar la prueba que estime conveniente; a la vista de ello, las partes podrán completar o modificar la prueba propuesta.

Declaración sobre la **admisión de la prueba propuesta** (art. 285):

    (i) *Recurso de reposición* (expresando infracción incurrida, vide art. 452).

    (ii) Si desestimado, podrá formular **protesta** (para hacer valer en segunda instancia)

        [Supuestos más frecuentes]:

        - Aportación de **documentos** (infracción art. 265, deber de aportación con escrito inicial)

        - Prueba **impertinente** o **inútil**: infracción del art. 283.

        - Aportación **informe pericial**, con infracción del:

            -art. 336 (aportación con escrito inicial, salvo justificación de demora)

            -art. 337 (traslado 5 días antes de la Audiencia Previa)

            -art. 339 (solicitud perito judicial en escrito inicial, salvo hechos nuevos (426).

429

VIII.- Señalamiento de fecha para el juicio (plazo máximo: 1 mes ó 2 meses, a petición de parte, si la prueba o gran parte de ella ha de practicarse fuera de la sede del tribunal).

Las partes indicarán qué testigos y peritos se comprometen a presentarse en el juicio y cuáles han de ser citados por el tribunal. Así como las declaraciones e interrogatorios que se han de realizar a través del auxilio judicial; se acordará en el acto la remisión de los exhortos, dando a las partes un plazo de 3 días para presentar las preguntas.

Si se hace uso de la **facultad de derivación para negociación**, se acordará mediante providencia (puede ser oral). La negociación tendrá lugar durante el tiempo que media entre la audiencia previa y el juicio. Ese plazo es prorrogable por acuerdo de todas las partes, fijándose nueva fecha para el juicio.

§ 88. Juicio Ordinario. Práctica de la prueba

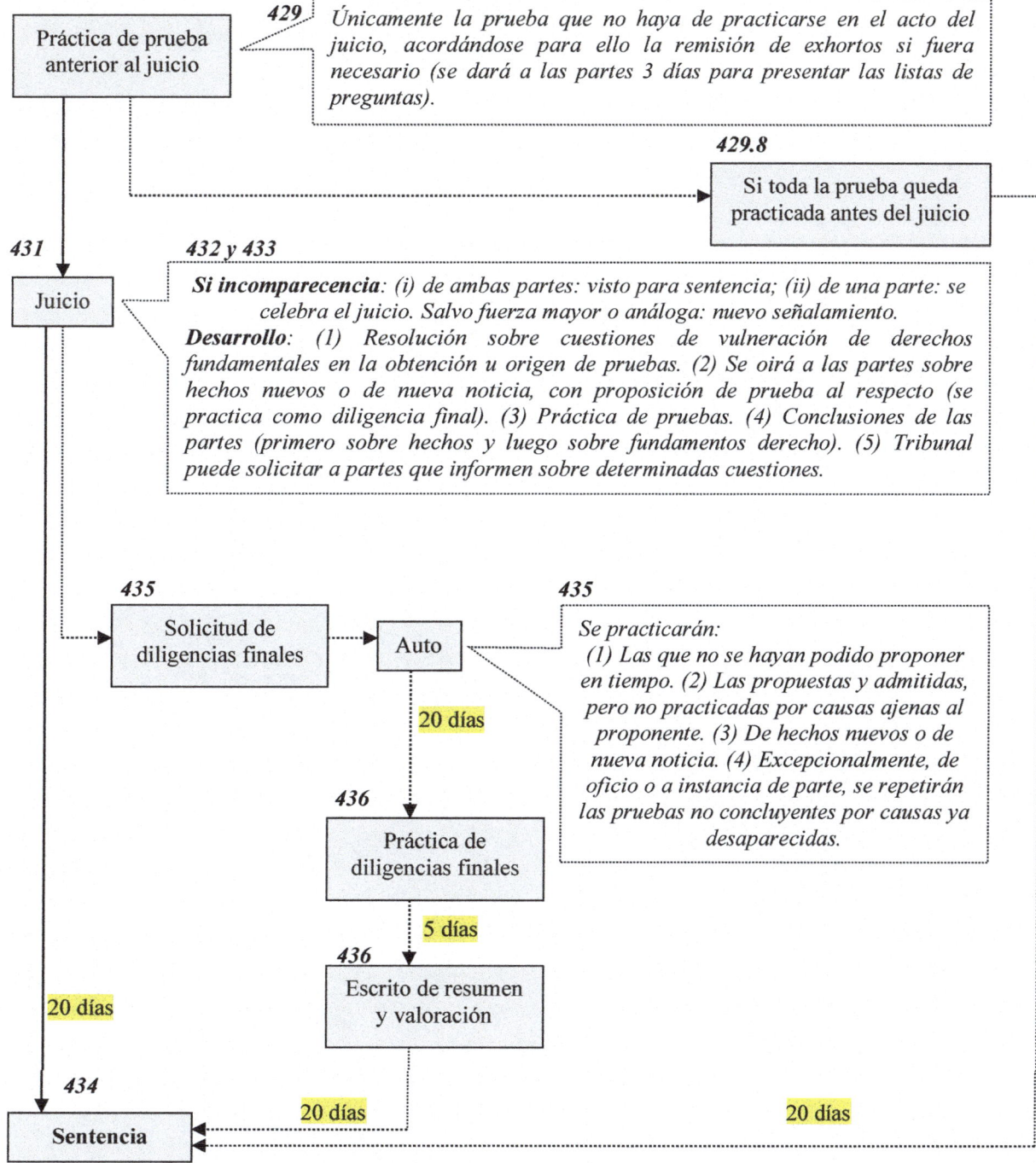

Práctica de prueba anterior al juicio

429 Únicamente la prueba que no haya de practicarse en el acto del juicio, acordándose para ello la remisión de exhortos si fuera necesario (se dará a las partes 3 días para presentar las listas de preguntas).

429.8 Si toda la prueba queda practicada antes del juicio

431 **Juicio**

432 y 433 *Si incomparecencia: (i) de ambas partes: visto para sentencia; (ii) de una parte: se celebra el juicio. Salvo fuerza mayor o análoga: nuevo señalamiento.* *Desarrollo: (1) Resolución sobre cuestiones de vulneración de derechos fundamentales en la obtención u origen de pruebas. (2) Se oirá a las partes sobre hechos nuevos o de nueva noticia, con proposición de prueba al respecto (se practica como diligencia final). (3) Práctica de pruebas. (4) Conclusiones de las partes (primero sobre hechos y luego sobre fundamentos derecho). (5) Tribunal puede solicitar a partes que informen sobre determinadas cuestiones.*

435 Solicitud de diligencias finales

Auto

435 *Se practicarán: (1) Las que no se hayan podido proponer en tiempo. (2) Las propuestas y admitidas, pero no practicadas por causas ajenas al proponente. (3) De hechos nuevos o de nueva noticia. (4) Excepcionalmente, de oficio o a instancia de parte, se repetirán las pruebas no concluyentes por causas ya desaparecidas.*

20 días

436 Práctica de diligencias finales

5 días

436 Escrito de resumen y valoración

20 días

434 **Sentencia**

20 días

20 días

X.- EL JUICIO VERBAL

§ 89. Juicio Verbal

Nota previa. Véanse en las **siguientes páginas** las aclaraciones marcadas con asteriscos (*). Igualmente, respecto de las **actuaciones previas a la vista en determinados supuestos**, véase el § 90.

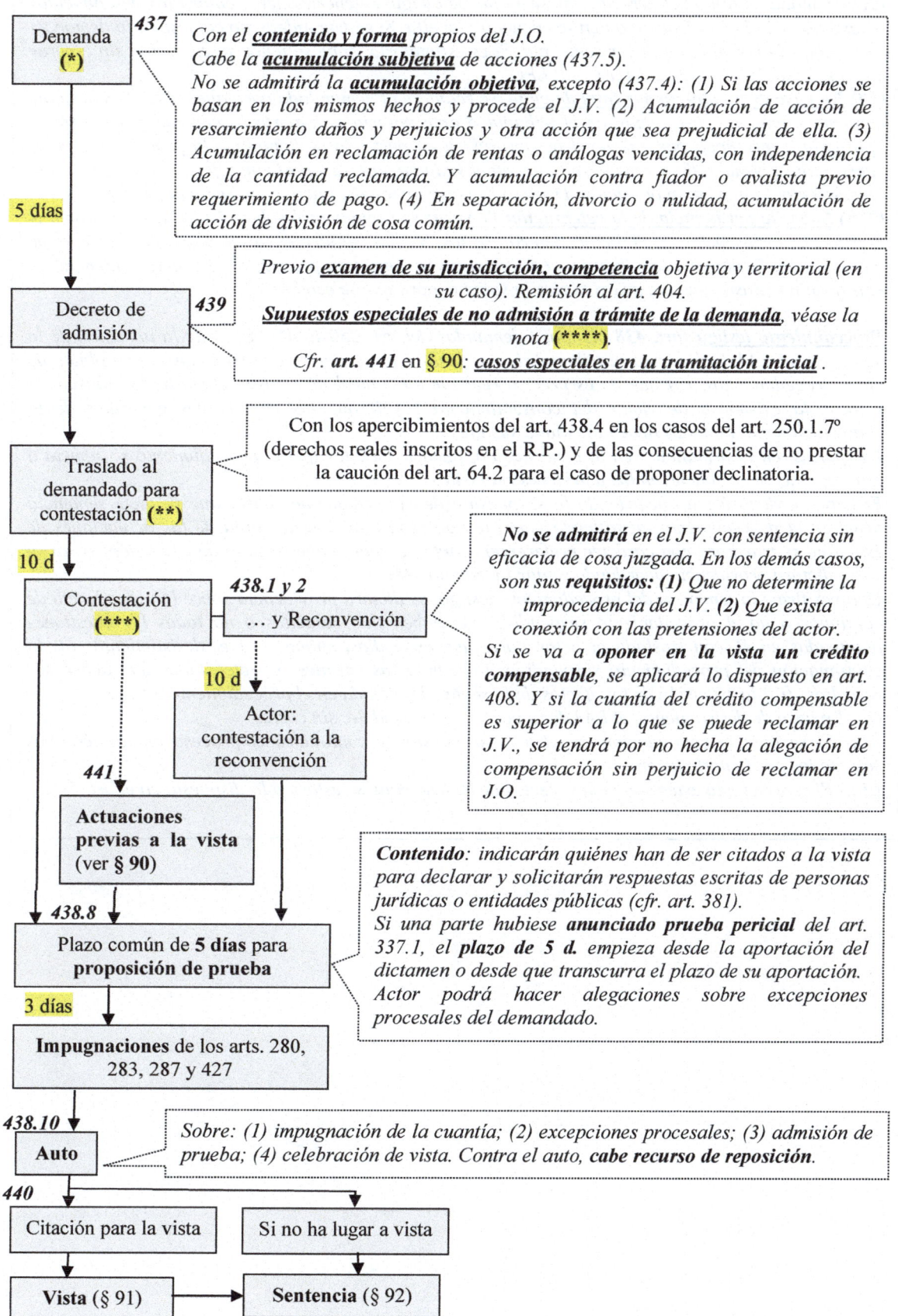

Demanda (*) — 437

*Con el **contenido y forma** propios del J.O.*
*Cabe la **acumulación subjetiva** de acciones (437.5).*
*No se admitirá la **acumulación objetiva**, excepto (437.4): (1) Si las acciones se basan en los mismos hechos y procede el J.V. (2) Acumulación de acción de resarcimiento daños y perjuicios y otra acción que sea prejudicial de ella. (3) Acumulación en reclamación de rentas o análogas vencidas, con independencia de la cantidad reclamada. Y acumulación contra fiador o avalista previo requerimiento de pago. (4) En separación, divorcio o nulidad, acumulación de acción de división de cosa común.*

5 días

Decreto de admisión — 439

*Previo **examen de su jurisdicción, competencia** objetiva y territorial (en su caso). Remisión al art. 404.*
***Supuestos especiales de no admisión a trámite de la demanda**, véase la nota (****).*
*Cfr. **art. 441** en § 90: **casos especiales en la tramitación inicial**.*

Traslado al demandado para contestación (**)

Con los apercibimientos del art. 438.4 en los casos del art. 250.1.7º (derechos reales inscritos en el R.P.) y de las consecuencias de no prestar la caución del art. 64.2 para el caso de proponer declinatoria.

10 d

Contestación (***) — 438.1 y 2 — **... y Reconvención**

***No se admitirá** en el J.V. con sentencia sin eficacia de cosa juzgada. En los demás casos, son sus **requisitos: (1)** Que no determine la improcedencia del J.V. **(2)** Que exista conexión con las pretensiones del actor.*
*Si se va a **oponer en la vista un crédito compensable**, se aplicará lo dispuesto en art. 408. Y si la cuantía del crédito compensable es superior a lo que se puede reclamar en J.V., se tendrá por no hecha la alegación de compensación sin perjuicio de reclamar en J.O.*

10 d

Actor: contestación a la reconvención

441

Actuaciones previas a la vista (ver § 90)

438.8

Plazo común de 5 días para proposición de prueba

Contenido: indicarán quiénes han de ser citados a la vista para declarar y solicitarán respuestas escritas de personas jurídicas o entidades públicas (cfr. art. 381).
*Si una parte hubiese **anunciado prueba pericial** del art. 337.1, el **plazo de 5 d.** empieza desde la aportación del dictamen o desde que transcurra el plazo de su aportación. Actor podrá hacer alegaciones sobre excepciones procesales del demandado.*

3 días

Impugnaciones de los arts. 280, 283, 287 y 427

438.10

Auto

*Sobre: (1) impugnación de la cuantía; (2) excepciones procesales; (3) admisión de prueba; (4) celebración de vista. Contra el auto, **cabe recurso de reposición**.*

440

Citación para la vista — **Si no ha lugar a vista**

Vista (§ 91) → **Sentencia (§ 92)**

Especialidades de algunos juicios verbales (cfr. arts. 437 y 438 LEC).

(*) *En el desahucio de finca urbana por falta de pago o expiración plazo* (437.3). *Cabe el anuncio del compromiso de condonar por desalojo. Cabe solicitar que se señale el lanzamiento a los efectos del art. 549.3.*

En la **recuperación de la posesión de vivienda** *(cfr. art. 250.1.4º y 437.3 bis LEC), la demanda (acompañada de título del derecho a poseer) puede dirigirse genéricamente contra los desconocidos ocupantes, siendo notificada a quien se encuentre en ella. Si el demandado no contesta a la demanda, se procede de inmediato a dictar sentencia. Si es estimatoria, cabe solicitar su ejecución sin esperar el transcurso de los 20 días del art. 548 LEC.*

(**) *En caso de desahucio por falta de pago, se requiere al demandado para que en 10 días desaloje o pague o ponga a disposición en el tribunal o ante notario el importe; o comparezca y formule oposición, expresando por qué no debe, en todo o en parte, lo reclamado o la procedencia de la enervación. Y señala día y hora para la eventual vista en caso de oposición y fecha para el eventual lanzamiento. Si ni pago ni oposición, Decreto de terminación del juicio y lanzamiento, con costas.*

(***) *Sobre la pertinencia de la celebración de vista: se pronunciará sobre ella el demandado en el escrito de contestación y el actor dentro de los 3 días siguientes al traslado del escrito de contestación. Si ninguno la solicita y el tribunal no la considera procedente, se dicta sentencia sin más trámites. Basta que una de las partes la solicite, para que se celebre.*

Procedimiento testigo **(art. 438 bis,** *para demandas del art. 250.1.14º). Antes de la admisión de la demanda, el LAJ dará cuenta al tribunal de que incluye pretensiones que (i) están siendo objeto de otros procedimientos, (ii) que no es preciso realizar un control de transparencia de la cláusula ni valorar la existencia de vicios del consentimiento y (iii) que las condiciones generales de la contratación cuestionadas tienen identidad sustancial.*

Las partes, en la demanda y en la contestación, pueden solicitar que el procedimiento se someta a esta regulación, si concurren los anteriores requisitos.

El tribunal dictará auto acordando la suspensión de las actuaciones hasta que se dicte sentencia firme en el procedimiento identificado como testigo (con remisión de copia de las actuaciones de éste, que se tramitará con carácter preferente); contra el auto, cabe recurso de apelación; o, en su caso, dictará providencia acordando seguir la tramitación.

Una vez firme la sentencia del procedimiento testigo, se dictará providencia sobre la procedencia de continuar o no el procedimiento suspendido por haber sido resueltas o no todas las cuestiones planteadas en él, con traslado al actor para que, en 5 días, solicite: (i) el desistimiento; (ii) la continuación del procedimiento suspendido, indicando las razones o pretensiones que deben ser resueltas; (iii) la extensión de los efectos de la sentencia dictada en el procedimiento testigo.

(i).- En caso de desistimiento, el LAJ dicta decreto acordándolo, sin costas.

(ii).- Si se pide la continuación, se alza la suspensión y continuará el proceso en los términos solicitados por la parte actora.

(iii).- Si se solicita la extensión de los efectos de la sentencia, se estará a lo dispuesto en el art. 519.

Supuestos de no admisión a trámite de la demanda (art. 439).

(****) *No se admitirá a trámite (en J.V. por razón de la materia):*

1. ***Acción de retener o recobrar posesión****: si se interpone pasado 1 año desde la perturbación o despojo.*

2. ***Protección y efectividad de derechos reales inscritos en RP****: a) si no se expresan en demanda las medidas necesarias para asegurar la eficacia de la sentencia; b) si, salvo renuncia expresa del actor, no se señala la caución que ha de prestar el demandado en caso de comparecer y contestar, para responder de los frutos, daños, perjuicios y costas; c) si no se acompaña certificado del RP acreditativo de la vigencia sin contradicción del asiento del actor.*

3. ***Desahucio en finca urbana por falta de pago****, si no se fijan las circunstancias que puedan permitir o no la enervación de la acción.*

4. ***En los supuestos 10º y 11º del art. 250.1 (de venta a plazos de bienes muebles o arrendamiento financiero)****: si no se acompañan los documentos detallados en el art. 439-4.*

5. ***Demandas cuyo objeto sea la devolución de sumas indebidamente satisfechas por consumidor en aplicación de cláusulas suelo u otras abusivas en contratos de préstamo o crédito con garantía hipotecaria inmobiliaria****, cuando no se acompañe documento que justifique reclamación previa extrajudicial sobre su carácter abusivo con devolución de cantidades. **Cfr.** régimen jurídico de esa reclamación previa en préstamos o créditos, en el **art. 439 bis**.*

6. ***En los casos de*** *los n.º 1.º, 2.º, 4.º y 7.º del art. 250.1 **(recuperación de la posesión de una finca)**, cuando no se especifique (a) si el inmueble constituye vivienda habitual de la persona ocupante; (b) si el actor es un gran tenedor de vivienda (cfr. art. 3.k de la Ley 12/2023); si se indica que no tiene esa condición, se adjuntará con la demanda certificado del RP con la relación de sus propiedades; (c) si tiene la condición de gran tenedor, si la demandada se encuentra o no en situación de vulnerabilidad económica, acreditándolo por certificado de la Administración autonómica o local. Véanse formas de cumplimiento alternativo (declaración responsable y certificado de no consentimiento del estudio de la situación económica).*

7. ***En los casos de*** *los n.º 1.º, 2.º, 4.º y 7.º del art. 250.1 **(recuperación de la posesión de una finca)**, cuando la actora sea un gran tenedor, el inmueble sea la vivienda del ocupante y éste se encuentre en situación de vulnerabilidad económica, si no se acreditan las circunstancias indicadas en el precepto.*

8. *Cuando no se cumplan los **requisitos de admisibilidad** que, **para casos especiales**, puedan establecer las leyes.*

§ 90. Juicio Verbal. Actuaciones previas a la vista

1.- Acción para la toma de posesión de bienes hereditarios no poseídos por nadie a título de dueño o de usufructuario (art. 250.1.3º).

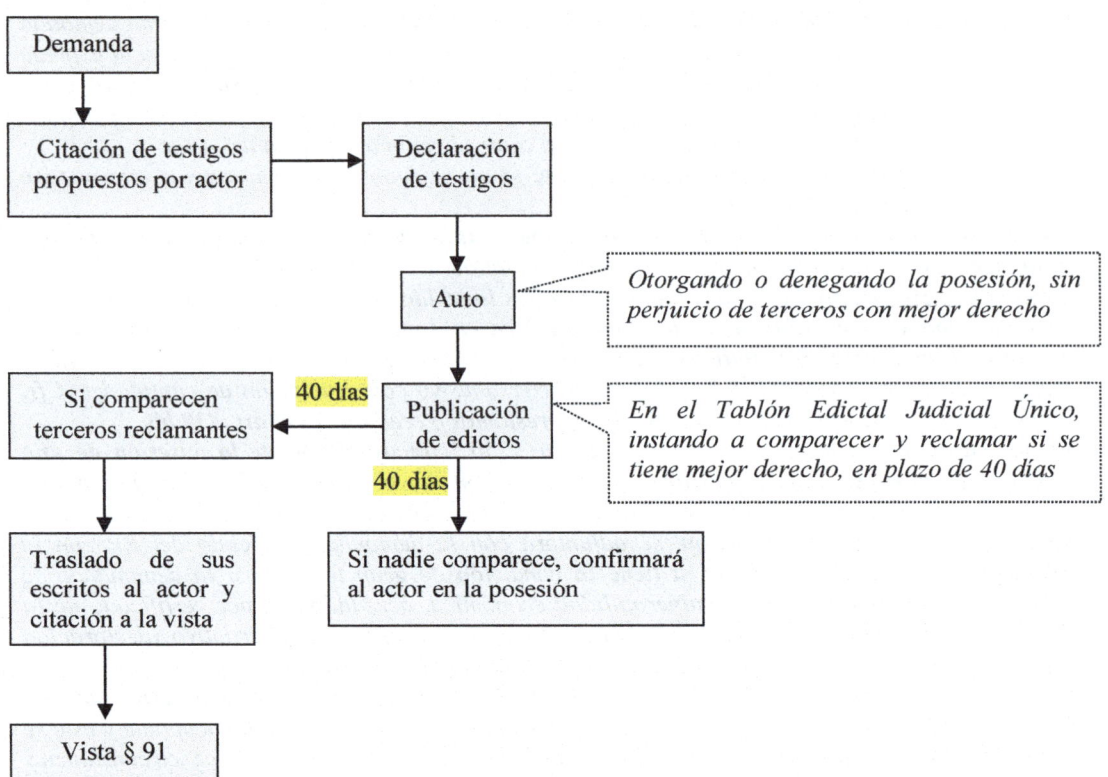

2.- Acción de recuperación de la posesión de vivienda del art. 250.1.4º (tutela sumaria de la tenencia o posesión)

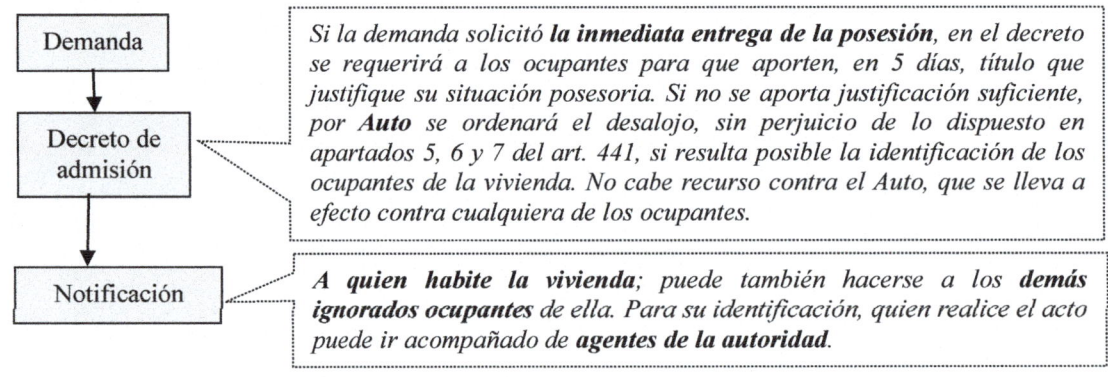

3.- Acción sumaria de suspensión de obra nueva

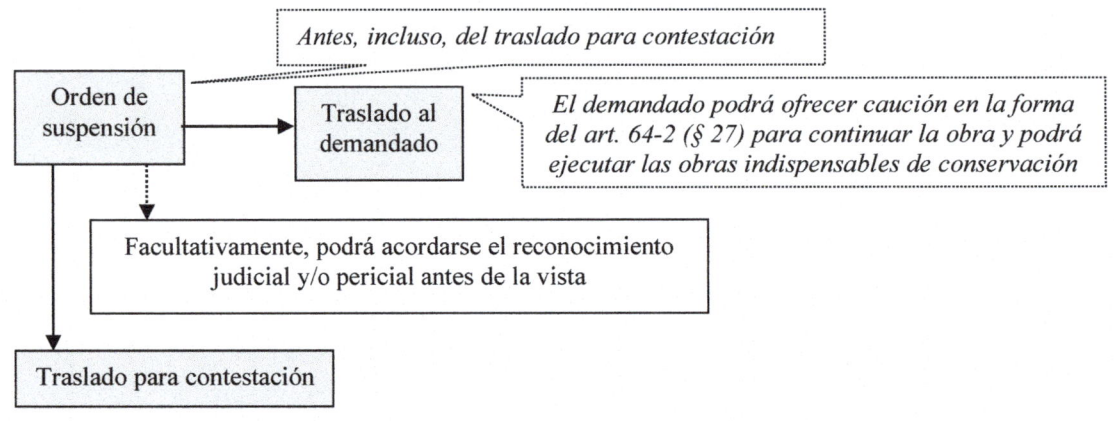

4.- Acción para la efectividad de derechos reales inscritos en el Registro de la Propiedad, frente a opositores o perturbadores no inscritos (art. 250.1.7º LEC).

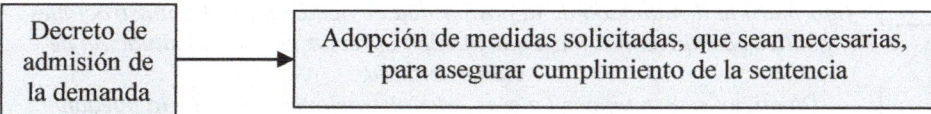

```
┌──────────────┐          ┌─────────────────────────────────────────────┐
│ Decreto de   │          │ Adopción de medidas solicitadas, que sean   │
│ admisión de  │  ───▶    │ necesarias, para asegurar cumplimiento de   │
│ la demanda   │          │ la sentencia                                │
└──────────────┘          └─────────────────────────────────────────────┘
```

5.- Acciones sumarias (art. 250.1.10º) por incumplimiento por el comprador de contratos inscritos en el Registro de Venta a Plazos de Bienes Muebles para la ejecución exclusivamente sobre bienes o derechos adquiridos o financiados a plazos; y acciones por incumplimiento de contrato de arrendamiento financiero o de venta a plazos con reserva de dominio.

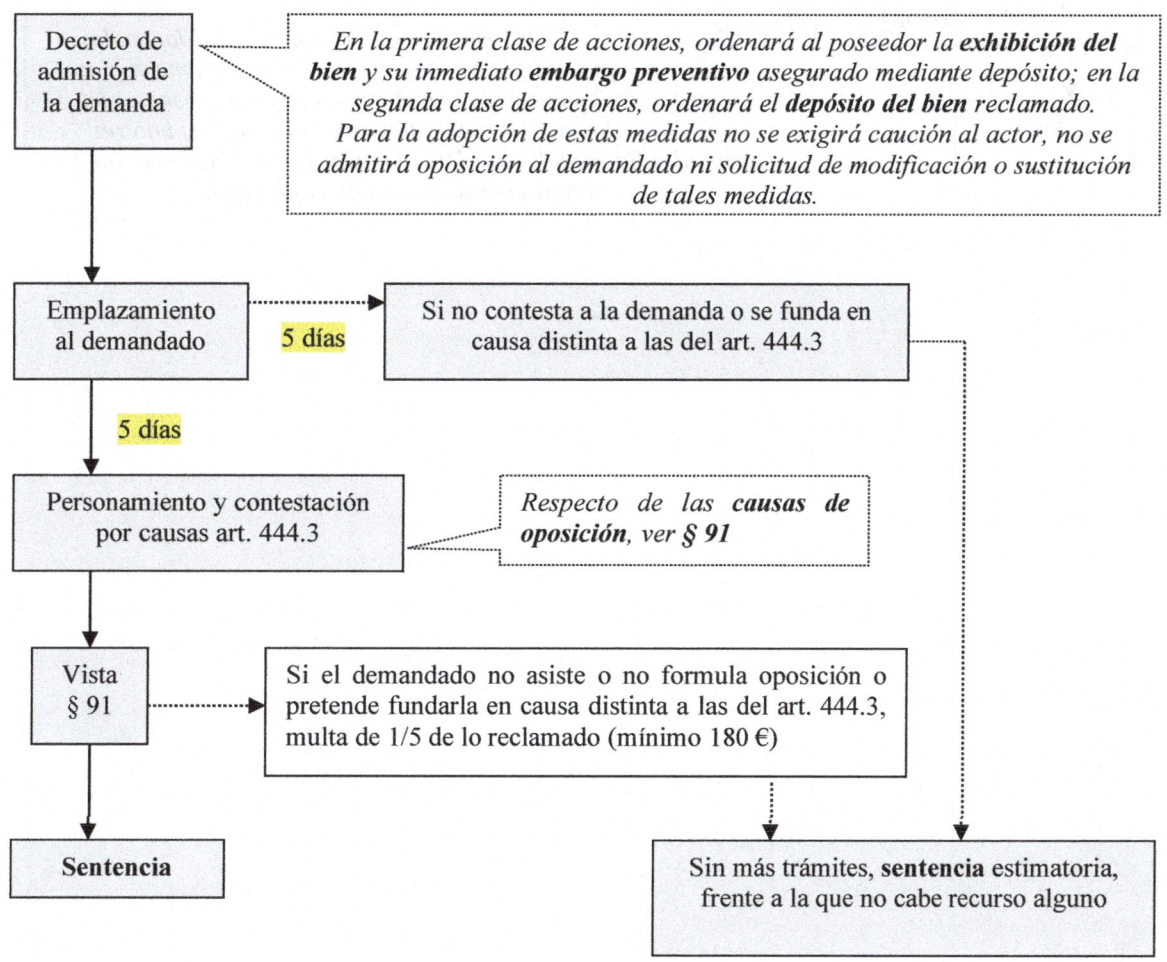

```
┌──────────────┐          ┌─────────────────────────────────────────────────┐
│ Decreto de   │········· │ En la primera clase de acciones, ordenará al    │
│ admisión de  │          │ poseedor la exhibición del bien y su inmediato  │
│ la demanda   │          │ embargo preventivo asegurado mediante depósito; │
└──────────────┘          │ en la segunda clase de acciones, ordenará el    │
       │                  │ depósito del bien reclamado.                    │
       │                  │ Para la adopción de estas medidas no se exigirá │
       ▼                  │ caución al actor, no se admitirá oposición al   │
                          │ demandado ni solicitud de modificación o        │
                          │ sustitución de tales medidas.                   │
                          └─────────────────────────────────────────────────┘
```

```
┌──────────────────┐   5 días    ┌──────────────────────────────────────┐
│ Emplazamiento    │·········▶   │ Si no contesta a la demanda o se     │
│ al demandado     │             │ funda en causa distinta a las del    │
└──────────────────┘             │ art. 444.3                           │
       │                         └──────────────────────────────────────┘
       │ 5 días                                    │
       ▼                                           │
┌──────────────────────────────┐   ┌────────────────────────────────┐
│ Personamiento y contestación │   │ Respecto de las causas de      │
│ por causas art. 444.3        │···│ oposición, ver § 91            │
└──────────────────────────────┘   └────────────────────────────────┘
       │
       ▼
┌──────────┐   ┌────────────────────────────────────────────────────┐
│ Vista    │···│ Si el demandado no asiste o no formula oposición o │
│ § 91     │   │ pretende fundarla en causa distinta a las del      │
└──────────┘   │ art. 444.3, multa de 1/5 de lo reclamado           │
       │       │ (mínimo 180 €)                                     │
       │       └────────────────────────────────────────────────────┘
       ▼
┌──────────────┐        ┌──────────────────────────────────────────┐
│ Sentencia    │        │ Sin más trámites, sentencia estimatoria, │
└──────────────┘        │ frente a la que no cabe recurso alguno    │
                        └──────────────────────────────────────────┘
```

6.- Acciones sumarias de los números 1º (impago de rentas), 2º (recuperación posesión por precario), 4º (recuperación de la posesión) y 7º (derechos reales inscritos en el RP) del art. 250.1 LEC, cuando el inmueble constituye vivienda habitual del demandado.

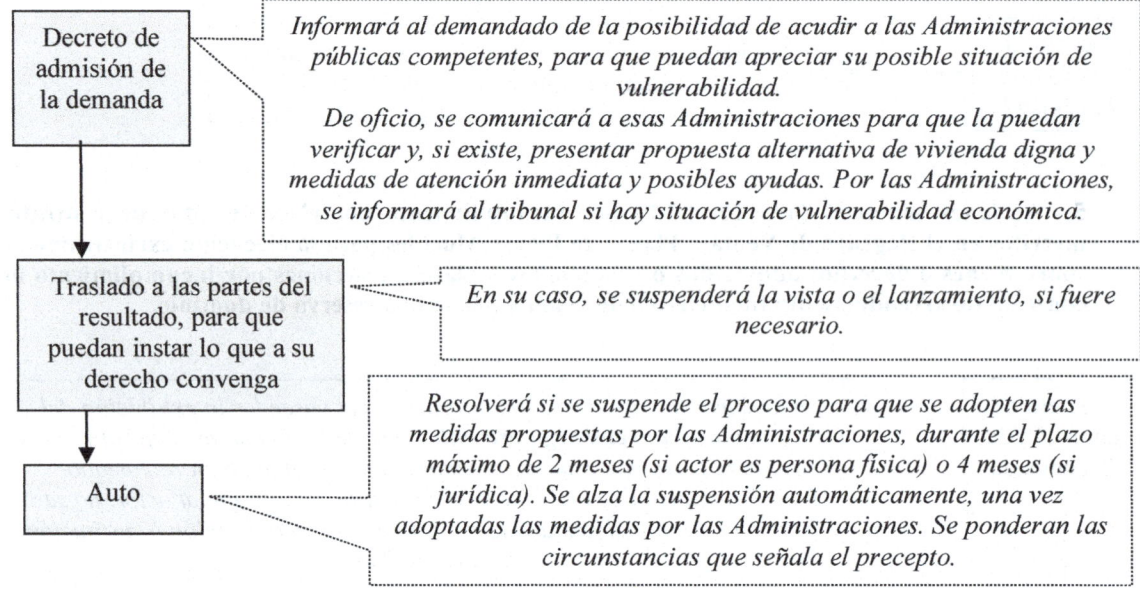

Decreto de admisión de la demanda

Informará al demandado de la posibilidad de acudir a las Administraciones públicas competentes, para que puedan apreciar su posible situación de vulnerabilidad.
De oficio, se comunicará a esas Administraciones para que la puedan verificar y, si existe, presentar propuesta alternativa de vivienda digna y medidas de atención inmediata y posibles ayudas. Por las Administraciones, se informará al tribunal si hay situación de vulnerabilidad económica.

Traslado a las partes del resultado, para que puedan instar lo que a su derecho convenga

En su caso, se suspenderá la vista o el lanzamiento, si fuere necesario.

Auto

Resolverá si se suspende el proceso para que se adopten las medidas propuestas por las Administraciones, durante el plazo máximo de 2 meses (si actor es persona física) o 4 meses (si jurídica). Se alza la suspensión automáticamente, una vez adoptadas las medidas por las Administraciones. Se ponderan las circunstancias que señala el precepto.

§ 91. Juicio Verbal. La vista

En caso de no asistencia:

442

1. **Del actor**: si el demandado no alega interés legítimo en la continuación, se le tiene por desistido, con imposición de costas e indemnización al demandado (si lo pide y los acredita) por los daños y perjuicios sufridos.
2. **Del demandado**: se le declara en rebeldía y se celebra la vista.

Desarrollo de la vista (presencial o por videoconferencia):

443

1. **Si acuerdo transaccional, solicitud de homologación. O solicitud de suspensión para someterse a mediación u otro medio adecuado de solución** (remisión al art. 19.4), previa comprobación de requisitos de capacidad y poder de disposición. Finalizada la mediación sin acuerdo, cualquier parte puede solicitar que se alce la suspensión y se señale fecha para continuar la vista. Si se alcanza acuerdo en mediación, se comunicará al Tribunal para el archivo del procedimiento, previa homologación judicial del acuerdo, en su caso.
2. **El Tribunal puede plantear a las partes la posibilidad de derivación** a un medio adecuado de solución de las controversias. **Si todas las partes están conformes**: se suspende el procedimiento por providencia (puede ser oral); Tribunal **fijará un plazo**, que puede ser prorrogado. Dentro del plazo, las partes comunicarán si han llegado o no a un acuerdo. **Si alcanzar acuerdo total**: archivo del procedimiento, previa homologación judicial del acuerdo; **si no hay acuerdo (o es sólo parcial)**, continuará la vista el día que se señale.
3. **Oposición por el demandado de los hechos que impidan la prosecución** (cuestiones procesales). Remisión al art. 416 y siguientes
4. **Aclaraciones por las partes y fijación de los hechos contradictorios.**
5. **Si hay disconformidad en los hechos**, práctica de la prueba admitida en su momento. La proposición de prueba podrá completarse con arreglo al art. 429.1.
    Remisión en materia de **prueba, diligencias finales y presunciones** a la regulación del JO, así como a los arts. 435 y 436 (art. 445).
6. **Conclusiones** (facultativa para el Tribunal, vide art. 447.1)
7. **Terminación de la vista.**

Normas sobre la vista en supuestos especiales:

444

1. **Desahucio por impago de renta (arrendamiento rústico o urbano)**. El demandado sólo podrá alegar y/o probar el pago o las circunstancias relativas a la procedencia de la enervación.
2. **Acción de recuperación de la posesión de vivienda del art. 250.1.4º.** La oposición sólo puede fundarse en la existencia de título suficiente para poseer o en la falta de título por el actor.
3. **Acciones de derechos reales inscritos en el R.P. para su efectividad (art. 250.1.7º)**: el demandado sólo podrá oponerse a la demanda si se funda en:
    (i) Falsedad de la certificación del R.P. u omisión en ella de derechos o condiciones que desvirtúen la acción ejercitada.
    (ii) Poseer el demandado la finca o disfrutar el derecho por contrato u otra relación jurídica o en virtud de prescripción que deba perjudicar al titular inscrito.
    (iii) Que la finca o derecho esté inscrito a favor del demandado y lo justifique con certificación del R.P.
    (iv) No ser la finca inscrita la que posee el demandado.
4. **En los casos de los n.º 10 y 11 del art. 250 (acciones sumarias por incumplimiento por el comprador de contratos inscritos en el Registro de Venta a Plazos de Bienes Muebles, para la ejecución exclusivamente sobre bienes o derechos adquiridos o financiados a plazos, y acciones por incumplimiento de contrato de arrendamiento financiero o de venta a plazos con reserva de dominio)** la oposición sólo puede fundarse en alguna de las siguientes causas:
    (i) Falta de jurisdicción o de competencia del tribunal
    (ii) Pago acreditado documentalmente
    (iii) Inexistencia o falta de validez de su consentimiento (incluida la falsedad de la firma)
    (iv) Falsedad del documento en que aparezca formalizado el contrato.

§ 92. Juicio Verbal. La Sentencia

Juicios verbales de desahucio: especialidades en art. 447.1 si las partes no tienen procurador.

Cabe dictar **sentencia oral o por escrito**, dentro de los 10 días siguientes.

En sentencias de condena por allanamiento del art. 437.3 y del art. 438.5, en previsión de que el arrendatario no desaloje voluntariamente en el plazo señalado, se fijará (con carácter subsidiario) día y hora para el lanzamiento del demandado (en plazo no superior a 15 días desde la finalización del período voluntario). Y en las **sentencias de condena por incomparecencia del demandado**, se procederá al lanzamiento del demandado en la fecha fijada, sin más trámite.

No tendrá eficacia de cosa juzgada en los siguientes **supuestos**:

1. Tutela sumaria de la posesión
2. Desahucio por falta de pago o expiración del plazo. En las demandas en que se acumulen a la pretensión de desahucio o recuperación de la finca dada en arrendamiento, por impago de renta o alquiler o por expiración legal o contractual del plazo, las acciones de reclamación de rentas o cantidades análogas, así como las acciones ejercitadas contra el fiador o avalista solidario, los pronunciamientos de la sentencia (en relación con esas actuaciones acumuladas al desahucio) producirán efectos de cosa juzgada.
3. Protección del derecho real inscrito en el R.P. frente a quien se oponga o perturbe su ejercicio.
4. Supuestos especiales que señale la ley.

Especialidades en recursos contra resoluciones que agotan la vía administrativa en materia de propiedad industrial (Oficina Española de Patentes y Marcas). Cfr. art. 447 bis.

XI.- LOS RECURSOS

§ 93. Los recursos. Normas generales

Pago o depósito. Se exige (mediante aval solidario por entidad de crédito, sociedad de garantía recíproca u otro medio suficiente a juicio del tribunal, pagadero a primer requerimiento) en los siguientes casos:

1. Procesos que lleven aparejado lanzamiento, exige el pago de rentas vencidas y las que deba pagar por adelantado. Los recursos se declararán desiertos si durante su sustanciación dejare de pagar los plazos que venzan o se deban adelantar.
2. Procesos para indemnización por circulación de vehículo, exige depósito de la condena más intereses y recargos. Ese depósito no impide, en su caso, la ejecución provisiones de la resolución dictada.
3. Procesos para el pago por propietarios a la comunidad en propiedad horizontal, exige el pago o consignación.

Subsanación: Remisión al art. 231 si el recurrente ha manifestado su voluntad de abonar, consignar, depositar o avalar las cantidades y no lo acredita documentalmente.

Sobre la **constitución de depósitos para recurrir**, vide D.A. 15ª de la LOPJ.

§ 94. Recurso de reposición

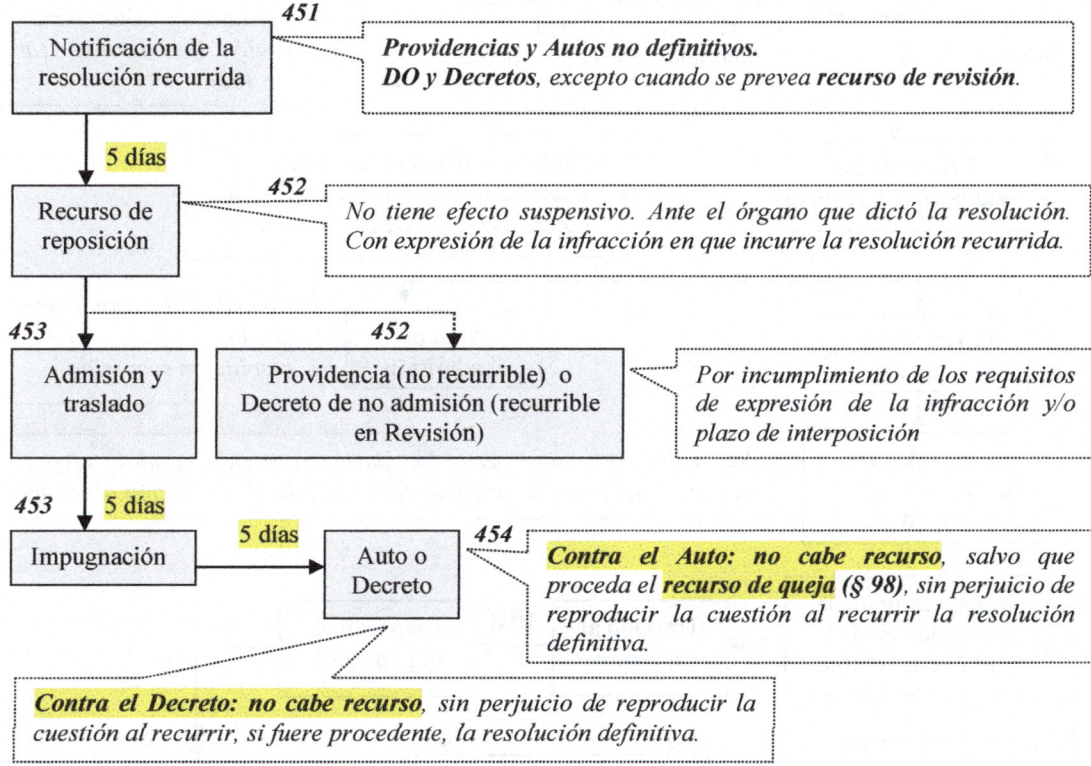

§ 95. Recurso de revisión

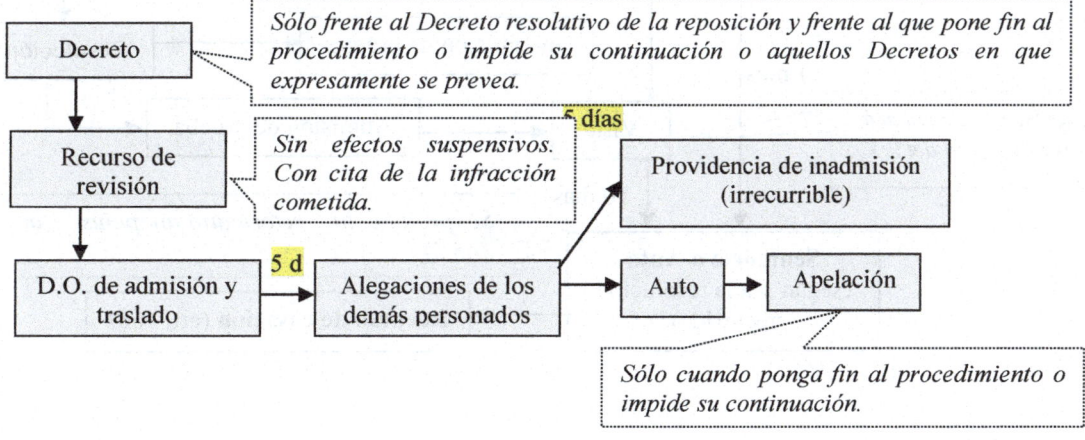

§ 96. Recurso de apelación

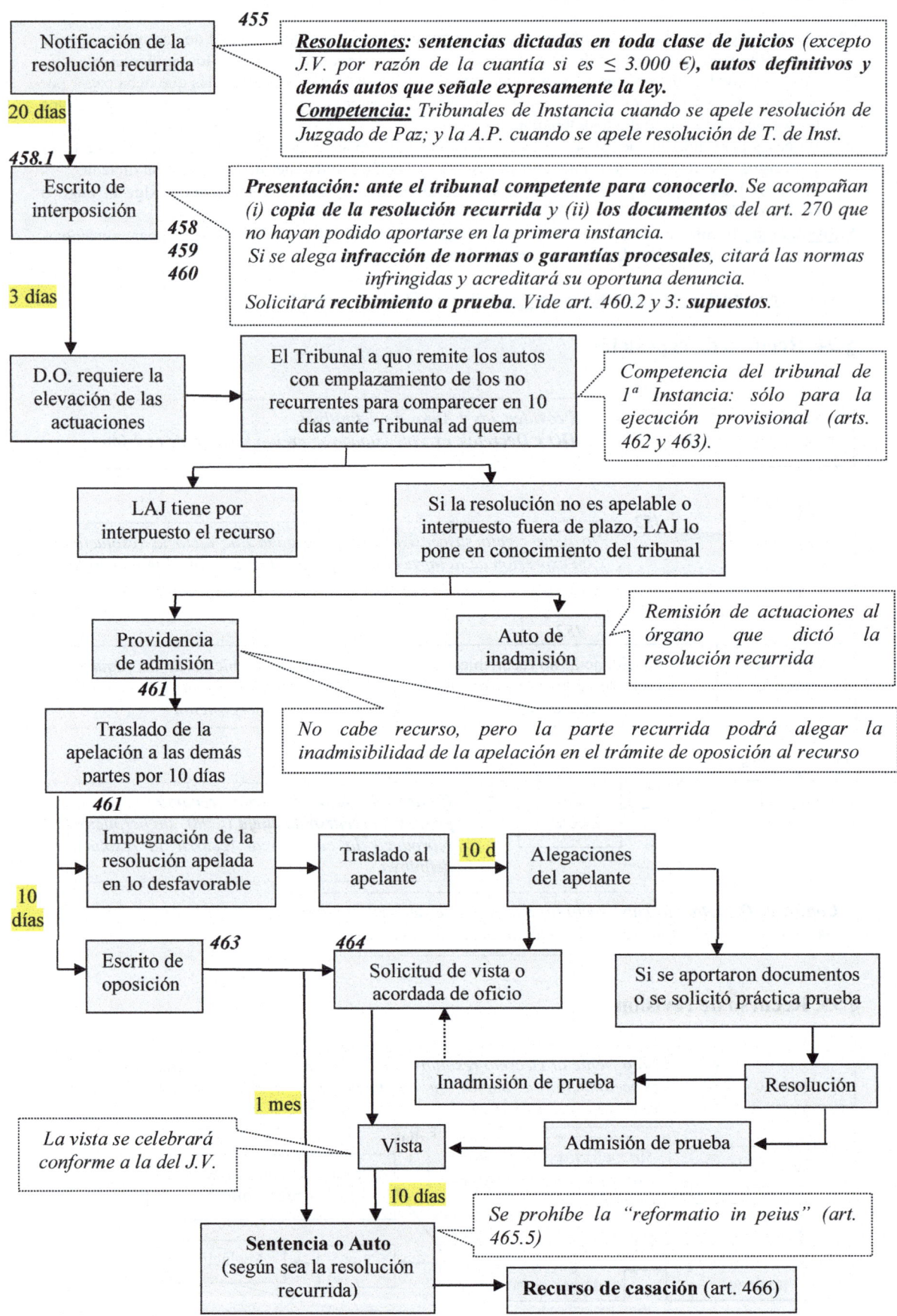

455

Notificación de la resolución recurrida

20 días

Resoluciones: *sentencias dictadas en toda clase de juicios* (excepto J.V. por razón de la cuantía si es ≤ 3.000 €), **autos definitivos y demás autos que señale expresamente la ley.**
Competencia: *Tribunales de Instancia cuando se apele resolución de Juzgado de Paz; y la A.P. cuando se apele resolución de T. de Inst.*

458.1

Escrito de interposición

458
459
460

Presentación: ante el tribunal competente para conocerlo. *Se acompañan* (i) **copia de la resolución recurrida** *y* (ii) **los documentos** *del art. 270 que no hayan podido aportarse en la primera instancia.*
Si se alega **infracción de normas o garantías procesales,** *citará las normas infringidas y acreditará su oportuna denuncia.*
Solicitará **recibimiento a prueba.** *Vide art. 460.2 y 3:* **supuestos.**

3 días

D.O. requiere la elevación de las actuaciones

El Tribunal a quo remite los autos con emplazamiento de los no recurrentes para comparecer en 10 días ante Tribunal ad quem

Competencia del tribunal de 1ª Instancia: sólo para la ejecución provisional (arts. 462 y 463).

LAJ tiene por interpuesto el recurso

Si la resolución no es apelable o interpuesto fuera de plazo, LAJ lo pone en conocimiento del tribunal

Providencia de admisión

461

Auto de inadmisión

Remisión de actuaciones al órgano que dictó la resolución recurrida

Traslado de la apelación a las demás partes por 10 días

461

No cabe recurso, pero la parte recurrida podrá alegar la inadmisibilidad de la apelación en el trámite de oposición al recurso

Impugnación de la resolución apelada en lo desfavorable

Traslado al apelante

10 d

Alegaciones del apelante

10 días

Escrito de oposición

463

464

Solicitud de vista o acordada de oficio

Si se aportaron documentos o se solicitó práctica prueba

Inadmisión de prueba

Resolución

1 mes

La vista se celebrará conforme a la del J.V.

Vista

Admisión de prueba

10 días

Sentencia o Auto (según sea la resolución recurrida)

Se prohíbe la "reformatio in peius" (art. 465.5)

Recurso de casación (art. 466)

§ 97. Recurso de casación

Véase el acuerdo no jurisdiccional del Pleno Sala 1ª del TS de 27-enero-2017.
Motivo único (Art. 477.2): Infracción de norma procesal (previa denuncia o intento de subsanación) **o sustantiva, siempre que concurra interés casacional** (salvo en la tutela judicial civil de derechos fundamentales susceptibles de amparo). Existe **interés casacional** cuando la resolución recurrida (i) se opone a la doctrina del TS o (ii) resuelve cuestiones con jurisprudencia contradictoria de las audiencias provinciales o (iii) no existe doctrina del TS. Cfr. art. 477.4 sobre el **interés casacional notorio** (de interés general para la interpretación de la Ley.
Competencia (Art. 478): Sala 1ª TS o Sala de lo Civil y Penal TSJ (si se basa exclusivamente, o junto con otros, en infracción del Derecho Civil Foral o Especial de la Comunidad Autónoma). Cfr. arts. 488 y 489 (cuando litigantes de un mismo pleito opten por distinto recursos extraordinarios).

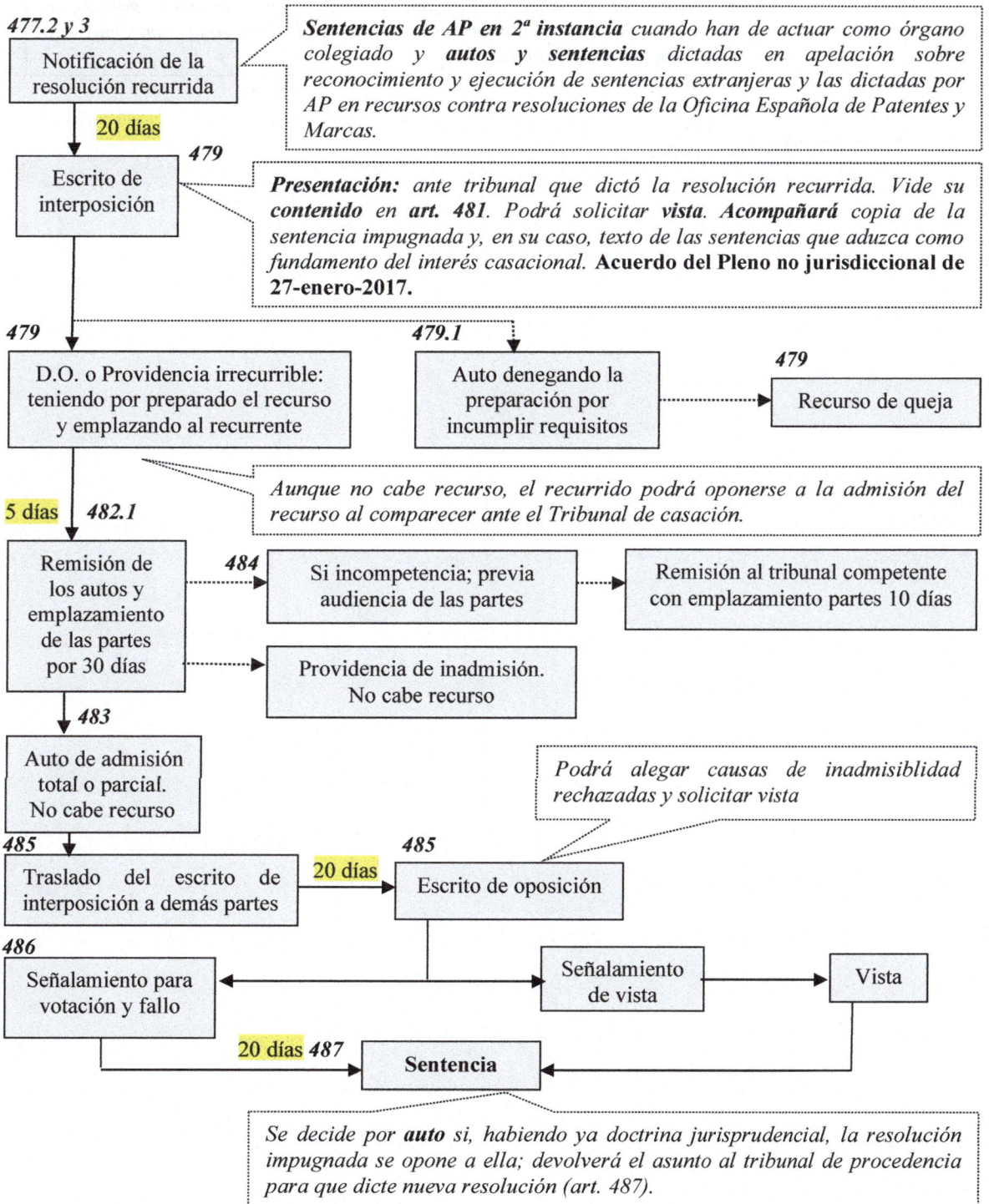

477.2 y 3

Notificación de la resolución recurrida

*Sentencias de AP en 2ª instancia cuando han de actuar como órgano colegiado y **autos y sentencias** dictadas en apelación sobre reconocimiento y ejecución de sentencias extranjeras y las dictadas por AP en recursos contra resoluciones de la Oficina Española de Patentes y Marcas.*

20 días

479

Escrito de interposición

*Presentación: ante tribunal que dictó la resolución recurrida. Vide su **contenido** en **art. 481**. Podrá solicitar **vista**. **Acompañará** copia de la sentencia impugnada y, en su caso, texto de las sentencias que aduzca como fundamento del interés casacional. **Acuerdo del Pleno no jurisdiccional de 27-enero-2017.***

479

D.O. o Providencia irrecurrible: teniendo por preparado el recurso y emplazando al recurrente

479.1

Auto denegando la preparación por incumplir requisitos

479

Recurso de queja

Aunque no cabe recurso, el recurrido podrá oponerse a la admisión del recurso al comparecer ante el Tribunal de casación.

5 días **482.1**

Remisión de los autos y emplazamiento de las partes por 30 días

484

Si incompetencia; previa audiencia de las partes

Remisión al tribunal competente con emplazamiento partes 10 días

Providencia de inadmisión. No cabe recurso

483

Auto de admisión total o parcial. No cabe recurso

Podrá alegar causas de inadmisiblidad rechazadas y solicitar vista

485

Traslado del escrito de interposición a demás partes

20 días

485

Escrito de oposición

486

Señalamiento para votación y fallo

Señalamiento de vista

Vista

20 días **487**

Sentencia

*Se decide por **auto** si, habiendo ya doctrina jurisprudencial, la resolución impugnada se opone a ella; devolverá el asunto al tribunal de procedencia para que dicte nueva resolución (art. 487).*

§ 98. Recurso de queja

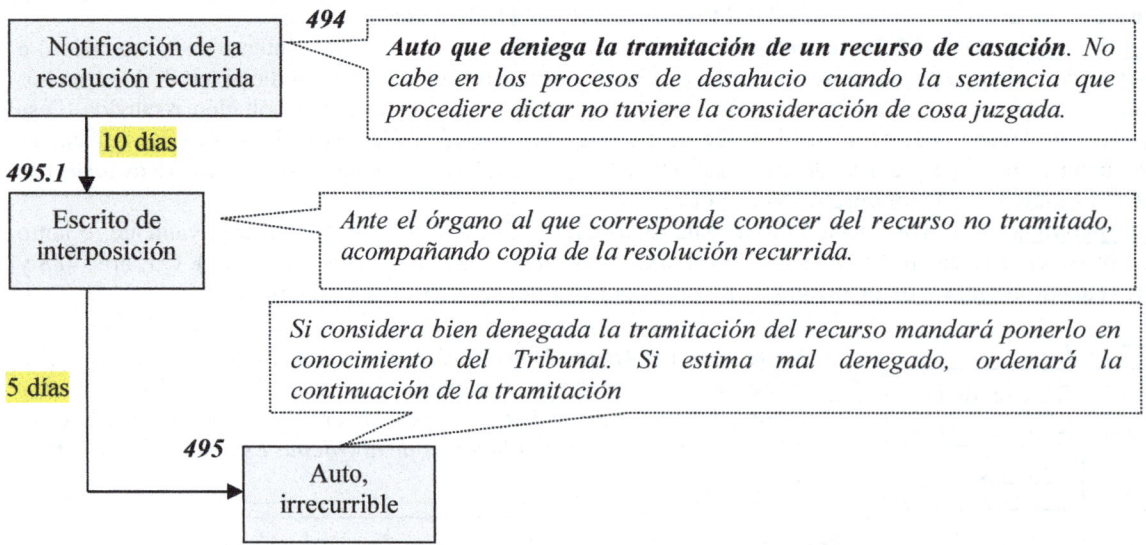

Notificación de la resolución recurrida

494 **Auto que deniega la tramitación de un recurso de casación**. *No cabe en los procesos de desahucio cuando la sentencia que procediere dictar no tuviere la consideración de cosa juzgada.*

10 días

495.1 **Escrito de interposición**

Ante el órgano al que corresponde conocer del recurso no tramitado, acompañando copia de la resolución recurrida.

Si considera bien denegada la tramitación del recurso mandará ponerlo en conocimiento del Tribunal. Si estima mal denegado, ordenará la continuación de la tramitación

5 días

495 **Auto, irrecurrible**

§ 99. Audiencia al rebelde (rescisión de sentencias firmes)

Rebeldía: Arts. 496 a 500.

501

Legitimación: Demandado que haya permanecido constantemente en rebeldía.

Competencia: Tribunal que dictó la sentencia firme.

No procede: frente a sentencias que no produzcan excepción de cosa juzgada (Art. 503).

Casos:

1. Fuerza mayor ininterrumpida que haya impedido comparecer en todo momento.
2. Desconocimiento de la demanda y, si citación o emplazamiento del demandado por cédula, que ésta no haya llegado a su poder por causa no imputable.
3. Desconocimiento de la demanda y del pleito y, si citado por edictos, que haya estado ausente del lugar del proceso y de otros lugares en cuyos boletines se hayan publicado aquéllos.

Plazos de interposición:

502

1. 20 días desde la notificación personal de la sentencia.
2. 4 meses desde la publicación del edicto de notificación de la sentencia.
3. En todo caso, 16 meses desde la notificación de la sentencia, si subsiste la fuerza mayor.

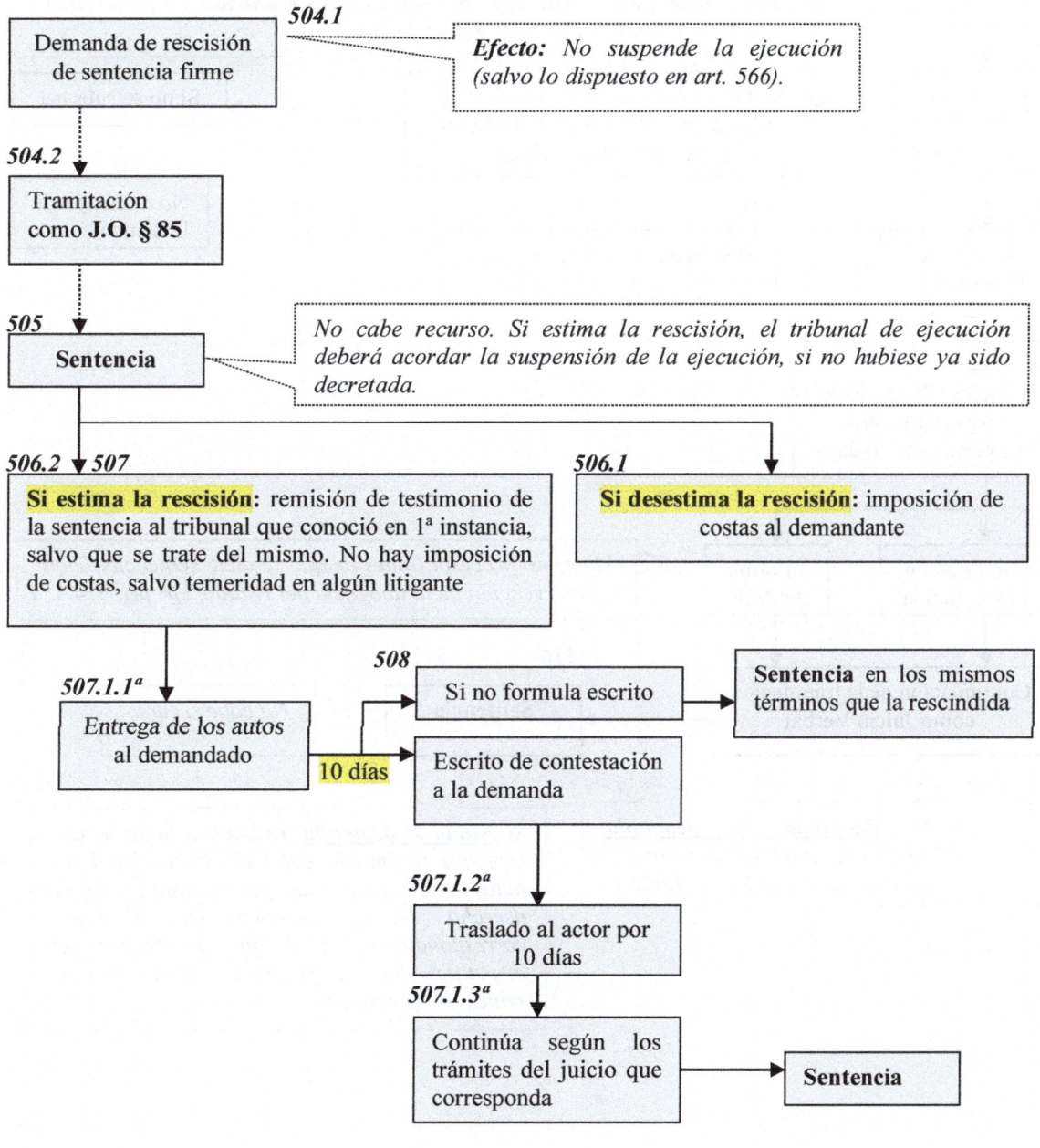

504.1

Demanda de rescisión de sentencia firme

Efecto: *No suspende la ejecución (salvo lo dispuesto en art. 566).*

504.2

Tramitación como **J.O. § 85**

505

Sentencia

No cabe recurso. Si estima la rescisión, el tribunal de ejecución deberá acordar la suspensión de la ejecución, si no hubiese ya sido decretada.

506.2 *507*

Si estima la rescisión: remisión de testimonio de la sentencia al tribunal que conoció en 1ª instancia, salvo que se trate del mismo. No hay imposición de costas, salvo temeridad en algún litigante

506.1

Si desestima la rescisión: imposición de costas al demandante

507.1.1ª

Entrega de los autos al demandado

10 días

508

Si no formula escrito

Sentencia en los mismos términos que la rescindida

Escrito de contestación a la demanda

507.1.2ª

Traslado al actor por 10 días

507.1.3ª

Continúa según los trámites del juicio que corresponda

Sentencia

§ 100. Revisión de sentencias firmes

Competencia: Sala 1ª TS y Sala de lo Civil y Penal del TSJ (conforme a lo dispuesto en la L.O.P.J.)

Motivos:

1. Recobrar u obtener documentos decisivos de los que no dispusiere por fuerza mayor o por obra de la parte a cuyo favor se dicte la sentencia.
2. Sentencia recaída por documentos declarados falsos o cuya falsedad se declare después.
3. Sentencia recaída por testifical o pericial condenados por falso testimonio.
4. Sentencia dictada con cohecho, violencia o maquinación fraudulenta.
5. Cuando TEDH declare que la resolución ha sido dictada violando alguno de los derechos del Convenio Europeo Derechos Humanos y Libertades Fundamentales.

Legitimación activa: Parte perjudicada por la sentencia impugnada.

Plazo: 5 años desde la publicación de la sentencia y que no hayan transcurrido 3 meses desde el descubrimiento o declaración de falsedad.

509

510

511

512

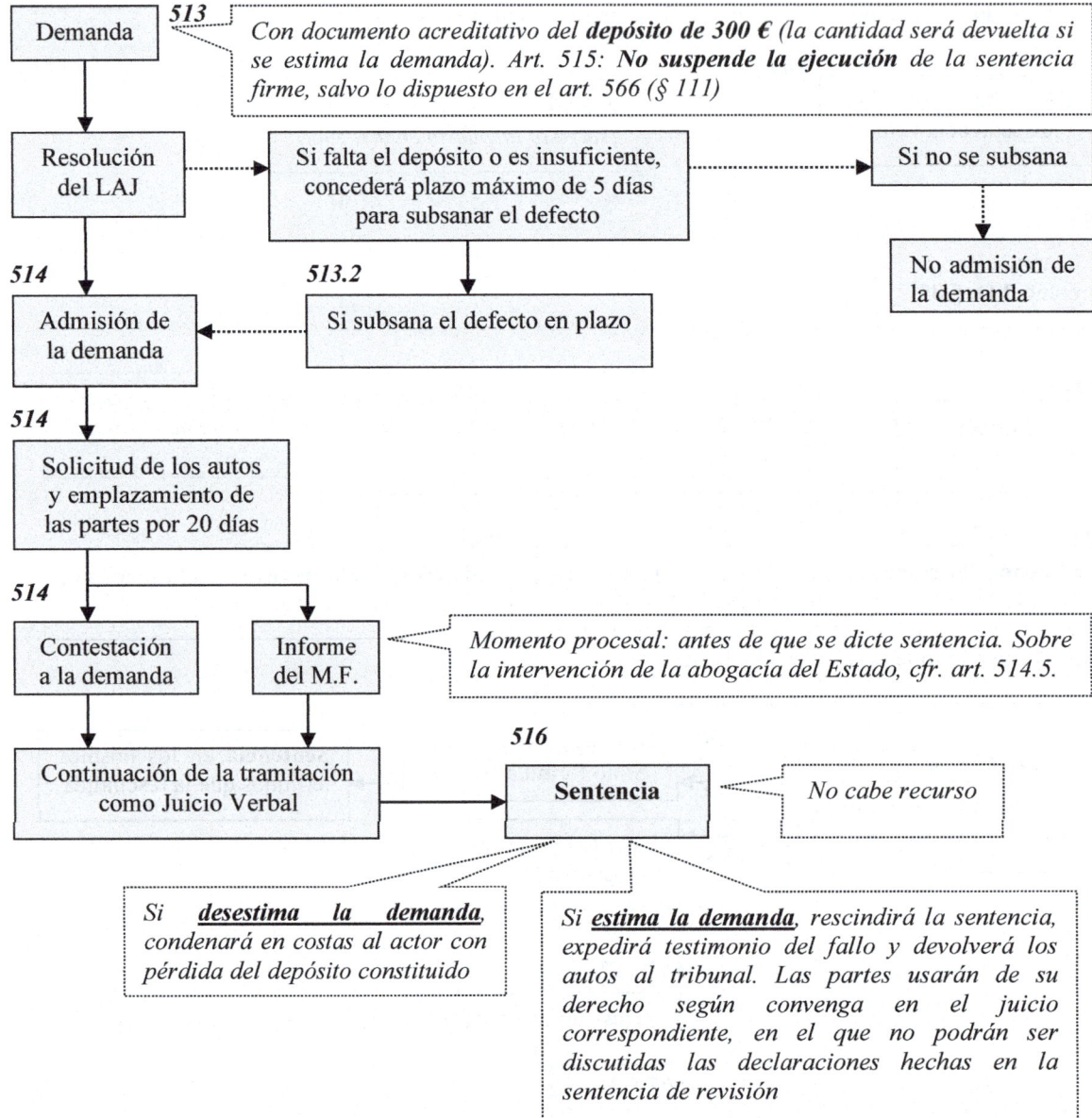

513 — Demanda. *Con documento acreditativo del **depósito de 300 €** (la cantidad será devuelta si se estima la demanda). Art. 515: **No suspende la ejecución** de la sentencia firme, salvo lo dispuesto en el art. 566 (§ 111)*

Resolución del LAJ

Si falta el depósito o es insuficiente, concederá plazo máximo de 5 días para subsanar el defecto

Si no se subsana

No admisión de la demanda

514 — Admisión de la demanda

513.2 — Si subsana el defecto en plazo

514 — Solicitud de los autos y emplazamiento de las partes por 20 días

514 — Contestación a la demanda — Informe del M.F.

Momento procesal: antes de que se dicte sentencia. Sobre la intervención de la abogacía del Estado, cfr. art. 514.5.

Continuación de la tramitación como Juicio Verbal

516 — **Sentencia** — *No cabe recurso*

*Si **desestima la demanda**, condenará en costas al actor con pérdida del depósito constituido*

*Si **estima la demanda**, rescindirá la sentencia, expedirá testimonio del fallo y devolverá los autos al tribunal. Las partes usarán de su derecho según convenga en el juicio correspondiente, en el que no podrán ser discutidas las declaraciones hechas en la sentencia de revisión*

XII.- LA EJECUCIÓN FORZOSA

§ 101. Títulos ejecutivos

1. Sentencia de condena firme (cfr. arts. 521 y 522 sobre sentencias declarativas y constitutivas).
2. Laudo o resolución arbitral y los acuerdos de mediación (éstos elevados a escritura pública), así como los acuerdos de las partes en cualquier otro medio adecuado para la solución de controversias (también elevados a escritura pública).
3. Resolución judicial que apruebe u homologue transacciones y acuerdos.
4. La copia de escritura pública que el interesado solicite que se expida con tal carácter.
5. Testimonio expedido por notario del original de la póliza o copia autorizada, acompañada de la certificación del art. 572.2.
6. Títulos que representen obligaciones vencidas o sus cupones.
7. Certificados no caducados expedidos por entidades encargadas de registros de valores representados por anotaciones en cuenta a los que se refiere la Ley del Mercado de Valores, siempre que se acompañen de copia de la escritura pública de representación de los valores o de la emisión (cuando sea necesaria). Instada y despachada la ejecución, no caducarán esos certificados.
8. Auto de cantidad máxima en procesos penales por hechos relativos a vehículos a motor.
9. Las demás resoluciones procesales y documentos que por disposición de la Ley lleven aparejada ejecución.

517

(1.2.3.): Caduca la acción ejecutiva a los 5 años de su firmeza.

(4.5.6.7.): Sólo se despachará ejecución por cantidad que exceda de 300 €, pudiendo adicionarse varios títulos ejecutivos para alcanzar tal suma.

(1.): Cuando se trate de sentencias de condena dictadas en procesos promovidos por asociaciones de consumidores o usuarios que no determinen los sujetos individuales beneficiados, el tribunal competente para la ejecución dictará Auto (a solicitud de los interesados y con audiencia del condenado) resolviendo si reconoce a los solicitantes como beneficiarios de la condena; y con testimonio de ese Auto se podrá instar la ejecución. El MF podrá instar la ejecución en beneficio de los consumidores y usuarios afectados. Sobre la extensión de demandas del art. 250.1.14º y su tramitación, véase el art. 519 (apartados 2 al 6).

518
520
519

Sobre **ejecución de títulos ejecutivos extranjeros**, véase el art. 523.

§ 102. Ejecución provisional de Sentencia de condena

524

Solicitud: mediante demanda o simple solicitud, según lo dispuesto en el art. 549 (§ 105). Se despachará del mismo modo que la ejecución ordinaria por el tribunal competente para la 1ª instancia.

Supuestos en los que no cabe: (1) Sentencias dictadas en procesos sobre paternidad, maternidad, filiación, nulidad de matrimonio, separación, divorcio, capacidad y estado civil; así como las medidas relativas a la restitución o retorno de menores en los supuestos de sustracción internacional; y los derechos honoríficos (salvo los pronunciamientos sobre obligaciones o relaciones patrimoniales). (2) Sentencias que condenen a emitir una declaración de voluntad. (3) Sentencias que declaren la nulidad o caducidad de títulos de propiedad industrial. (4) Sentencias extranjeras no firmes, salvo disposición en contrario por tratado internacional. (5) Pronunciamientos indemnizatorios de las sentencias que declaren la vulneración de los derechos al honor, a la intimidad personal y familiar y a la propia imagen.

Momento (art. 527).- En cualquier momento desde la notificación de la resolución en que se tenga por interpuesto el recurso de apelación o, en su caso, desde el traslado al apelante del escrito del apelado adhiriéndose al recurso, y siempre antes de que haya recaído sentencia en éste.

525

    (iii) Si se solicita tras remitir los autos al tribunal de apelación el solicitante deberá obtener previamente testimonio de lo necesario para la ejecución y acompañarlo con la solicitud.

    (iv) Si se solicita antes de la remisión de los autos, expedirá el testimonio antes de hacer la remisión.

§ 103. Ejecución provisional de Sentencia de condena dictada en 1ª instancia

Suspensión de la ejecución provisional (Art. 531). Si en cualquier momento el ejecutado pone a disposición del tribunal el principal, intereses y costas.

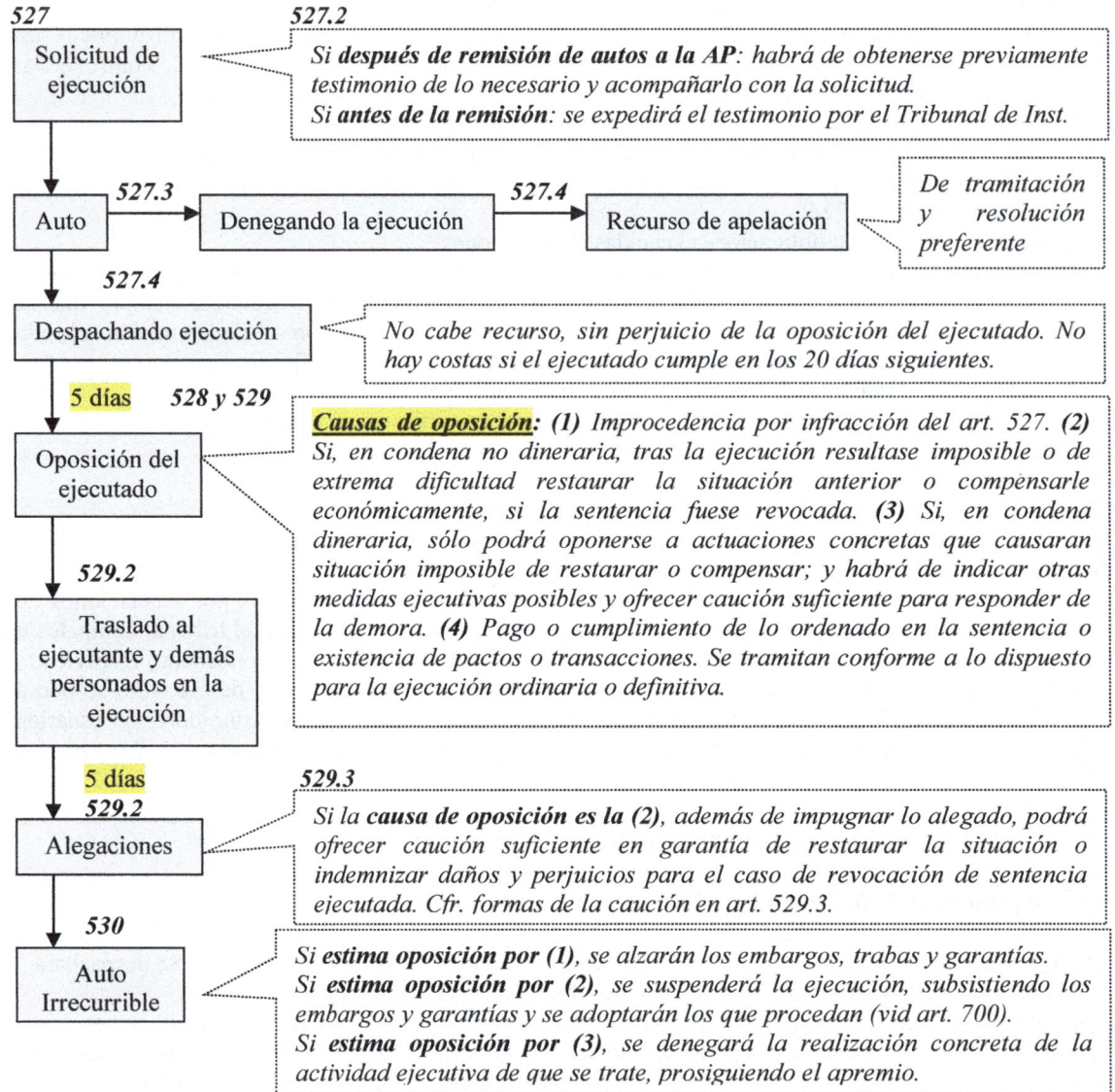

527

| Solicitud de ejecución |

527.2
*Si **después de remisión de autos a la AP**: habrá de obtenerse previamente testimonio de lo necesario y acompañarlo con la solicitud.*
*Si **antes de la remisión**: se expedirá el testimonio por el Tribunal de Inst.*

527.3 | Auto | → | Denegando la ejecución | **527.4** → | Recurso de apelación |

De tramitación y resolución preferente

527.4 | Despachando ejecución |

No cabe recurso, sin perjuicio de la oposición del ejecutado. No hay costas si el ejecutado cumple en los 20 días siguientes.

5 días **528 y 529**

| Oposición del ejecutado |

***Causas de oposición: (1)** Improcedencia por infracción del art. 527. **(2)** Si, en condena no dineraria, tras la ejecución resultase imposible o de extrema dificultad restaurar la situación anterior o compensarle económicamente, si la sentencia fuese revocada. **(3)** Si, en condena dineraria, sólo podrá oponerse a actuaciones concretas que causaran situación imposible de restaurar o compensar; y habrá de indicar otras medidas ejecutivas posibles y ofrecer caución suficiente para responder de la demora. **(4)** Pago o cumplimiento de lo ordenado en la sentencia o existencia de pactos o transacciones. Se tramitan conforme a lo dispuesto para la ejecución ordinaria o definitiva.*

529.2

| Traslado al ejecutante y demás personados en la ejecución |

5 días
529.2

| Alegaciones |

529.3
*Si la **causa de oposición es la (2)**, además de impugnar lo alegado, podrá ofrecer caución suficiente en garantía de restaurar la situación o indemnizar daños y perjuicios para el caso de revocación de sentencia ejecutada. Cfr. formas de la caución en art. 529.3.*

530

| Auto Irrecurrible |

*Si **estima oposición por (1)**, se alzarán los embargos, trabas y garantías.*
*Si **estima oposición por (2)**, se suspenderá la ejecución, subsistiendo los embargos y garantías y se adoptarán los que procedan (vid art. 700).*
*Si **estima oposición por (3)**, se denegará la realización concreta de la actividad ejecutiva de que se trate, prosiguiendo el apremio.*

Notas.- Art. 531. Cuando, en las <u>ejecuciones dinerarias</u>, el <u>ejecutado ponga a disposición del</u> <u>tribunal, para su entrega al ejecutante, el principal, intereses y costas por las que se despacha ejecución</u>, el LAJ suspenderá la ejecución provisional mediante decreto (frente al que cabe recurso directo de revisión ante el tribunal que autorizó la ejecución). Se decidirá sobre su continuación o archivo tras la liquidación de intereses y la tasación de las costas.
Si la sentencia provisionalmente ejecutada es <u>confirmada</u>: Continuará la ejecución.
Si la sentencia provisionalmente ejecutada es <u>revocada</u>:
1. **Si sentencia de condena a pago de dinero:** (i) **Revocada totalmente**: sobreseimiento de la ejecución, con devolución de la suma percibida, reintegro de costas de ejecución y resarcimiento de daños y perjuicios; (ii) **Revocación parcial**: se devolverá la diferencia más el interés legal.
2. **Si sentencia de condena no dineraria:** (i) **Si entrega de un bien**: se restituirán los frutos o productos o el valor de uso del bien; si es imposible: indemnización de daños y perjuicios; (ii) **Si condena de hacer**: se deshará lo hecho e indemnizarán los daños y perjuicios.

| 532 |
| 533 |
| 534 |

§ 104. Ejecución provisional de Sentencia de condena dictada en 2ª instancia

Se aplican las normas anteriores (§ 103). La solicitud se hará ante el tribunal que conoció en primera instancia, acompañando testimonio de la sentencia y de los particulares que estime necesarios, y que habrá de obtener del tribunal que dictó la sentencia de apelación.

| 535 |

§ 105. Procedimiento de ejecución

Las partes en la ejecución: Arts. 538 a 544. Cfr. 539.1 sobre intervención de letrado y procurador.
Costas de ejecución. Cfr. art. 539.2. A cargo del ejecutado, sin necesidad de expresa imposición.
Competencia: Arts. 545 y 546. Se examinará de oficio la competencia territorial. No cabe sumisión.
-Títulos n.º 1 y n.º 3: Tribunal que conoció del asunto.
-Título n.º 2: Tribunal de Instancia del lugar donde se dictó el laudo arbitral o se firmó la mediación.
-Títulos restantes: Remisión a los arts. 50 y 51, o el Tribunal del lugar de cumplimiento de la obligación según el título, o del lugar donde radiquen los bienes del ejecutado que puedan ser embargados (todos ellos a elección del ejecutante). Si bienes especialmente hipotecados o pignorados: remisión art. 684.
<u>Acumulación de ejecuciones:</u> Art. 555.

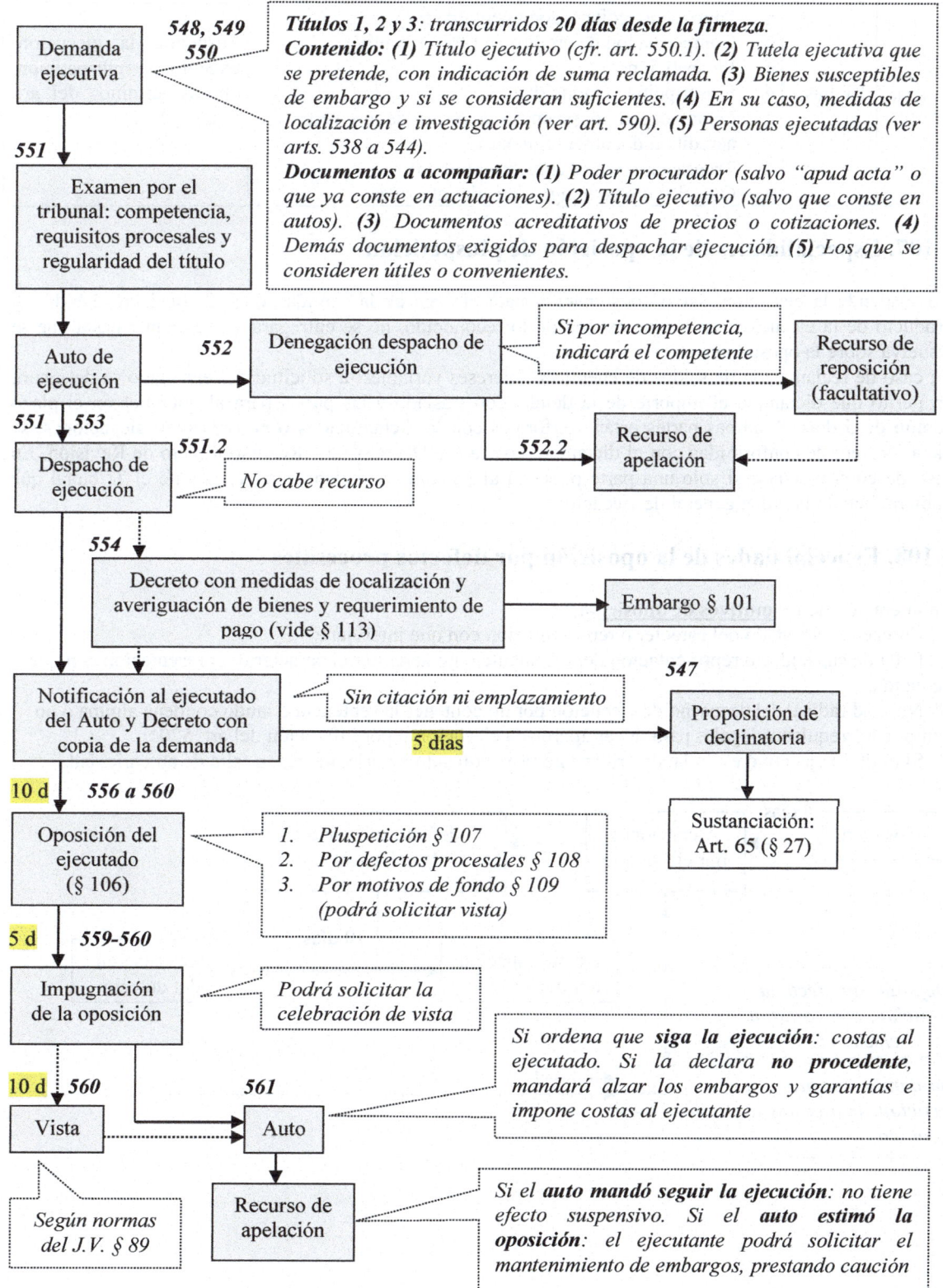

Títulos 1, 2 y 3: transcurridos **20 días desde la firmeza**.
Contenido: (1) Título ejecutivo (cfr. art. 550.1). **(2)** Tutela ejecutiva que se pretende, con indicación de suma reclamada. **(3)** Bienes susceptibles de embargo y si se consideran suficientes. **(4)** En su caso, medidas de localización e investigación (ver art. 590). **(5)** Personas ejecutadas (ver arts. 538 a 544).
Documentos a acompañar: (1) Poder procurador (salvo "apud acta" o que ya conste en actuaciones). **(2)** Título ejecutivo (salvo que conste en autos). **(3)** Documentos acreditativos de precios o cotizaciones. **(4)** Demás documentos exigidos para despachar ejecución. **(5)** Los que se consideren útiles o convenientes.

Demanda ejecutiva — *548, 549, 550*

551 — Examen por el tribunal: competencia, requisitos procesales y regularidad del título

Auto de ejecución — *552* — Denegación despacho de ejecución — *Si por incompetencia, indicará el competente* — Recurso de reposición (facultativo)

552.2 — Recurso de apelación

551 *553* — Despacho de ejecución — *551.2* — *No cabe recurso*

554 — Decreto con medidas de localización y averiguación de bienes y requerimiento de pago (vide § 113) — Embargo § 101

Notificación al ejecutado del Auto y Decreto con copia de la demanda — *Sin citación ni emplazamiento* — **5 días** — *547* — Proposición de declinatoria

Sustanciación: Art. 65 (§ 27)

10 d *556 a 560* — Oposición del ejecutado (§ 106):
1. Pluspetición § 107
2. Por defectos procesales § 108
3. Por motivos de fondo § 109 (podrá solicitar vista)

5 d *559-560* — Impugnación de la oposición — *Podrá solicitar la celebración de vista*

Si ordena que **siga la ejecución**: *costas al ejecutado. Si la declara* **no procedente**, *mandará alzar los embargos y garantías e impone costas al ejecutante*

10 d *560* — Vista — *561* — Auto — Recurso de apelación

Según normas del J.V. § 89

Si el **auto mandó seguir la ejecución**: *no tiene efecto suspensivo. Si el* **auto estimó la oposición**: *el ejecutante podrá solicitar el mantenimiento de embargos, prestando caución*

§ 106. Oposición del ejecutado en el Juicio ejecutivo

(*) Véanse los títulos ejecutivos en § 101.

Título (*)	Plazo	Causa de oposición	Efecto	
1.2.3.	10 días	a. Pago o cumplimiento (acreditará documentalmente) b. Caducidad de la acción ejecutiva c. Pactos y transacción en documento público	No suspende ejecución	**556.1y2**
8.	10 días	Iguales causas que títulos no judiciales y además: a. Culpa exclusiva de la víctima b. Fuerza mayor extraña a conducción o al vehículo c. Concurrencia de culpas	Suspende la ejecución	**556.3**
Demás títulos no judiciales ni arbitrales	10 días	a. Pago (se acreditará documentalmente) b. Compensación de crédito en título ejecutivo c. Pluspetición d. Prescripción y caducidad e. Quita, espera o promesa o pacto de no pedir (se acreditará documentalmente) f. Transacción (en documento público) g. Que el título contenga cláusulas abusivas	Suspende la ejecución, excepto la pluspetición, en los términos del art. 558 (§ 107)	**557**

§ 107. Especialidades de la oposición de pluspetición

558

No suspende la ejecución, salvo consignación para entrega de la cantidad que se considere debida. El producto de la ejecución, en lo que exceda de lo reconocido, no se entregará al ejecutante hasta que se resuelva sobre la oposición.

En caso de reclamación de saldos de cuentas o intereses variables: a solicitud del ejecutado se designará un perito que dictamine el importe de la deuda, con traslado a las partes para alegaciones en el plazo común de 5 días. Si ambas partes están conformes con lo dictaminados o no presentan alegaciones, se dicta Decreto de conformidad con el dictamen; contra ese Decreto cabe Recurso directo de Revisión. En caso de controversia o si sólo una parte presenta alegaciones se celebra una vista ante el Tribunal que hubiera dictado la orden general de ejecución.

§ 108. Especialidades de la oposición por defectos procesales

559

Enumeración de los **motivos de oposición**:

1°. Carecer el ejecutado del carácter o representación con que interviene

2°. Falta de capacidad o representación del ejecutante o no acreditar el carácter o representación con que demanda.

3°. Nulidad radical del despacho de ejecución por no contener la sentencia o laudo condena alguna o no cumplir los requisitos legales para llevar aparejada ejecución o por infracción del art. 520.

4°. Si el título ejecutivo es un laudo arbitral no protocolizado notarialmente, su falta de autenticidad.

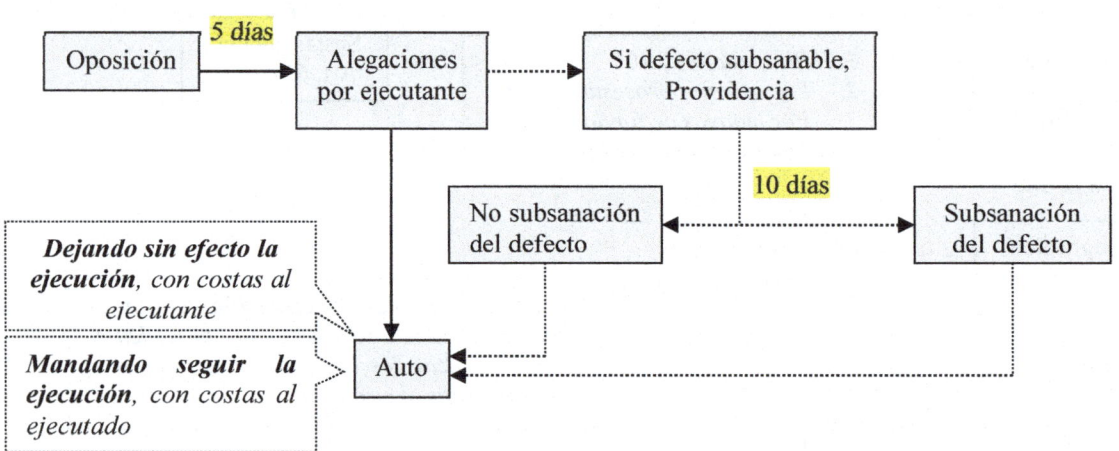

§ 109. Especialidades de la oposición por motivos de fondo

560

Se entrará en su conocimiento una vez resueltos los motivos procesales.

El ejecutante puede impugnar la oposición basada en motivos de fondos en el plazo de 5 días contados desde que se le notifique la resolución sobre la oposición por motivos procesales o desde el traslado del escrito de oposición.

Podrán las partes solicitar la celebración de vista.

Posible contenido del Auto que se dicte (art. 561).

Contra ese Auto cabe Recurso de Apelación (sin efecto suspensivo si desestima la oposición). Si estima la oposición el ejecutante podrá solicitar que se mantengan los embargos y garantías adoptadas o que se adopten las que procedan según el art. 697, y se acordará por Providencia si el ejecutante presta caución suficiente para asegurar la indemnización que pueda corresponder en caso de confirmarse la oposición.

§ 110. Otros supuestos de impugnación y defensa

562
564

Art. 562: Impugnación de infracciones legales en el curso de la ejecución.

Art. 563: Actos de ejecución contradictorios con el título ejecutivo judicial.

Art. 564: Defensa del ejecutado por hechos y actos no comprendidos en las causas de oposición a la ejecución.

§ 111. Suspensión y término de la ejecución

Norma general: Sólo se suspenderá la ejecución:

(i) cuando la ley lo ordene expresamente;

(ii) por acuerdo de todos los personados en la ejecución. En cualquier momento las partes pueden someterse a mediación u otro medio de solución de controversias, con suspensión de la ejecución. Si no se alcanza acuerdo, se alzará a petición de cualquier parte. Si se alcanza acuerdo, la ejecutante lo pondrá en conocimiento del Tribunal, para archivo de la ejecución, previa homologación del acuerdo, en su caso.

Decretada la suspensión, podrán adoptarse o mantenerse las medidas de garantía de los embargos acordados y se practicarán, en todo caso, los que ya hubieren sido acordados.

> 565

Si despachada la ejecución se interpone demanda de revisión o de rescisión de sentencia: a instancia de parte, previa audiencia del Ministerio Fiscal, y si las circunstancias lo aconsejan, podrán suspenderse las actuaciones de ejecución de sentencia. Para ello se exigirá al solicitante caución por el valor de lo litigado y de los daños y perjuicios que se puedan irrogar. Sobre el alzamiento de la suspensión y el sobreseimiento de la ejecución, ver apartados 2 al 4 del art. 566.

> 566

Interposición de recursos extraordinarios: no suspenden la ejecución; pero si el ejecutado acredita que la resolución le produce un daño de difícil reparación, podrá solicitar del tribunal la suspensión prestando caución suficiente para responder de los perjuicios que el retraso pueda producir.

> 567

Cuando el tribunal tenga noticia que el ejecutado se encuentra en situación concursal o haya efectuado la comunicación preconcursal (respecto de los bienes procedentes según la legislación concursal), no se dictará Auto despachando ejecución. Cuando la ejecución afecte a una garantía real, se tendrá por iniciada la ejecución a los efectos del art. 57.3 Ley Concursal para el caso de que sobrevenga finalmente el concurso. El LAJ suspenderá la ejecución en el estado en que se halle cuando conste la declaración de concurso. Excepción: la ejecución limitada a bienes especialmente hipotecados o pignorados en garantía de la deuda reclamada, se estará a la Ley Concursal. Si hay varios ejecutados, la ejecución no se suspenderá respecto de los que no estén en esos supuestos.

> 568

Suspensión por prejudicialidad penal: La denuncia o querella por hechos relacionados con el título ejecutivo o con el despacho de ejecución no determina por sí sola la suspensión de ésta. Sin embargo, si hay pendiente causa criminal por hechos de apariencia delictiva que, de ser ciertos, determinen la falsedad o nulidad del título ejecutivo o la invalidez o ilicitud del despacho de ejecución, previa audiencia de las partes y del Ministerio Fiscal, el tribunal acordará la suspensión de la ejecución; pero la ejecución podrá seguir adelante si el ejecutante presta caución suficiente para responder de lo que perciba y de los daños y perjuicios que se le produzcan al ejecutado. Si la causa penal finaliza por resolución que declare la inexistencia del hecho o no ser éste delictivo, el ejecutante podrá pedir indemnización de daños y perjuicios (remisión al art. 40.7).

> 569

Finalización de la ejecución forzosa (art. 570). Sólo termina con la completa satisfacción del acreedor ejecutante, acordada por Decreto del LAJ contra el que cabe Recurso directo de revisión.

XIII.- LA EJECUCIÓN DINERARIA

§ 112. La ejecución dineraria

Ámbito. Ejecución forzosa de título ejecutivo por cantidad líquida de dinero (concepto: cfr. art. 572)

Si saldo resultante de operaciones derivadas de escritura pública o póliza. Requisitos:
i) Pacto en el título que la cantidad exigible será la resultante de la liquidación efectuada por el acreedor en la forma convenida.
ii) Notificación previa al ejecutado y al fiador de la cantidad exigible resultante de la liquidación.
iii) (*)Acompañar con la demanda, además del título ejecutivo, los siguientes documentos:
    1.) El acreditativo del saldo, con extracto de las partidas de cargo y abono e intereses (facultativamente se podrán acompañar los justificantes de las diversas partidas).
    2.) Documento fehaciente acreditativo de haberse practicado la liquidación en la forma pactada.
    3.) Documento acreditativo de la notificación al deudor y fiador.
    4.) Facultativamente, los justificantes de las distintas partidas de cargo y abono.

Si préstamo o crédito a interés variable o con ajuste de paridades de distintas monedas y sus respectivos tipos de interés. Requisitos:
a) (*)La demanda ejecutiva expresará las operaciones de cálculo realizadas.
b) (*)Acompañará con la demanda, además del título ejecutivo, los siguientes documentos:
    1.) Documento fehaciente acreditativo de practicarse la liquidación en la forma pactada.
    2.) Documento acreditativo de la notificación al deudor y fiador.
(*) = En caso de incumplimiento: no se despachará ejecución.

Suma por la que se despacha ejecución:
1. Principal e intereses ordinarios y moratorios vencidos.
2. Intereses a devengar durante la ejecución.
3. Costas de ejecución.
(2 y 3): Se fijará una cantidad provisional con el **límite máximo del 30% de lo reclamado**, sin perjuicio de ulterior liquidación. Excepcionalmente dicho límite podrá ser ampliado si el ejecutante lo justifica. En el supuesto de **ejecución de vivienda habitual**, las costas no podrán superar **el 5% de lo reclamado**.

Ampliación de la suma objeto de ejecución (sin necesidad de retrotraer el procedimiento) **en caso de vencimiento de nuevos plazos o de la totalidad de la deuda**. Requiere solicitud por el ejecutante (que podrá haberse realizado anticipadamente en la propia demanda ejecutiva). Tal ampliación es razón suficiente para acordar la mejora de embargo.

Intereses por mora procesal. Toda sentencia o resolución que condene al pago de cantidad líquida devengará a favor del acreedor un interés anual igual al **interés legal del dinero más 2 puntos** o al que corresponda por pacto o por disposición especial de la ley. En caso de revocación parcial, el tribunal resolverá sobre los intereses de demora procesal a su prudente arbitrio.

Especialidades de la deuda en moneda extranjera: cfr. art. **577**.

Vencimiento de nuevos plazos o de la totalidad de la deuda tras el despacho de ejecución: cfr. art. **578**.

Ejecución dineraria en casos de bienes hipotecados o pignorados (art. 579).
En la ejecución se estará a lo dispuesto en los arts. 681 y siguientes (§ 124).
Si, una vez subastados los bienes hipotecados o pignorados, su producto fuera insuficiente para cubrir el crédito, el ejecutante podrá pedir el despacho de la ejecución por la cantidad que falte y la ejecución proseguirá con arreglo a las normas ordinarias aplicables a toda ejecución.

Régimen especial de la vivienda habitual hipotecada.- Si el remate aprobado fuere insuficiente, la ejecución no se suspenderá, pero rigen las siguientes especialidades:
    (i) El ejecutado queda liberado si su responsabilidad queda cubierta, en el plazo de **5 años** desde el Decreto de aprobación del remate o adjudicación, por el **65%** de la cantidad total que entonces quedara pendiente, incrementada exclusivamente en el interés legal del dinero hasta el momento del pago. Queda también liberado si, no pudiendo satisfacer el 65% dentro de los 5 años, satisface el **80% dentro de los 10 años**. De no concurrir las anteriores circunstancias, el acreedor podrá reclamar la totalidad de lo que se le deba según las estipulaciones contractuales y normas de aplicación.
    (ii) Si se aprueba el remate a favor del ejecutante o del cesionario de su derecho y éstos (o cualquier sociedad de su grupo) dentro de los **10 años** desde la aprobación, proceden a la **enajenación de la vivienda**, la deuda se verá reducida en un **50% de la plusvalía** obtenida en tal venta, para cuyo cálculo se deducirán todos los costes que acredite el ejecutante. Si en esos plazos se produce una ejecución dineraria que exceda del importe por el que el deudor podría quedar liberado, se pondrá a su disposición el remanente. A tal fin se ordenará practicar el correspondiente asiento de inscripción en el Registro de la Propiedad.

571

572

573

574

575

578

576

§ 113. Requerimiento de pago y embargo de bienes

El requerimiento de pago no es necesario si el título ejecutivo es una resolución procesal o laudo arbitral o acuerdo de mediación.

580

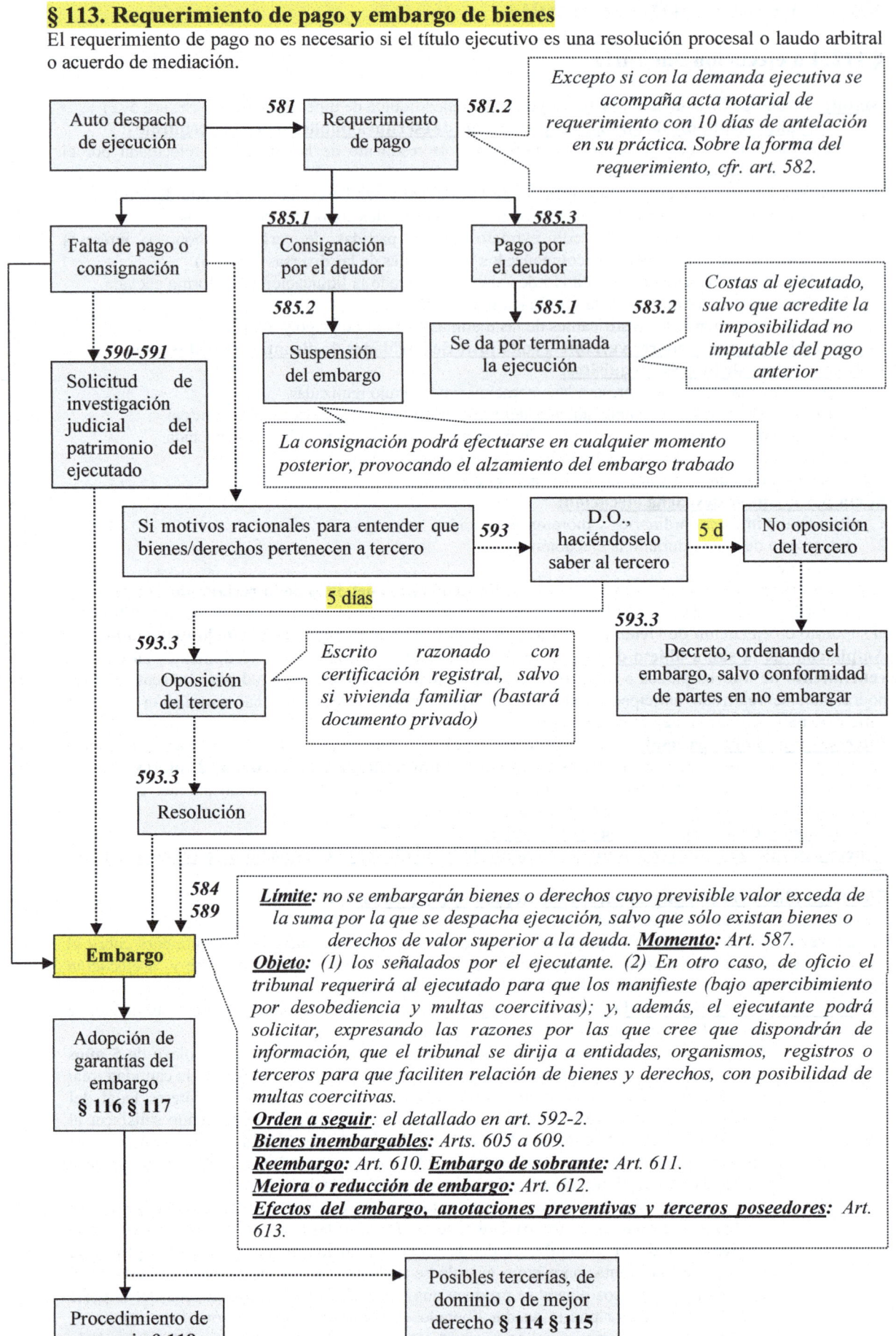

Auto despacho de ejecución

581

Requerimiento de pago

581.2

Excepto si con la demanda ejecutiva se acompaña acta notarial de requerimiento con 10 días de antelación en su práctica. Sobre la forma del requerimiento, cfr. art. 582.

Falta de pago o consignación

585.1 Consignación por el deudor

585.3 Pago por el deudor

585.2 Suspensión del embargo

585.1 Se da por terminada la ejecución

583.2

Costas al ejecutado, salvo que acredite la imposibilidad no imputable del pago anterior

590-591

Solicitud de investigación judicial del patrimonio del ejecutado

La consignación podrá efectuarse en cualquier momento posterior, provocando el alzamiento del embargo trabado

Si motivos racionales para entender que bienes/derechos pertenecen a tercero

593

D.O., haciéndoselo saber al tercero

5 d

No oposición del tercero

5 días

593.3 Oposición del tercero

Escrito razonado con certificación registral, salvo si vivienda familiar (bastará documento privado)

593.3 Decreto, ordenando el embargo, salvo conformidad de partes en no embargar

593.3 Resolución

584 589

Embargo

Adopción de garantías del embargo § 116 § 117

__Límite:__ no se embargarán bienes o derechos cuyo previsible valor exceda de la suma por la que se despacha ejecución, salvo que sólo existan bienes o derechos de valor superior a la deuda. __Momento:__ Art. 587.
__Objeto:__ (1) los señalados por el ejecutante. (2) En otro caso, de oficio el tribunal requerirá al ejecutado para que los manifieste (bajo apercibimiento por desobediencia y multas coercitivas); y, además, el ejecutante podrá solicitar, expresando las razones por las que cree que dispondrán de información, que el tribunal se dirija a entidades, organismos, registros o terceros para que faciliten relación de bienes y derechos, con posibilidad de multas coercitivas.
__Orden a seguir__: el detallado en art. 592-2.
__Bienes inembargables:__ Arts. 605 a 609.
__Reembargo:__ Art. 610. __Embargo de sobrante:__ Art. 611.
__Mejora o reducción de embargo:__ Art. 612.
__Efectos del embargo, anotaciones preventivas y terceros poseedores:__ Art. 613.

Procedimiento de apremio § 118

Posibles tercerías, de dominio o de mejor derecho § 114 § 115

§ 114. Tercería de dominio   595

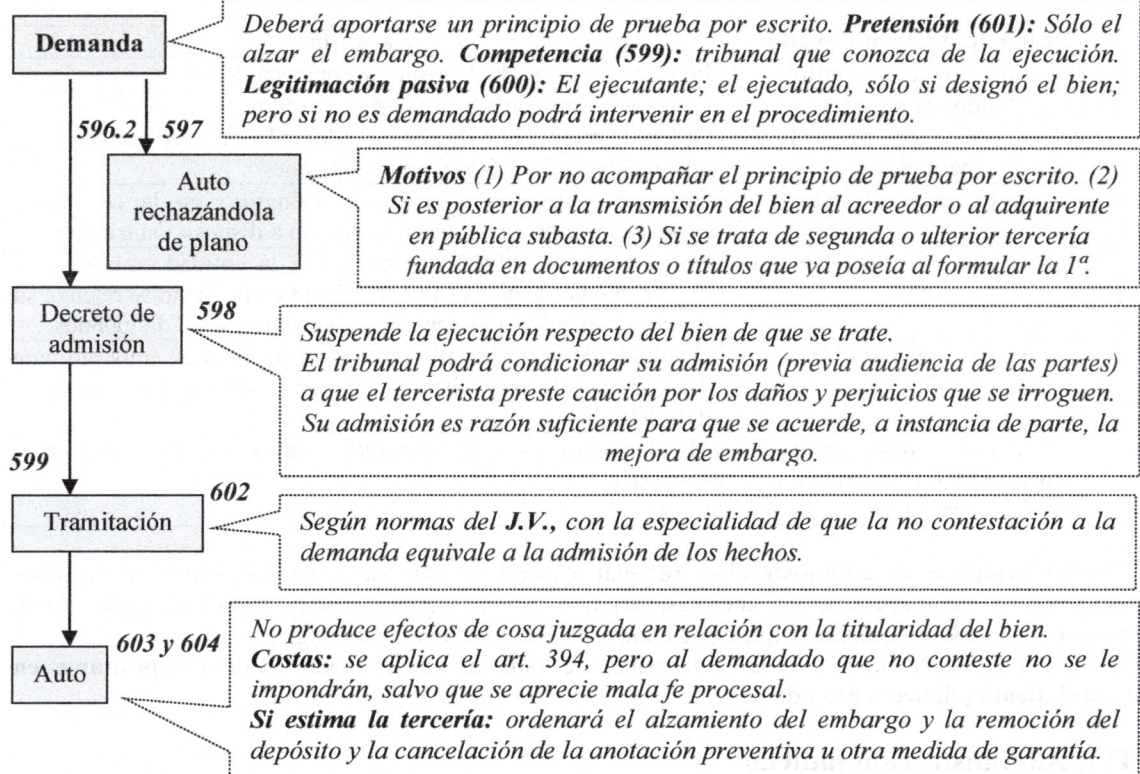

Demanda

Deberá aportarse un principio de prueba por escrito. **Pretensión (601):** *Sólo el alzar el embargo.* **Competencia (599):** *tribunal que conozca de la ejecución.* **Legitimación pasiva (600):** *El ejecutante; el ejecutado, sólo si designó el bien; pero si no es demandado podrá intervenir en el procedimiento.*

596.2 | 597

Auto rechazándola de plano

Motivos *(1) Por no acompañar el principio de prueba por escrito. (2) Si es posterior a la transmisión del bien al acreedor o al adquirente en pública subasta. (3) Si se trata de segunda o ulterior tercería fundada en documentos o títulos que ya poseía al formular la 1ª.*

Decreto de admisión   598

Suspende la ejecución respecto del bien de que se trate. El tribunal podrá condicionar su admisión (previa audiencia de las partes) a que el tercerista preste caución por los daños y perjuicios que se irroguen. Su admisión es razón suficiente para que se acuerde, a instancia de parte, la mejora de embargo.

599

Tramitación   602

Según normas del J.V., con la especialidad de que la no contestación a la demanda equivale a la admisión de los hechos.

Auto   603 y 604

No produce efectos de cosa juzgada en relación con la titularidad del bien. **Costas:** *se aplica el art. 394, pero al demandado que no conteste no se le impondrán, salvo que se aprecie mala fe procesal.* **Si estima la tercería:** *ordenará el alzamiento del embargo y la remoción del depósito y la cancelación de la anotación preventiva u otra medida de garantía.*

§ 115. Tercería de mejor derecho

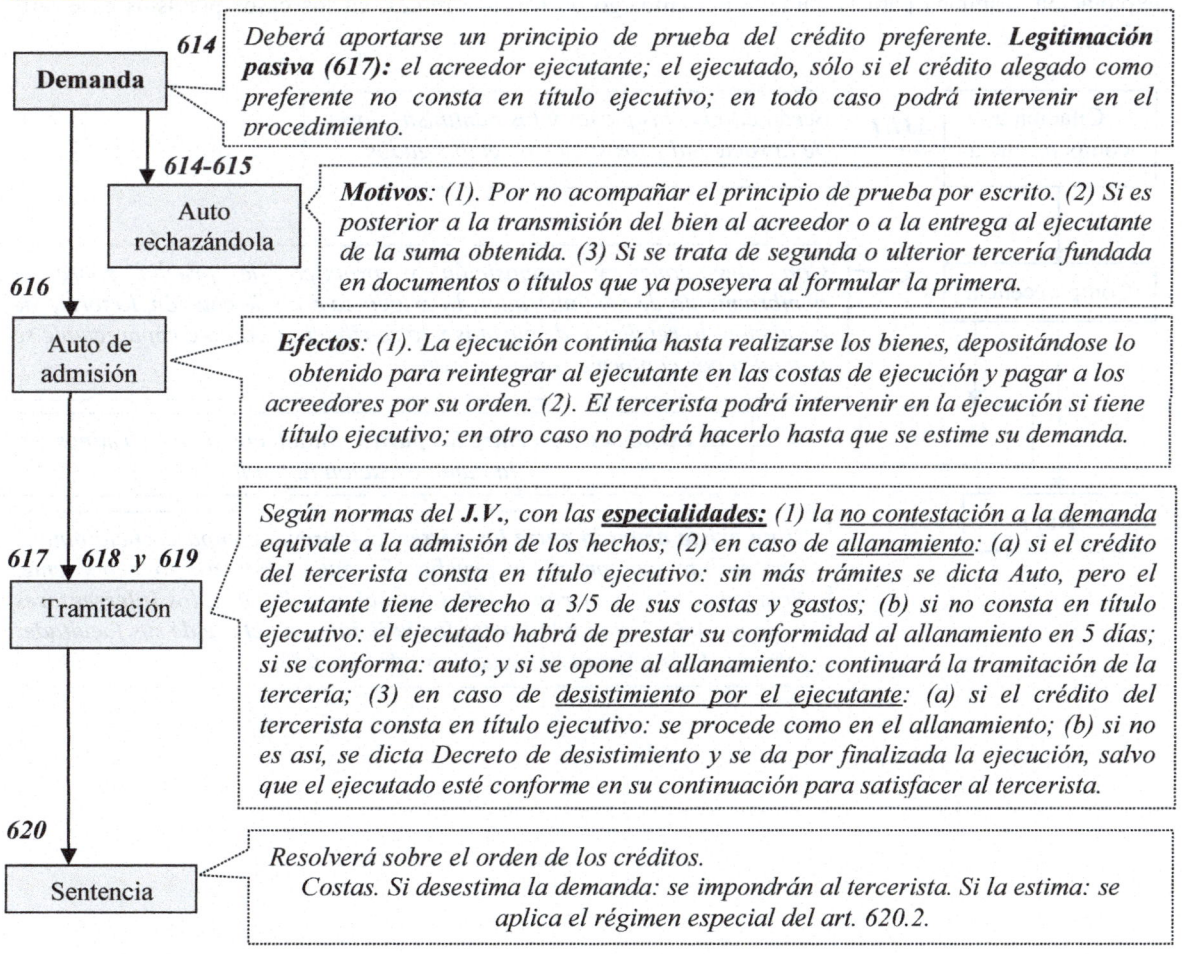

614

Demanda

Deberá aportarse un principio de prueba del crédito preferente. **Legitimación pasiva (617):** *el acreedor ejecutante; el ejecutado, sólo si el crédito alegado como preferente no consta en título ejecutivo; en todo caso podrá intervenir en el procedimiento.*

614-615

Auto rechazándola

Motivos: *(1). Por no acompañar el principio de prueba por escrito. (2) Si es posterior a la transmisión del bien al acreedor o a la entrega al ejecutante de la suma obtenida. (3) Si se trata de segunda o ulterior tercería fundada en documentos o títulos que ya poseyera al formular la primera.*

616

Auto de admisión

Efectos: *(1). La ejecución continúa hasta realizarse los bienes, depositándose lo obtenido para reintegrar al ejecutante en las costas de ejecución y pagar a los acreedores por su orden. (2). El tercerista podrá intervenir en la ejecución si tiene título ejecutivo; en otro caso no podrá hacerlo hasta que se estime su demanda.*

617 | 618 y 619

Tramitación

Según normas del J.V., con las **especialidades:** *(1) la no contestación a la demanda equivale a la admisión de los hechos; (2) en caso de allanamiento: (a) si el crédito del tercerista consta en título ejecutivo: sin más trámites se dicta Auto, pero el ejecutante tiene derecho a 3/5 de sus costas y gastos; (b) si no consta en título ejecutivo: el ejecutado habrá de prestar su conformidad al allanamiento en 5 días; si se conforma: auto; y si se opone al allanamiento: continuará la tramitación de la tercería; (3) en caso de desistimiento por el ejecutante: (a) si el crédito del tercerista consta en título ejecutivo: se procede como en el allanamiento; (b) si no es así, se dicta Decreto de desistimiento y se da por finalizada la ejecución, salvo que el ejecutado esté conforme en su continuación para satisfacer al tercerista.*

620

Sentencia

Resolverá sobre el orden de los créditos. Costas. Si desestima la demanda: se impondrán al tercerista. Si la estima: se aplica el régimen especial del art. 620.2.

§ 116. Garantías del embargo de bienes y derechos

Nº	Bien o derecho embargado	Garantía
1	Dinero y divisas convertibles	Ingreso en cuenta de depósitos y consignaciones
2	Saldos de cuentas	Orden de retención a la entidad de crédito
3	Sueldos, pensiones y prestaciones periódicas	Orden de retención a disposición del tribunal y de transferencia a la cuenta de depósitos y consignaciones
4	Intereses, rentas o frutos (*)	Orden de retención al pagador e ingreso en la cuenta de depósitos y consignaciones o retención a disposición tribunal
5	Valores e instrumentos financieros (**)	Notificación al obligado al pago o a la entidad emisora, con requerimiento de que a su vencimiento o en el acto se retenga su importe o el valor o instrumento y sus intereses o dividendos
6	Bienes muebles (**)	Detallada descripción en el acta de diligencia de embargo, con designación de depositario (cfr. arts. 626 a 628, depósito judicial)
7	Inmuebles y otros bienes susceptibles de inscripción registral	Mandamiento para la anotación preventiva del embargo o equivalente

621

622

623

624

629

(*) Podrá acordarse la **administración judicial** cuando la naturaleza de los bienes y derechos productivos, la importancia de los intereses, rentas o frutos o las circunstancias del ejecutado así lo aconsejen, o cuando se compruebe que no se cumple la orden de retención o ingreso.

(**) Si son especialmente valiosos o necesitan de especial conservación: podrán **depositarse en establecimiento público o privado**.

§ 117. Administración judicial

Procederá cuando se embargue una empresa o acciones o participaciones que representen la mayoría de su capital, del patrimonio común o de los bienes o derechos pertenecientes a la empresa o adscritos a su explotación. También para la garantía del embargo de frutos y rentas, en los casos previstos en el art. 622.2 y 3.

630

Citación a comparecencia

631.1 *Serán citadas las partes y los administradores de la sociedad y los socios no embargados*

Comparecencia

Con alegaciones y proposición y práctica de prueba sobre el nombramiento de administrador, la exigencia o no de caución, la forma de actuación, la rendición de cuentas y la retribución. Al no compareciente se le tendrá por conforme con lo acordado.

Decreto

Si existe acuerdo entre las partes, estableciendo los términos de la administración judicial.

Auto

Si no existe acuerdo entre las partes, con previa comparecencia ante el juez si hay que practicar prueba. El auto resolverá lo procedente. Nombrará, si se acuerda la administración judicial, a los interventores (vide art. 631.2) y al administrador judicial con detalle de sus facultades (cfr. art. 632) y forma de actuación (cfr. art. 633).

§ 118. Procedimiento de apremio

Formas de realización de los bienes y derechos embargados:

1. Dinero en efectivo, saldos de cuentas, divisas convertibles (previa conversión, en su caso) y bienes cuyo valor nominal coincida con el de mercado o sea inferior (si es aceptado por el acreedor por su valor nominal): se entregarán directamente al ejecutante. Ver art. 634.4 para supuestos de ventas de bienes muebles a plazos o financiados.

634

2. Acciones o valores que coticen en mercado secundario o bienes que coticen en mercado regulado: se ordenará su enajenación. Si no cotizan, según disposición legal y estatutaria; por subasta judicial, a falta de disposición especial.

635

3. Los restantes bienes embargados:
    (i) Si hay convenio de realización, se realizarán en la forma acordada (§ 119).
    (ii) A falta de convenio, se realizarán mediante subasta judicial.

636

Avalúo de los bienes y derechos embargados que no sean los señalados en los arts. 634 y 635: *(salvo acuerdo entre el ejecutante y el ejecutado en cuanto a su valor antes o durante la ejecución).*

637

La tasación se hará por su valor de mercado, sin tener en cuenta (en los inmuebles) las cargas y gravámenes que pesen sobre ellos, respecto de los cuales se estará a lo dispuesto en el art. 666.

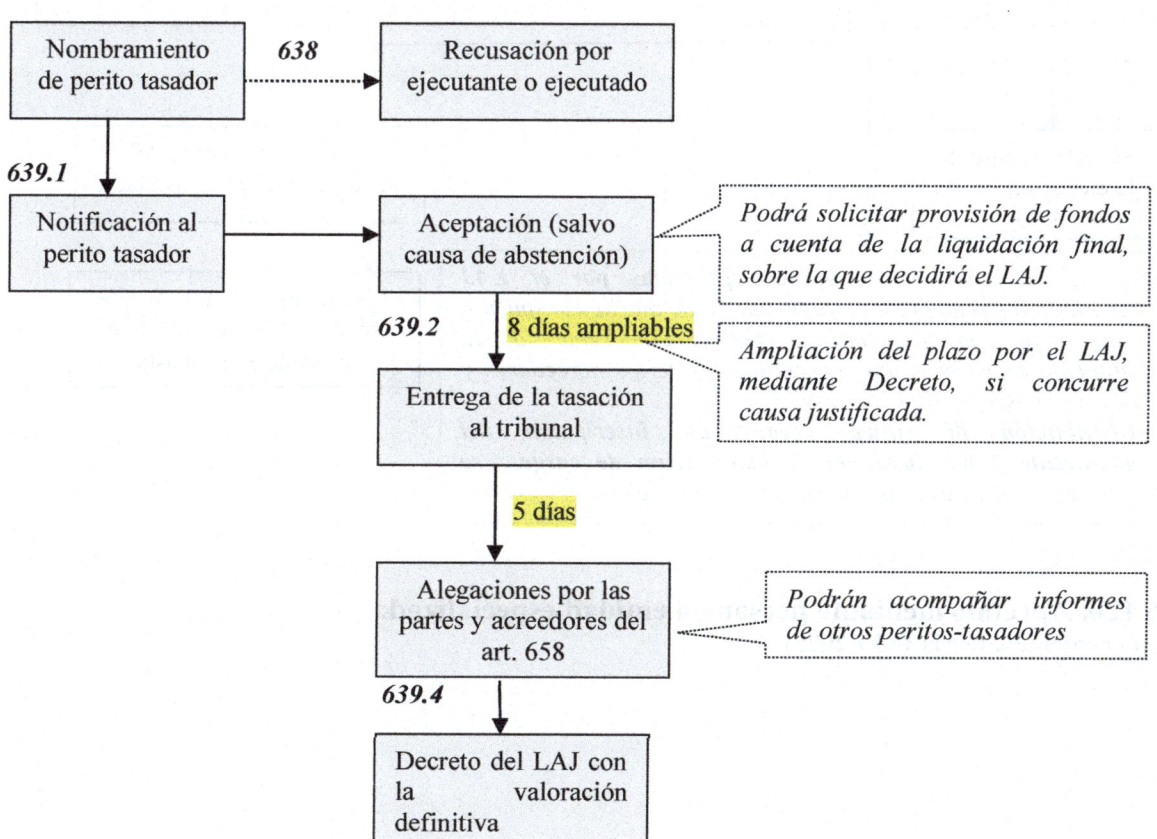

§ 119. Apremio mediante convenio de realización

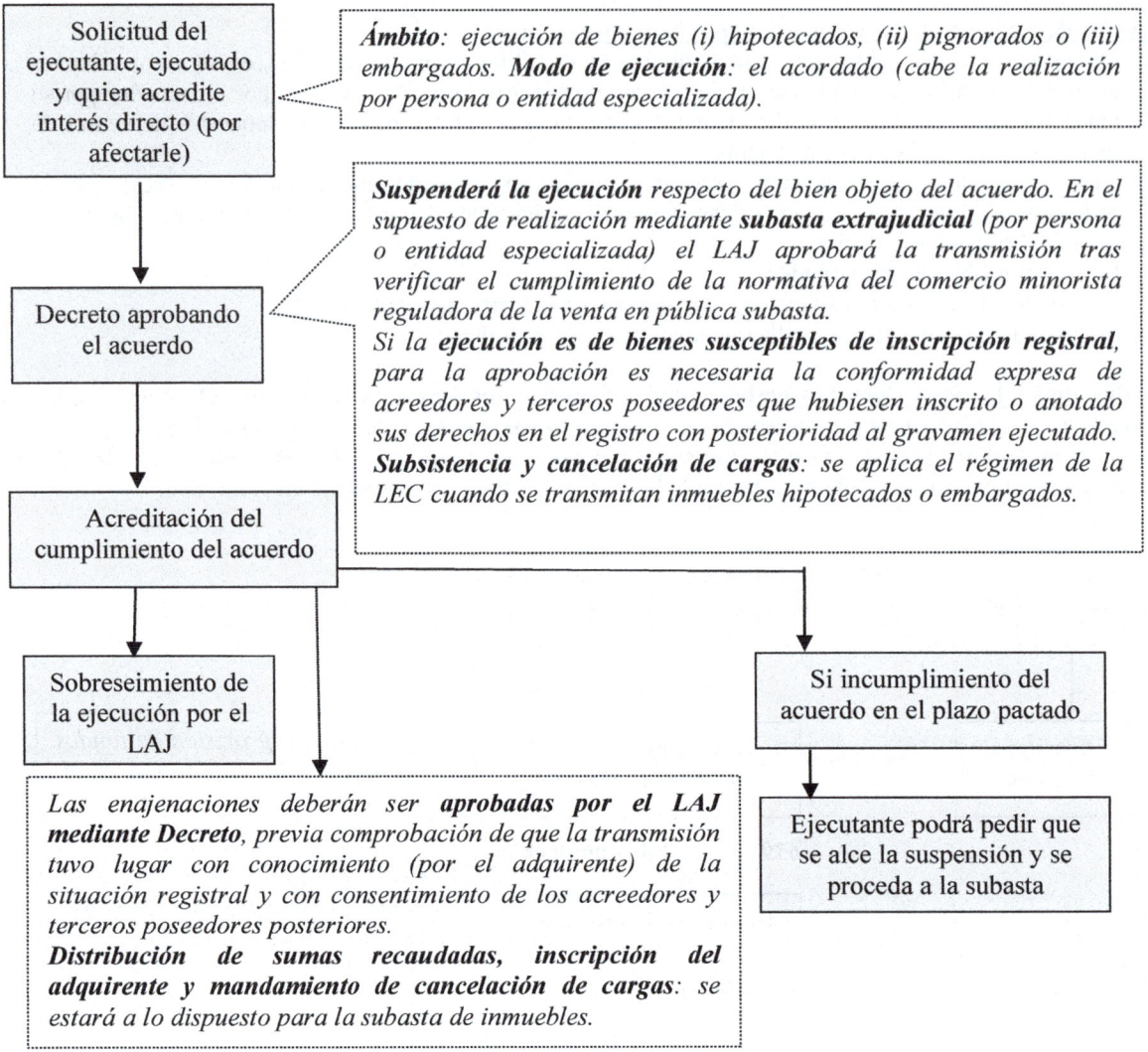

Solicitud del ejecutante, ejecutado y quien acredite interés directo (por afectarle)

*Ámbito: ejecución de bienes (i) hipotecados, (ii) pignorados o (iii) embargados. **Modo de ejecución**: el acordado (cabe la realización por persona o entidad especializada).*

Decreto aprobando el acuerdo

***Suspenderá la ejecución** respecto del bien objeto del acuerdo. En el supuesto de realización mediante **subasta extrajudicial** (por persona o entidad especializada) el LAJ aprobará la transmisión tras verificar el cumplimiento de la normativa del comercio minorista reguladora de la venta en pública subasta.*
*Si la **ejecución es de bienes susceptibles de inscripción registral**, para la aprobación es necesaria la conformidad expresa de acreedores y terceros poseedores que hubiesen inscrito o anotado sus derechos en el registro con posterioridad al gravamen ejecutado.*
***Subsistencia y cancelación de cargas**: se aplica el régimen de la LEC cuando se transmitan inmuebles hipotecados o embargados.*

Acreditación del cumplimiento del acuerdo

Sobreseimiento de la ejecución por el LAJ

*Las enajenaciones deberán ser **aprobadas por el LAJ mediante Decreto**, previa comprobación de que la transmisión tuvo lugar con conocimiento (por el adquirente) de la situación registral y con consentimiento de los acreedores y terceros poseedores posteriores.*
***Distribución de sumas recaudadas, inscripción del adquirente y mandamiento de cancelación de cargas**: se estará a lo dispuesto para la subasta de inmuebles.*

Si incumplimiento del acuerdo en el plazo pactado

Ejecutante podrá pedir que se alce la suspensión y se proceda a la subasta

640

§ 120. Apremio mediante persona o entidad especializada
(sin contenido, por la LO 1/2025)

641
642

§ 121. Apremio mediante subasta judicial de bienes muebles

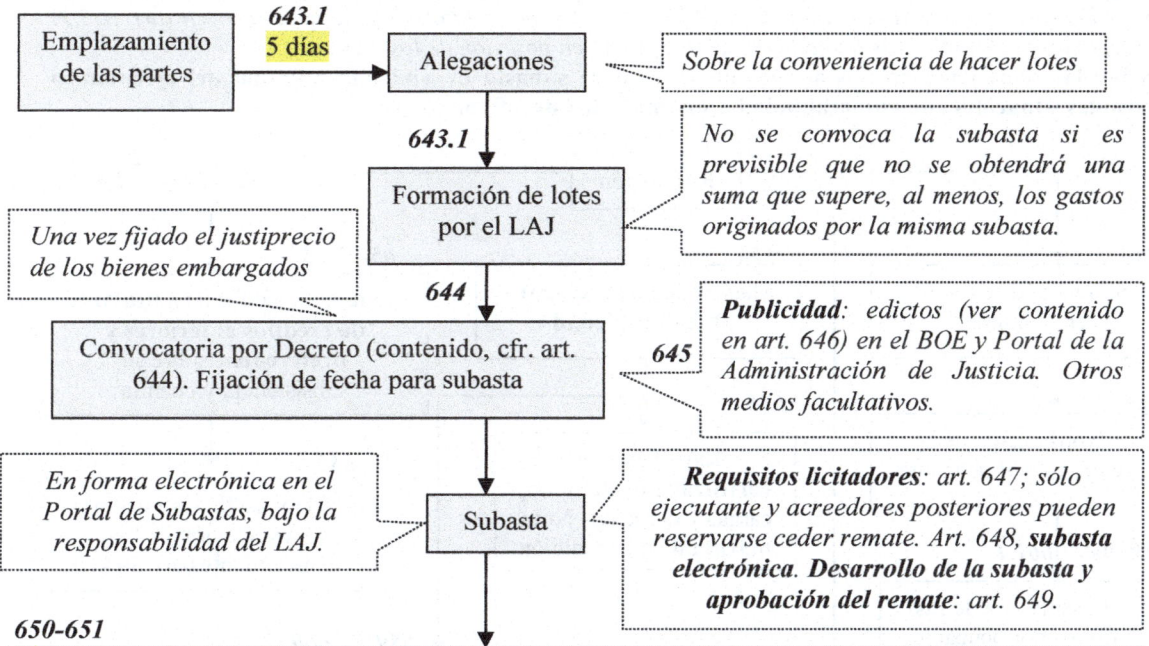

Emplazamiento de las partes

643.1
5 días

Alegaciones — *Sobre la conveniencia de hacer lotes*

643.1

Formación de lotes por el LAJ

No se convoca la subasta si es previsible que no se obtendrá una suma que supere, al menos, los gastos originados por la misma subasta.

Una vez fijado el justiprecio de los bienes embargados

644

Convocatoria por Decreto (contenido, cfr. art. 644). Fijación de fecha para subasta

645 — *Publicidad: edictos (ver contenido en art. 646) en el BOE y Portal de la Administración de Justicia. Otros medios facultativos.*

En forma electrónica en el Portal de Subastas, bajo la responsabilidad del LAJ.

Subasta

Requisitos licitadores: art. 647; sólo ejecutante y acreedores posteriores pueden reservarse ceder remate. Art. 648, subasta electrónica. Desarrollo de la subasta y aprobación del remate: art. 649.

650-651

Art. 650.- Aprobación del remate. Pago. Adjudicación de bienes. Distingue supuestos:
(1) **Cuando la mejor postura sea igual o superior al 50%** del valor de subasta:
    (i)   Si el mejor postor es un tercero.
    (ii)   Si el mejor postor es el ejecutante.
(2) **Cuando la mejor postura es inferior al 50%** del valor de la subasta. Posibilidad de que el ejecutado presente en 10 días persona dispuesta a mejorar la subasta.
(3) **Posibilidad de que el ejecutado libere los bienes pagando integrante al ejecutante** (antes de la aprobación del remate o de la adjudicación al ejecutante). Se procede a la cancelación de la subasta.
Art. 651.- Subasta sin postores. Se procede al alzamiento del embargo, a instancia del ejecutado.
Art. 652.- Devolución y destino de los depósitos constituidos para pujar. Reserva de postura.

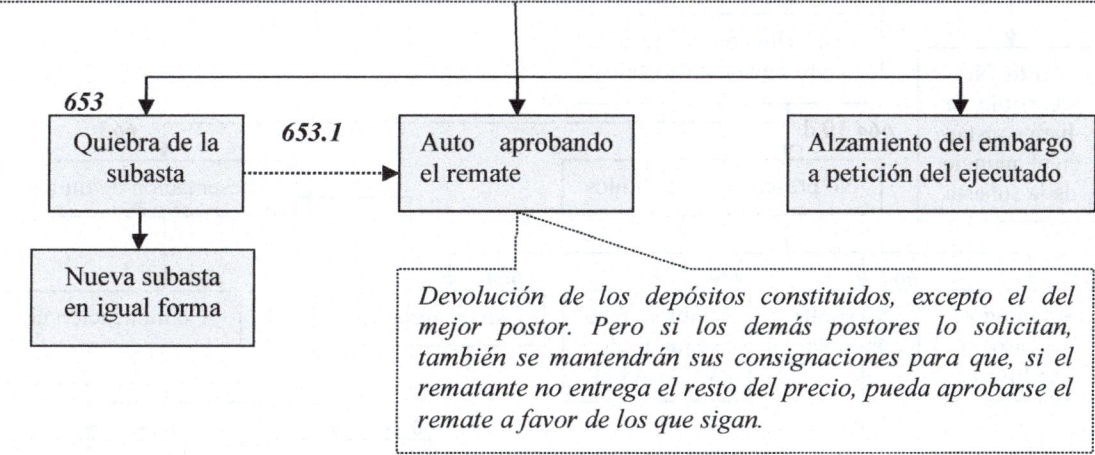

653

Quiebra de la subasta

653.1

Auto aprobando el remate

Alzamiento del embargo a petición del ejecutado

Nueva subasta en igual forma

Devolución de los depósitos constituidos, excepto el del mejor postor. Pero si los demás postores lo solicitan, también se mantendrán sus consignaciones para que, si el rematante no entrega el resto del precio, pueda aprobarse el remate a favor de los que sigan.

§ 122. Apremio mediante subasta judicial de bienes inmuebles (y muebles sujetos a régimen registral)

Se aplicará el régimen de subastas de muebles, con las especialidades que aquí se recogen (art. 655.2), excepto las reglas relativas a la adjudicación y puesta en posesión de los bienes.

Sobre las actuaciones previas al apremio en caso de **subasta de vivienda habitual del ejecutado y posibles situaciones de vulnerabilidad económica de éste**, cfr. art. 655 bis.

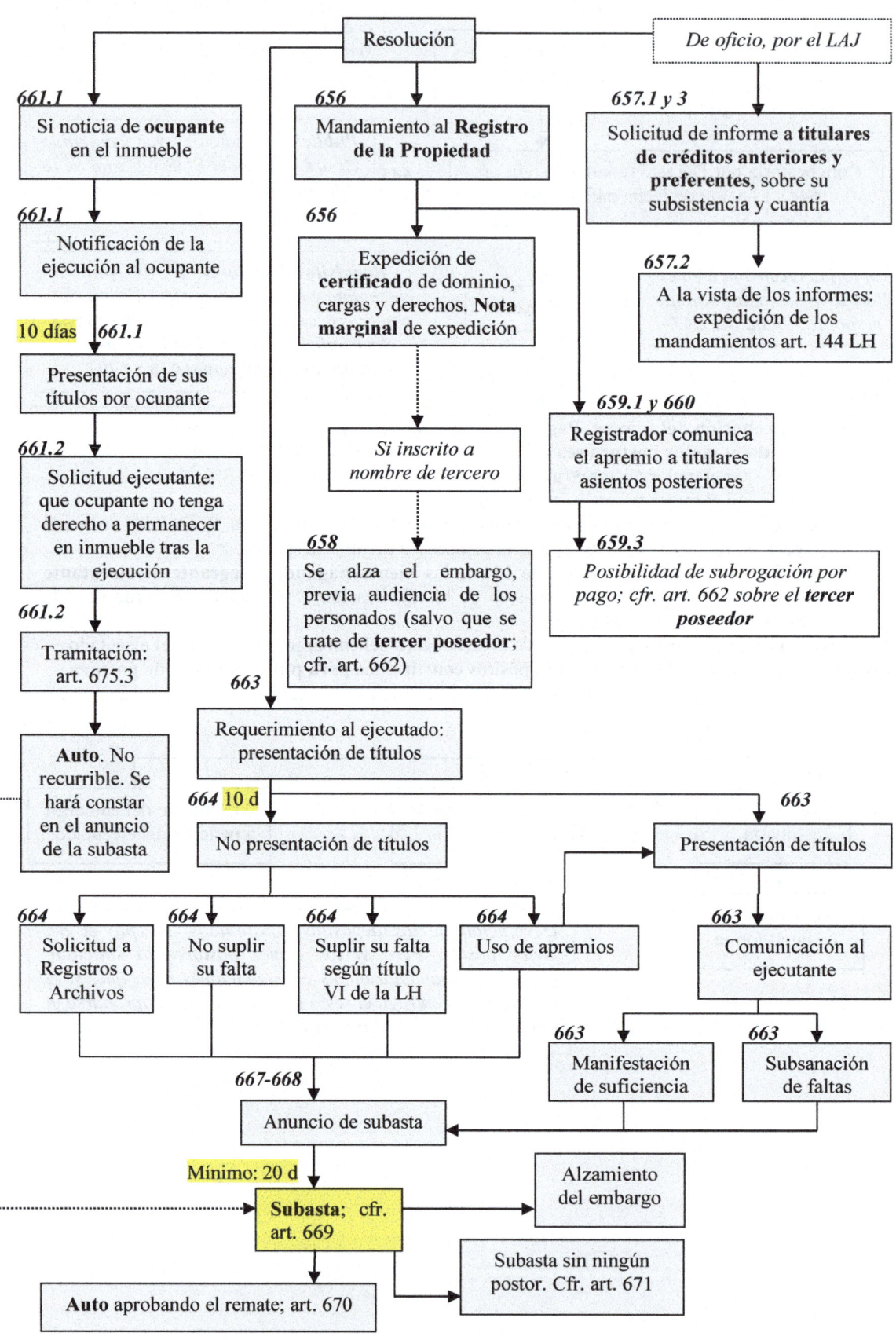

Especialidades en la aprobación del remate: cfr. art. 670.
Subasta sin ningún postor: cfr. art. 671.

670
671

Destino de las sumas obtenidas: Ver art. 672.
Inscripción de la adquisición:

672

Título: testimonio del Auto de aprobación del remate, de la adjudicación al acreedor o de la transmisión por convenio de realización o por persona o entidad especializada, con expedición, en su caso, de mandamiento de cancelación de cargas.

674

Cancelación de cargas: Ver art. 674.

Puesta en posesión del bien si ocupado por tercero:

675

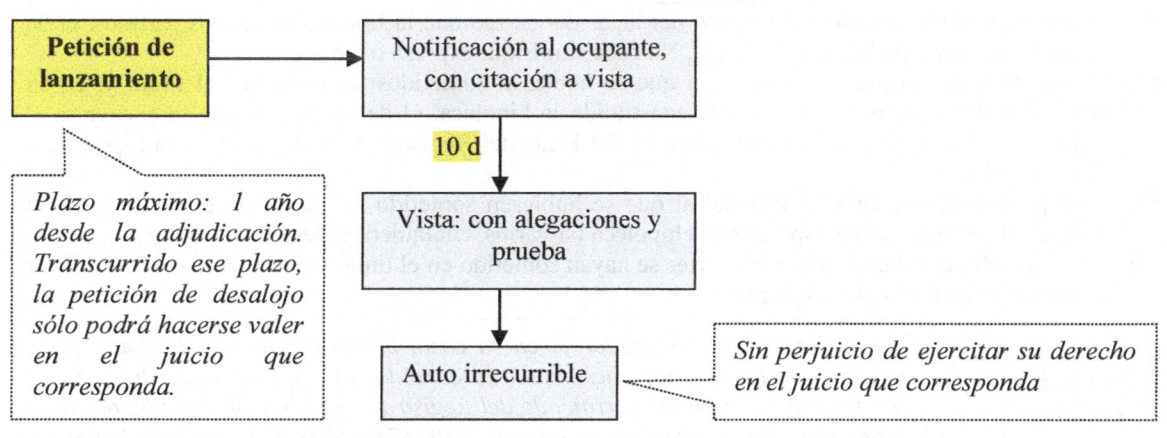

§ 123. Administración para pago

676

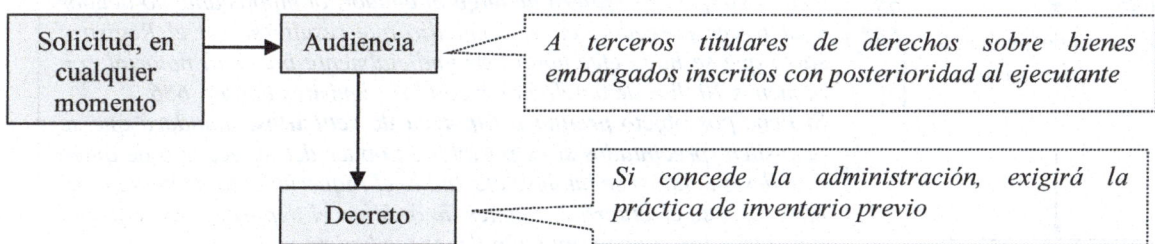

677: Forma de la administración: según pacto entre ejecutante y ejecutado o, en su defecto, según la costumbre del país.
678: Rendición de cuentas: regulación del incidente a falta de acuerdo.
679: Resolución de las controversias sobre la administración. Se sustancias por los trámites del J.V.
680: Finalización de la administración.

§ 124. Particularidades en los bienes hipotecados y pignorados

Acción ejecutiva exclusivamente dirigida contra **bienes hipotecados o pignorados** en garantía de la deuda por la que se proceda. Respecto de los **bienes hipotecados, se requiere**: (1) que la escritura fije la tasación del bien para que sirva como tipo de la subasta, que no podrá ser inferior al 75% del valor de tasación; (2) que la escritura fije un domicilio del deudor para requerimientos y notificaciones (si hipoteca de establecimiento mercantil lo será necesariamente el local donde estuviera instalado) –dicho domicilio podrá ser cambiado con los requisitos del art. 683-.

Normas especiales para los supuestos de reclamación limitada a parte del capital o de los intereses cuyo pago deba hacerse en plazos diferentes.

El tribunal examinará de oficio su **competencia**, que corresponde:
(1) En **hipoteca de inmuebles**: al tribunal del lugar donde radique la finca (si en varios partidos, el de cualquiera de ellos a elección del actor). No cabe sumisión, expresa o tácita.
(2) En **hipoteca de buques**: el tribunal al que se hubiesen sometido las partes en el título y, en su defecto, el del lugar donde se hubiese constituido la hipoteca, el del puerto en que se encuentre el buque, el del domicilio del demandado o el del lugar del Registro de inscripción de la hipoteca, a elección del actor.
(3) En **hipoteca de muebles**: el tribunal al que se hubiesen sometido las partes en el título y, en su defecto, el del lugar de inscripción de la hipoteca (si varios, cualquiera a elección del actor).
(4) En la **prenda**: el tribunal al que las partes se hayan sometido en el título y, en su defecto, el del lugar donde se hallen los bienes pignorados.

681
682
683

693

684

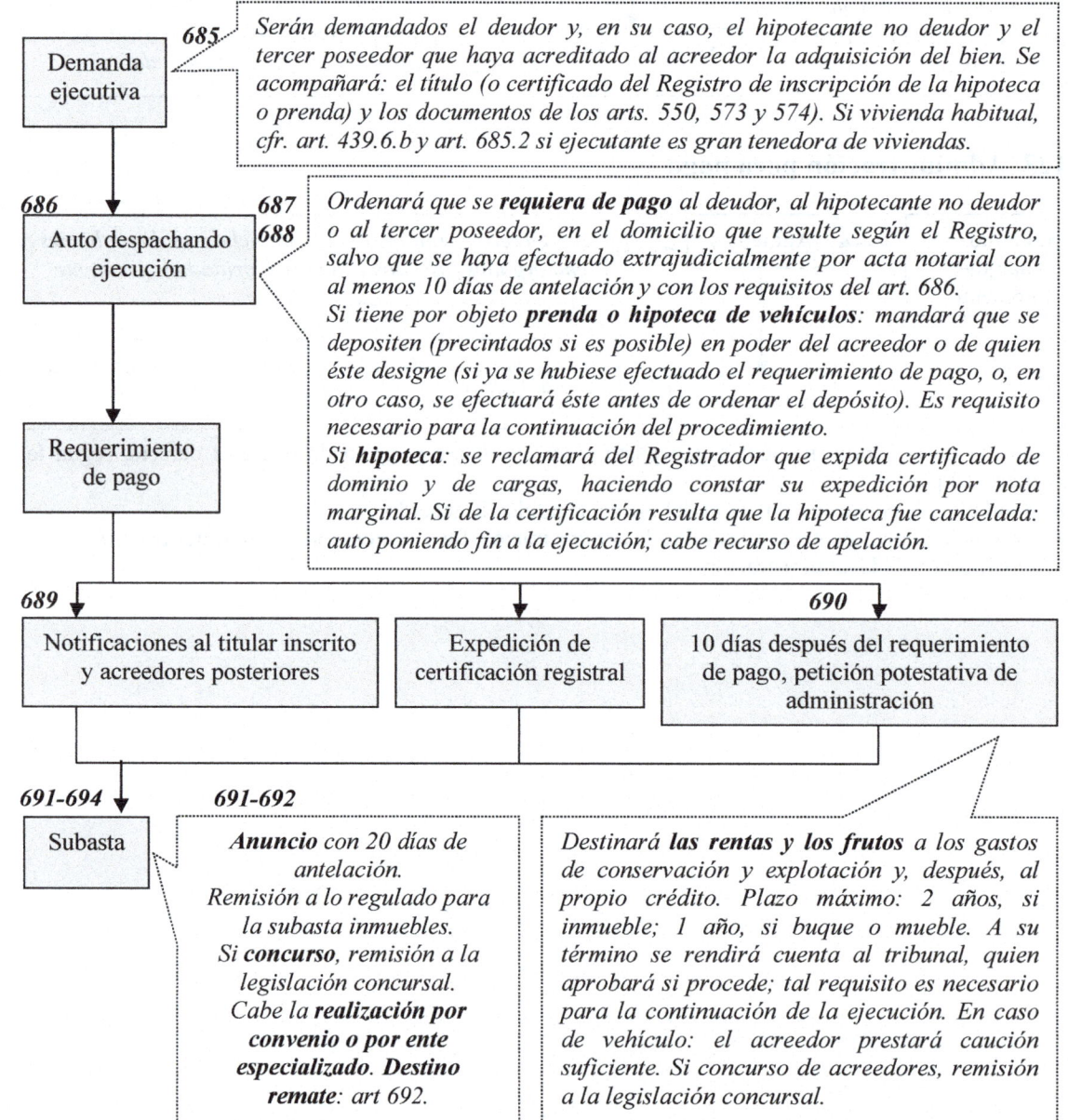

685 · · · *Serán demandados el deudor y, en su caso, el hipotecante no deudor y el tercer poseedor que haya acreditado al acreedor la adquisición del bien. Se acompañará: el título (o certificado del Registro de inscripción de la hipoteca o prenda) y los documentos de los arts. 550, 573 y 574). Si vivienda habitual, cfr. art. 439.6.b y art. 685.2 si ejecutante es gran tenedora de viviendas.*

Demanda ejecutiva

686
Auto despachando ejecución

687
688 · · · *Ordenará que se **requiera de pago** al deudor, al hipotecante no deudor o al tercer poseedor, en el domicilio que resulte según el Registro, salvo que se haya efectuado extrajudicialmente por acta notarial con al menos 10 días de antelación y con los requisitos del art. 686.*
*Si tiene por objeto **prenda o hipoteca de vehículos**: mandará que se depositen (precintados si es posible) en poder del acreedor o de quien éste designe (si ya se hubiese efectuado el requerimiento de pago, o, en otro caso, se efectuará éste antes de ordenar el depósito). Es requisito necesario para la continuación del procedimiento.*
*Si **hipoteca**: se reclamará del Registrador que expida certificado de dominio y de cargas, haciendo constar su expedición por nota marginal. Si de la certificación resulta que la hipoteca fue cancelada: auto poniendo fin a la ejecución; cabe recurso de apelación.*

Requerimiento de pago

689
Notificaciones al titular inscrito y acreedores posteriores

Expedición de certificación registral

690
10 días después del requerimiento de pago, petición potestativa de administración

691-694
Subasta

691-692
***Anuncio** con 20 días de antelación. Remisión a lo regulado para la subasta inmuebles. Si **concurso**, remisión a la legislación concursal. Cabe la **realización por convenio o por ente especializado**. **Destino remate**: art 692.*

*Destinará **las rentas y los frutos** a los gastos de conservación y explotación y, después, al propio crédito. Plazo máximo: 2 años, si inmueble; 1 año, si buque o mueble. A su término se rendirá cuenta al tribunal, quien aprobará si procede; tal requisito es necesario para la continuación de la ejecución. En caso de vehículo: el acreedor prestará caución suficiente. Si concurso de acreedores, remisión a la legislación concursal.*

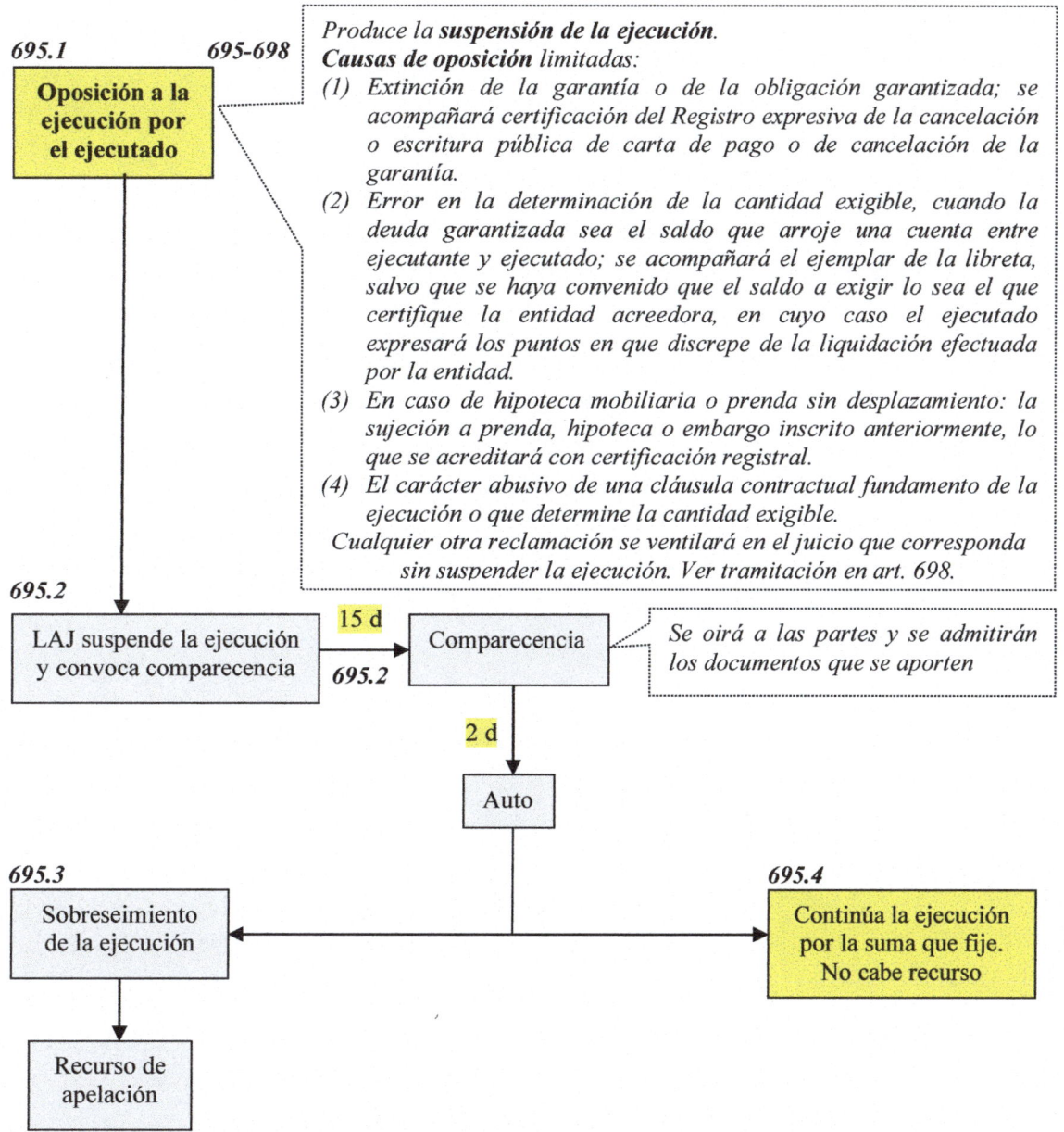

695.1   **695-698**

Oposición a la ejecución por el ejecutado

*Produce la **suspensión de la ejecución**.*
***Causas de oposición** limitadas:*

(1) Extinción de la garantía o de la obligación garantizada; se acompañará certificación del Registro expresiva de la cancelación o escritura pública de carta de pago o de cancelación de la garantía.

(2) Error en la determinación de la cantidad exigible, cuando la deuda garantizada sea el saldo que arroje una cuenta entre ejecutante y ejecutado; se acompañará el ejemplar de la libreta, salvo que se haya convenido que el saldo a exigir lo sea el que certifique la entidad acreedora, en cuyo caso el ejecutado expresará los puntos en que discrepe de la liquidación efectuada por la entidad.

(3) En caso de hipoteca mobiliaria o prenda sin desplazamiento: la sujeción a prenda, hipoteca o embargo inscrito anteriormente, lo que se acreditará con certificación registral.

(4) El carácter abusivo de una cláusula contractual fundamento de la ejecución o que determine la cantidad exigible.

Cualquier otra reclamación se ventilará en el juicio que corresponda sin suspender la ejecución. Ver tramitación en art. 698.

695.2

LAJ suspende la ejecución y convoca comparecencia

15 d → Comparecencia   **695.2**

Se oirá a las partes y se admitirán los documentos que se aporten

2 d → Auto

695.3
Sobreseimiento de la ejecución

695.4
Continúa la ejecución por la suma que fije. No cabe recurso

Recurso de apelación

Tercería de dominio (especialidades) *(art. 696)*.- Con la demanda deberá acompañarse el título de propiedad de fecha fehaciente anterior a la constitución de la garantía y que deberá estar inscrito en el Registro con fecha anterior a la inscripción de la garantía, lo cual se acreditará con certificado del Registro. La admisión de la demanda suspende la ejecución respecto de los bienes a que se refiera.

Suspensión por prejudicialidad penal *(art. 697)*.- Sólo si la causa criminal se sigue por hecho que determine la falsedad del título, la invalidez o ilicitud del despacho de la ejecución.

Reclamaciones no comprendidas en los artículos anteriores.- Cfr. **art. 698**.

XIV.- LA EJECUCIÓN NO DINERARIA

§ 125. Ejecución no dineraria

`699 700`

El **auto despachando ejecución** requerirá al ejecutado para que en el plazo que señale cumpla en sus términos el título ejecutivo. Podrá apercibirle con apremios personales o multas pecuniarias. Si el requerimiento no pudiere tener inmediato cumplimiento, a instancia del ejecutante podrá acordar medidas de garantía (en todo caso el embargo para pago de indemnizaciones sustitutorias y costas de ejecución), que se alzarán si el ejecutado presta caución sustitutoria suficiente.

§ 126. Ejecución de obligaciones de dar

1. <u>Cosa mueble determinada.</u> Si no se entrega en el plazo concedido, el LAJ pondrá en posesión de la cosa empleando los apremios necesarios (para entrada en lugares cerrados, se recabará autorización del Tribunal). Si los bienes están sujetos a un régimen de publicidad: se adecuará el Registro. Si se ignorase el lugar en que se encuentra la cosa: el LAJ interrogará al ejecutado o terceros con apercibimiento de desobediencia. Si pese a todo no puede ser habida la cosa, a instancia del ejecutante, por Providencia, acordará la compensación conforme arts. 712 y siguientes (§ 128).

   `701`

2. <u>Cosa genérica o indeterminada.</u> El ejecutante podrá instar que se le ponga en posesión o que se le faculte para adquirirla, ordenando al tiempo el embargo de bienes para pagar la adquisición, de la que el ejecutante dará cuenta justificada. Si el ejecutante manifiesta que la adquisición es tardía y ya no satisface su interés legítimo, se acordará la liquidación de daños y perjuicios según arts. 712 y siguientes (§ 128).

   `702`

3. <u>Entrega de inmuebles.</u> Si hay en ellos cosas no incluidas en el título, se requerirá al ejecutado para que las retire en plazo y, si así no lo hace, se considerarán bienes abandonados. Si en el lanzamiento se reivindica por el que desaloje la finca la titularidad de cosas no separables, se resolverá sobre la obligación de abono de su valor (si se solicita en los 5 días siguientes al desalojo). Si se hacen constar desperfectos en el inmueble, se podrá acordar la retención y depósito del responsable, en garantía de los daños y perjuicios que se liquidarán según arts. 712 y siguientes (§ 128).

   `703`

   En las sentencias dictadas en un juicio de desahucio de finca urbana, si con anterioridad a la fecha del lanzamiento se entrega la posesión al demandante, se dictará Decreto declarada ejecutada la sentencia y cancelando la diligencia, a no ser que el demandante interese su mantenimiento para que se levante acta del estado en que se encuentra la finca.

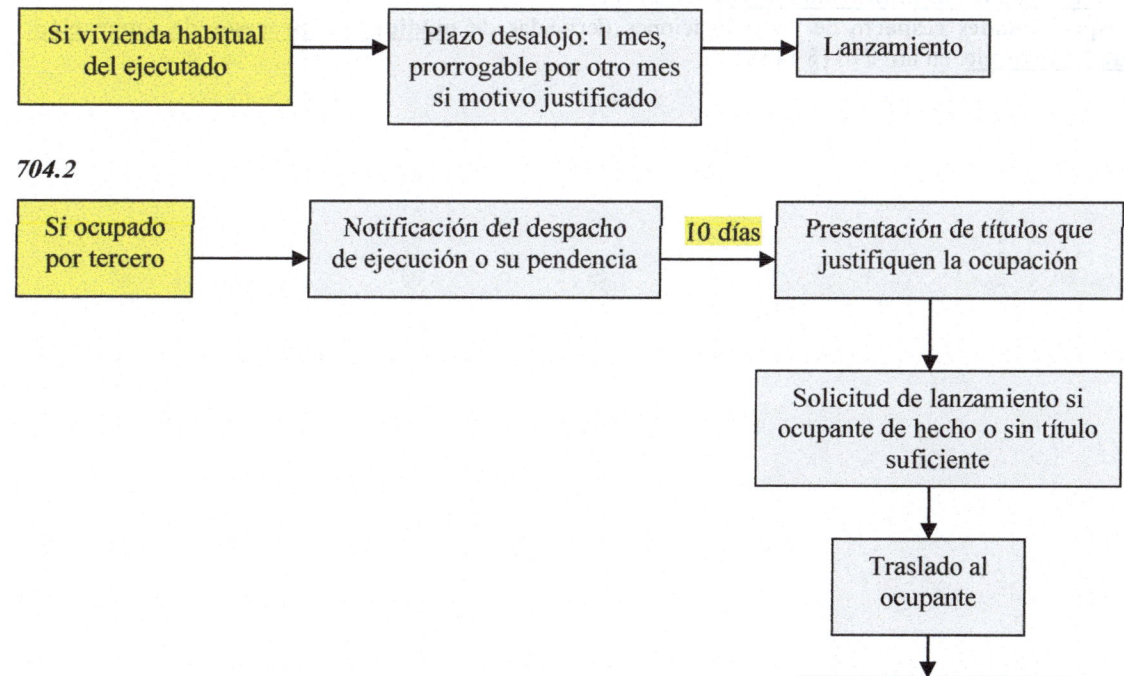

704.1

Si vivienda habitual del ejecutado → Plazo desalojo: 1 mes, prorrogable por otro mes si motivo justificado → Lanzamiento

704.2

Si ocupado por tercero → Notificación del despacho de ejecución o su pendencia → 10 días → Presentación de títulos que justifiquen la ocupación → Solicitud de lanzamiento si ocupante de hecho o sin título suficiente → Traslado al ocupante → Sigue tramitación según art. 675. 3 y 4

§ 127. Ejecución de obligaciones de hacer o no hacer

Se **requerirá al obligado, fijando un plazo**, para la ejecución en las obligaciones de hacer.

`705`

1. <u>Condena de hacer no personalísimo</u>. El ejecutante podrá pedir que se le faculte para encargarlo a un tercero a costa del ejecutante o reclamar el resarcimiento de los daños y perjuicios (salvo que el título ejecutivo disponga otra cosa).

   `706`

   (i) **Si opta por encargar a un tercero:** se valorará el coste por perito designado por el LAJ (mediante Decreto susceptible de recurso directo de revisión, sin efecto suspensivo). Si el ejecutado no deposita la suma o no la afianza, se procederá al embargo y a su realización forzosa.

   (ii) **Si opta por el resarcimiento:** se cuantificarán según los arts. 712 y siguientes (§ 128).

2. <u>Condena a la publicación de la sentencia</u>. Se requerirá al ejecutado para que contrate los anuncios en el plazo que se le señale. Si no atiende el requerimiento, podrá contratar la publicidad el ejecutante, con cargo al patrimonio del ejecutado, con obtención de fondos conforme al art. 706.2.

   `707`

3. <u>Condena a la emisión de una declaración de voluntad</u>. Transcurridos 20 días desde la resolución o laudo arbitral, se dicta Auto teniendo por emitida la declaración si constan predeterminados todos sus elementos necesarios. Si no están predeterminados, se oirá a las partes y el tribunal los determinará conforme a lo usual en el mercado o tráfico jurídico. Si la indeterminación afecta a elemento esencial, procederá la ejecución de los daños y perjuicios, fijados según arts. 712 y siguientes (§ 128).

   `708`

4. <u>Condena a hacer personalísimo</u>. Salvo que el título disponga otra cosa: se requerirá al ejecutado dándole un plazo para que lo ejecute o manifieste los motivos de la negativa y realice alegaciones sobre su carácter personalísimo. A la vista de ello, el ejecutante solicitará: (i) que se siga la ejecución para la entrega del equivalente pecuniario; (ii) que se apremie al ejecutado con multa por cada mes que transcurra. Se dicta Auto; si se acuerda (i), en la misma resolución se impondrá una sola multa; si se acuerda (ii), se reiterarán trimestralmente los requerimientos hasta que transcurra 1 año, pasado el cual, si el ejecutado continúa rehusando la ejecución, se seguirá ésta por (i). No se aplicarán estas disposiciones cuando el título ejecutivo contenga una disposición expresa para el caso de incumplimiento por el deudor, en cuyo caso se estará a lo dispuesto en aquél.

   `709`

5. <u>Condena de no hacer</u>. En caso de quebrantamiento de la condena, a instancia del ejecutante, se requerirá al ejecutado para que (i) deshaga lo mal hecho, (ii) indemnice los daños y perjuicios, (iii) se abstenga de reiterar el quebrantamiento, con apercibimiento de delito de desobediencia. Si resulta imposible (i) y (iii), continuará la ejecución por (ii).

   `710`

Para la cuantía de las multas coercitivas ver art. 711.
Ver **especialidades respecto** de las obligaciones derivadas de **medidas en procesos de separación, nulidad y divorcio**, en art. 776 (§ 145).

§ 128. Liquidación de daños y perjuicios y determinación en dinero de prestación no dineraria

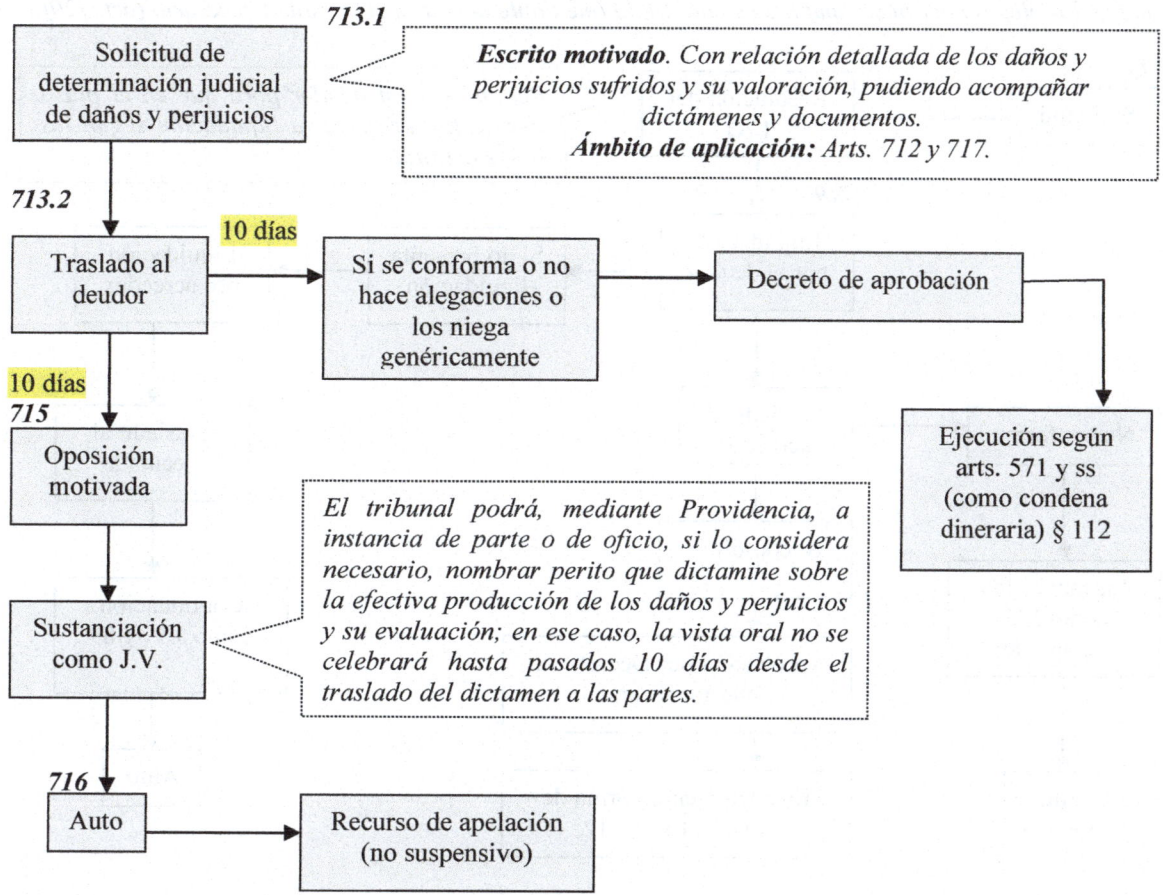

713.1

Solicitud de determinación judicial de daños y perjuicios

Escrito motivado*. Con relación detallada de los daños y perjuicios sufridos y su valoración, pudiendo acompañar dictámenes y documentos.*
Ámbito de aplicación: *Arts. 712 y 717.*

713.2

Traslado al deudor — 10 días → **Si se conforma o no hace alegaciones o los niega genéricamente** → **Decreto de aprobación** → **Ejecución según arts. 571 y ss (como condena dineraria) § 112**

10 días

715

Oposición motivada

El tribunal podrá, mediante Providencia, a instancia de parte o de oficio, si lo considera necesario, nombrar perito que dictamine sobre la efectiva producción de los daños y perjuicios y su evaluación; en ese caso, la vista oral no se celebrará hasta pasados 10 días desde el traslado del dictamen a las partes.

Sustanciación como J.V.

716

Auto → **Recurso de apelación (no suspensivo)**

113

§ 129. Liquidación de frutos, rentas o productos

*También aplicable a la **rendición de cuentas de una administración con entrega del saldo resultante**, aunque los plazos podrán ser ampliados por el LAJ (mediante decreto), si lo estima necesario (art. 720).*

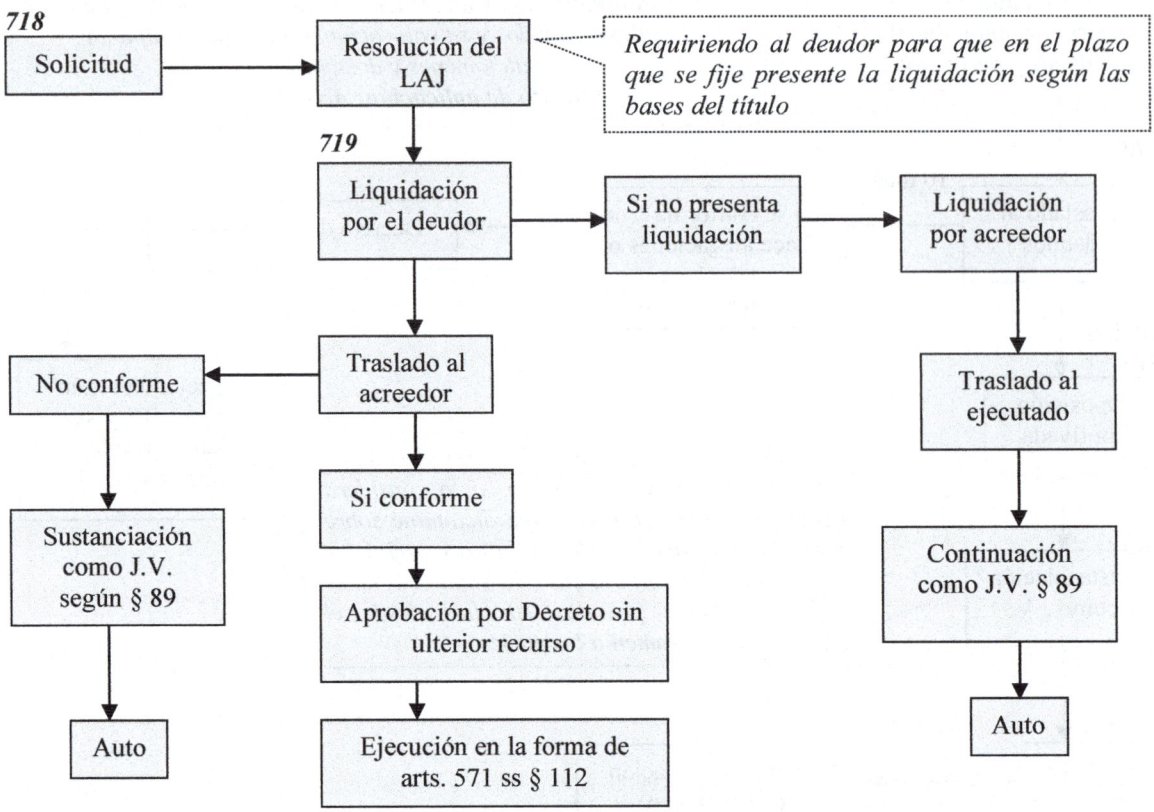

§ 130. Rendición de cuentas de una administración con entrega del saldo

Se aplican las normas sobre la liquidación de frutos y rentas (arts. 718 y 719), pero los plazos podrán ampliarse por el LAJ si se estima necesario.

XV.- LAS MEDIDAS CAUTELARES

§ 131. Medidas cautelares

Sólo podrán adoptarse **a instancia del actor** (principal o reconvencional). Nunca de oficio (salvo lo dispuesto para procesos especiales y en art. 721.3). Y no se podrán adoptar medidas más gravosas que las solicitadas.

721

Competencia:
1. Tribunal que esté conociendo en primera instancia o, si no se inició la litis, el competente para conocer de la demanda principal.
2. Durante la segunda instancia o recurso de casación, el tribunal que conozca de los mismos.
3. Estando pendiente proceso arbitral o la formalización judicial de arbitraje, el tribunal del lugar donde deba ejecutarse el laudo o, en su defecto, donde las medidas deban producir eficacia.
4. Si el proceso se sigue ante tribunal extranjero: idem.

723
724

§ 132. Medidas cautelares en prevención (solicitadas antes de la demanda)

725

No se admitirá declinatoria por incompetencia territorial.

El tribunal examinará de oficio su jurisdicción y competencia (objetiva y territorial). Si considera que carece de jurisdicción o competencia, previa audiencia del Ministerio Fiscal y del solicitante, dictará Auto absteniéndose. Si bien, en caso de incompetencia territorial, podrá ordenar aquellas medidas cautelares más urgentes.

§ 133. Medidas cautelares: enumeración

726. **Características:** (1) Conducente a la efectividad de la tutela judicial de una eventual sentencia estimatoria. (2) No susceptible de sustitución por otra medida igualmente eficaz pero menos gravosa o perjudicial para el demandado.

727. **Algunas medidas cautelares específicas:**
1. Embargo preventivo de bienes (respecto de tercerías, ver especialidades del art. 729).
2. Intervención o administración judicial de bienes productivos.
3. Depósito de cosa mueble.
4. Formación de inventarios de bienes.
5. Anotación preventiva de demanda o de inicio de un medio de solución de controversias, arbitrajes y litigios extranjeros, conforme a lo dispuesto en el art. 722, cuando éstos se refieran a bienes o derechos susceptibles de inscripción en Registros públicos.
6. Otras anotaciones registrales.
7. Órdenes judiciales o prohibiciones temporales.
8. Intervención y depósito de ingresos de actividad que se considere ilícita y cuya prohibición se pretenda en la demanda.
9. Depósito temporal de ejemplares de obras u objetos producidos con infracción de normas de propiedad intelectual e industrial y del material para su producción.
10. Suspensión de acuerdos sociales impugnados, cuando el demandante represente, al menos, el 1% ó 5% del capital, según cotice o no la sociedad en mercado secundario.
11. Otras medidas previstas en las leyes o que sean necesarias para asegurar la efectividad de la tutela judicial pretendida.

Requisitos (art. 728):

1.- **Mora procesal** *(periculum in mora)*. No se admitirán cuando con ellas se pretenda alterar situaciones de hecho consentidas por el solicitante durante largo tiempo, salvo que justifique las razones por las que no se han solicitado hasta entonces.

2.- **Apariencia de buen derecho** *(fumus boni iuris)*.

3.- **Oferta de caución suficiente** para responder de los daños y perjuicios que la adopción de la medida cautelar pudiera causar demandado.

§ 134. Procedimiento para la adopción de medidas cautelares

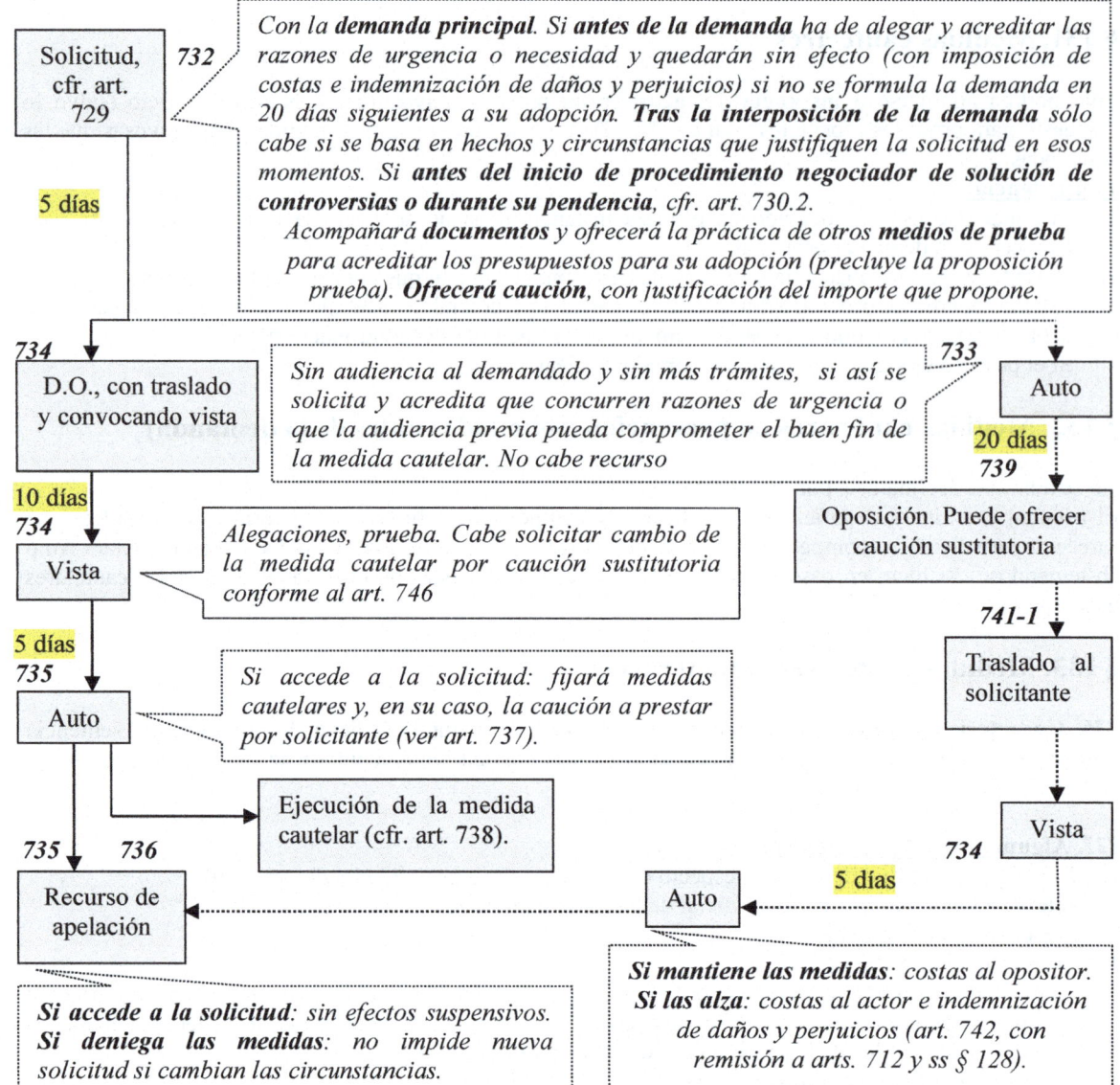

Solicitud, cfr. art. 729 — *732* — Con la **demanda principal**. Si **antes de la demanda** ha de alegar y acreditar las razones de urgencia o necesidad y quedarán sin efecto (con imposición de costas e indemnización de daños y perjuicios) si no se formula la demanda en 20 días siguientes a su adopción. **Tras la interposición de la demanda** sólo cabe si se basa en hechos y circunstancias que justifiquen la solicitud en esos momentos. Si **antes del inicio de procedimiento negociador de solución de controversias o durante su pendencia**, cfr. art. 730.2.
Acompañará **documentos** y ofrecerá la práctica de otros **medios de prueba** para acreditar los presupuestos para su adopción (precluye la proposición prueba). **Ofrecerá caución**, con justificación del importe que propone.

5 días

734 D.O., con traslado y convocando vista

733 Sin audiencia al demandado y sin más trámites, si así se solicita y acredita que concurren razones de urgencia o que la audiencia previa pueda comprometer el buen fin de la medida cautelar. No cabe recurso

Auto

20 días *739*

10 días
734 Vista — Alegaciones, prueba. Cabe solicitar cambio de la medida cautelar por caución sustitutoria conforme al art. 746

Oposición. Puede ofrecer caución sustitutoria

741-1 Traslado al solicitante

5 días
735 Auto — Si accede a la solicitud: fijará medidas cautelares y, en su caso, la caución a prestar por solicitante (ver art. 737).

Ejecución de la medida cautelar (cfr. art. 738).

Vista *734*

735 *736* Recurso de apelación

5 días Auto

Si accede a la solicitud: sin efectos suspensivos. **Si deniega las medidas**: no impide nueva solicitud si cambian las circunstancias.

Si mantiene las medidas: costas al opositor. **Si las alza**: costas al actor e indemnización de daños y perjuicios (art. 742, con remisión a arts. 712 y ss § 128).

§ 135. Modificación y alzamiento de medidas cautelares

Se sustancias en una vista análoga a la establecida para su adopción (arts. 734 y ss).

La modificación: alegando y probando hechos y circunstancias que no pudieran tenerse en cuenta al tiempo de su concesión o dentro del plazo para oponerse a ellas.

El alzamiento procederá tras la absolución del demandado en primera o segunda instancia, y de forma inmediata, salvo que el recurrente solicite su mantenimiento o adopción de medidas distintas en el momento de interponer recurso contra la sentencia. En tal caso, se oirá a la otra parte y se acordará por Auto, previo aumento de la caución.

Firme la sentencia absolutoria, se alzarán de oficio las medidas y se procederá a la liquidación de los daños y perjuicios (según art. 742, que a su vez se remite a los arts. 712 y ss § 128).

743

744

745

§ 136. Caución sustitutoria de medidas cautelares

746.- Aquél frente a quien se haya solicitado o acordado medidas cautelares, podrá pedir al tribunal que acepte en sustitución de ellas una caución suficiente.

747

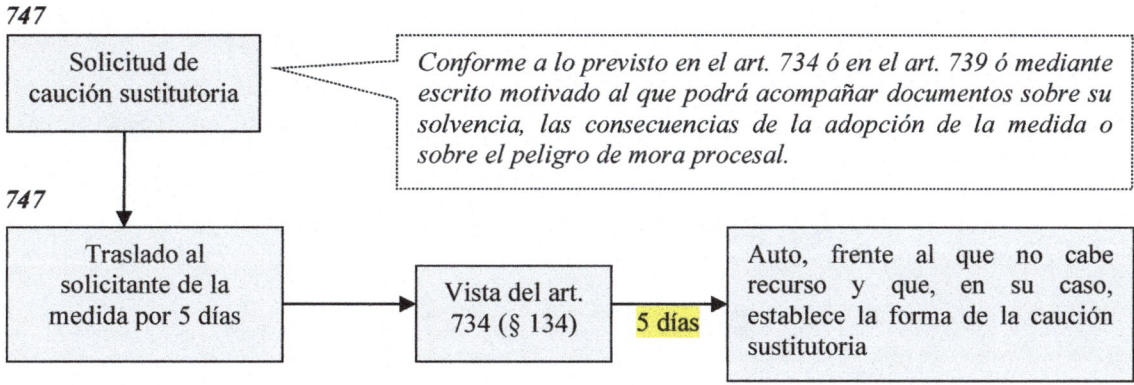

Solicitud de caución sustitutoria → *Conforme a lo previsto en el art. 734 ó en el art. 739 ó mediante escrito motivado al que podrá acompañar documentos sobre su solvencia, las consecuencias de la adopción de la medida o sobre el peligro de mora procesal.*

747

Traslado al solicitante de la medida por 5 días → Vista del art. 734 (§ 134) — 5 días → Auto, frente al que no cabe recurso y que, en su caso, establece la forma de la caución sustitutoria

XVI.- LOS PROCESOS ESPECIALES

§ 137. Procesos sobre medidas de apoyo a discapacitados, filiación, matrimonio y menores

753

Se sigue por los trámites del **Juicio Verbal**, con las siguientes **especialidades:** (1) De la demanda se da traslado a los demandados, al Ministerio Fiscal (cuando proceda) y a las demás personas que deban ser parte (hayan sido o no demandadas), que dispondrán de **20 días para contestar a la demanda** (conforme a las normas del J.O.). (2) Cuando se presente ante un tribunal civil una demanda de la que pueda ser competente por razón de la materia un **tribunal de violencia sobre la mujer** conforme a lo dispuesto por la Ley Orgánica 6/1985, de 1 de julio, se seguirán las actuaciones del art. 753. (3) Posibilidad de celebración de **vistas a puerta cerrada y con actuaciones reservadas** (art. 754). (4) Véase el art. 755 sobre acceso de las resoluciones a los **registros públicos**.

§ 138. Procesos sobre adopción de medidas judiciales de apoyo a discapacitados

Competencia *(756)*.
Legitimación e intervención procesal *(757)*
Demandado *(758)*. Defensa y representación. Intervención del Ministerio Fiscal.
Pruebas *(759)*
Sentencia *(760)*. Contenido.
Revisión de las medidas de apoyo adoptadas *(761)*.
Medidas cautelares *(762)*
Internamiento en caso de trastorno psíquico *(763)*.

§ 139. Procesos sobre filiación, paternidad y maternidad

Inadmisión de la demanda si contradictoria con sentencia firme *(764)*
Legitimación activa del hijo *(765)*
Legitimación pasiva *(766)*
Prueba *(767)*
Medidas cautelares *(768)*

§ 140. Procesos matrimoniales

Competencia *(769)*. Tribunal del domicilio conyugal; si viven en distintos partidos, a elección del demandante, el último domicilio del matrimonio o el de residencia del demandado; los que no tengan domicilio ni residencia fija podrán ser demandados donde se hallen o en el de su última residencia, a elección del actor y, si tampoco puede determinarse así la competencia, el del domicilio del actor.

En caso de separación o divorcio de mutuo acuerdo (§ 146) es competente el tribunal del último domicilio común o el del domicilio de cualquiera de los solicitantes.

En los procesos que versen exclusivamente sobre guarda y custodia de hijos menores o sobre alimentos reclamados por un progenitor contra el otro en nombre de los hijos menores, será competente el Tribunal de Instancia del lugar del último domicilio común de los progenitores. En el caso de residir los progenitores en distintos partidos judiciales, será tribunal competente, a elección del demandante, el del domicilio del demandado o el de la residencia del menor

El tribunal examinará de oficio su propia competencia. Son nulos los acuerdos contrarios a las anteriores normas sobre competencia.

En cualquier momento se puede solicitar su **continuación por los trámites del art. 777 (§ 146)**.

Trámites *(770)*: los del Juicio Verbal con las especialidades que se señalarán, salvo en el caso de separación o divorcio de mutuo acuerdo o a petición de uno de los cónyuges con el consentimiento del otro.

Medidas cautelares sobre guarda y custodia de hijos menores o sobre alimentos reclamados en nombre de hijos menores se tramitan como las medidas previas, simultáneas o definitivas en los procesos de nulidad, separación o divorcio.

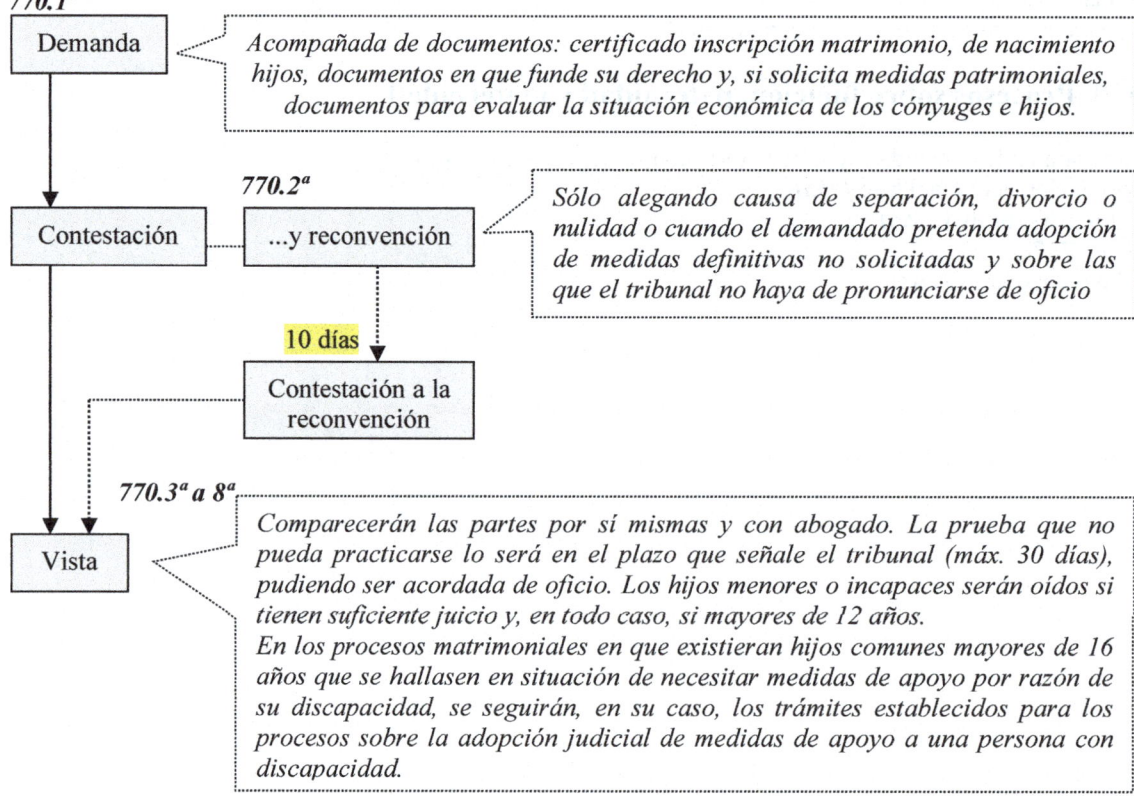

770.1ª

Demanda → *Acompañada de documentos: certificado inscripción matrimonio, de nacimiento hijos, documentos en que funde su derecho y, si solicita medidas patrimoniales, documentos para evaluar la situación económica de los cónyuges e hijos.*

Contestación *770.2ª* **...y reconvención** → *Sólo alegando causa de separación, divorcio o nulidad o cuando el demandado pretenda adopción de medidas definitivas no solicitadas y sobre las que el tribunal no haya de pronunciarse de oficio*

10 días

Contestación a la reconvención

770.3ª a 8ª

Vista → *Comparecerán las partes por sí mismas y con abogado. La prueba que no pueda practicarse lo será en el plazo que señale el tribunal (máx. 30 días), pudiendo ser acordada de oficio. Los hijos menores o incapaces serán oídos si tienen suficiente juicio y, en todo caso, si mayores de 12 años.*
En los procesos matrimoniales en que existieran hijos comunes mayores de 16 años que se hallasen en situación de necesitar medidas de apoyo por razón de su discapacidad, se seguirán, en su caso, los trámites establecidos para los procesos sobre la adopción judicial de medidas de apoyo a una persona con discapacidad.

§ 141. Medidas provisionales de los arts. 102 y 103 CC previas a la demanda de nulidad, separación o divorcio

<u>Competencia</u>: tribunal del domicilio.

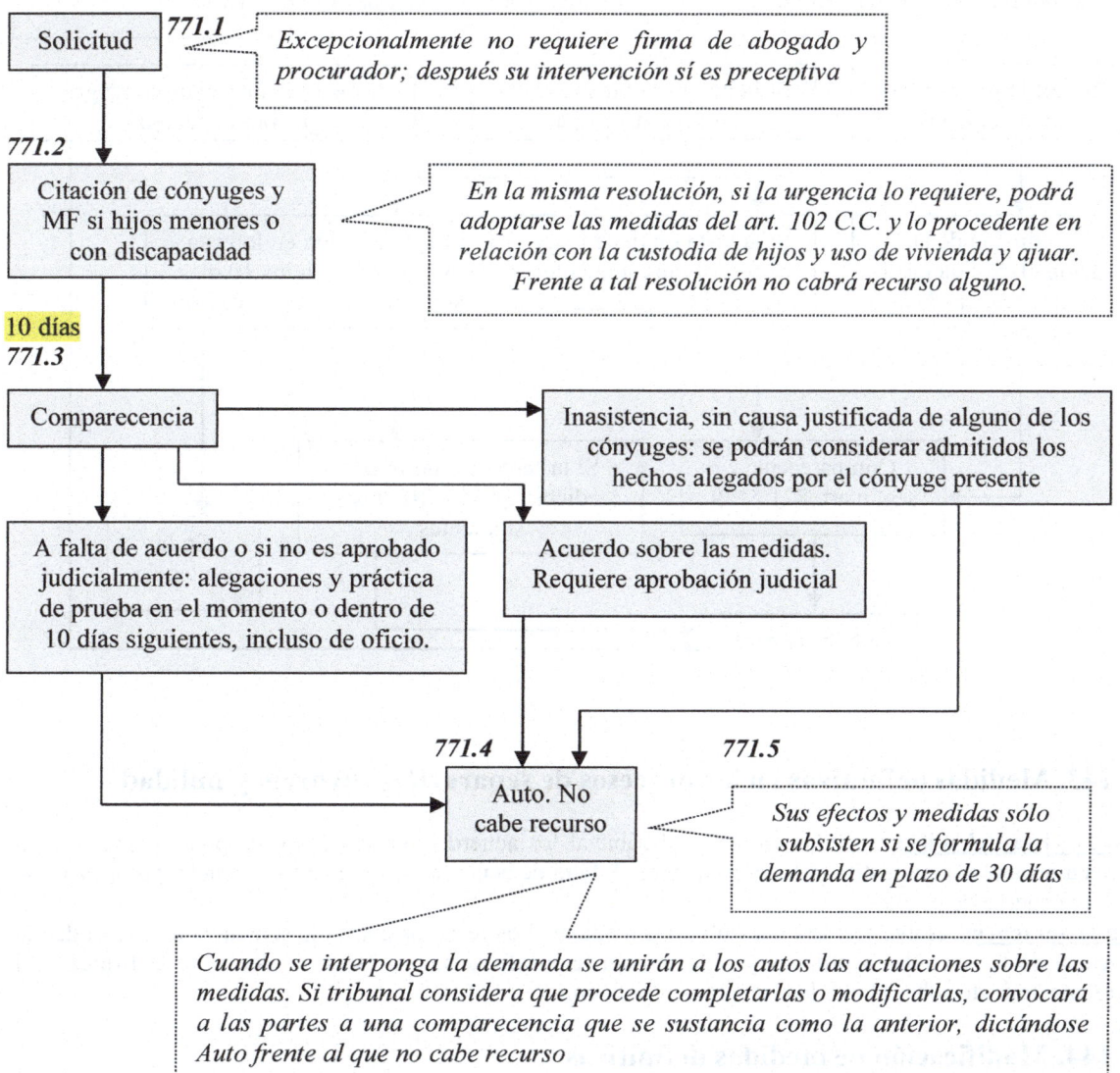

Excepcionalmente no requiere firma de abogado y procurador; después su intervención sí es preceptiva

En la misma resolución, si la urgencia lo requiere, podrá adoptarse las medidas del art. 102 C.C. y lo procedente en relación con la custodia de hijos y uso de vivienda y ajuar. Frente a tal resolución no cabrá recurso alguno.

Sus efectos y medidas sólo subsisten si se formula la demanda en plazo de 30 días

Cuando se interponga la demanda se unirán a los autos las actuaciones sobre las medidas. Si tribunal considera que procede completarlas o modificarlas, convocará a las partes a una comparecencia que se sustancia como la anterior, dictándose Auto frente al que no cabe recurso

§ 142. Medidas provisionales derivadas de la admisión de la demanda de separación, nulidad o divorcio

773

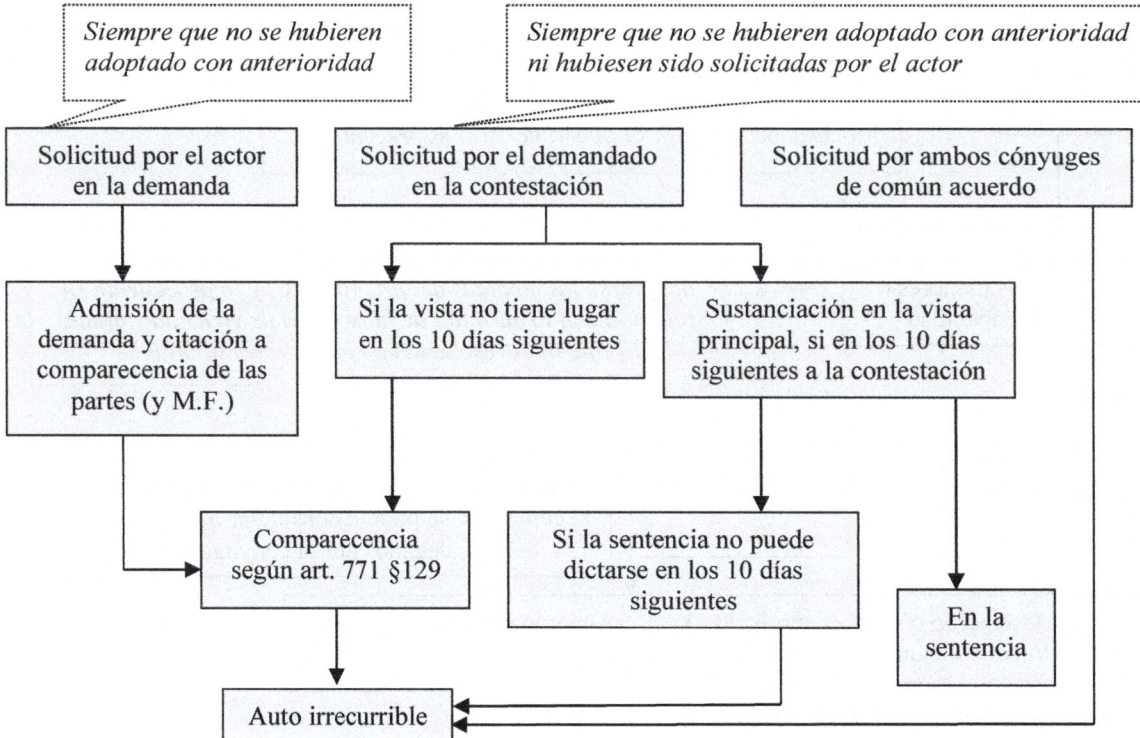

§ 143. Medidas definitivas en los procesos de separación, divorcio y nulidad

774

En la vista del juicio se podrán someter al tribunal los acuerdos alcanzados y proponer y practicar la prueba necesaria para justificar su procedencia. A falta de acuerdo, se practicará la prueba propuesta y la que se acuerde de oficio.

En la sentencia resolverá el tribunal sobre las medidas. Los recursos contra la sentencia no suspenden la eficacia de las medidas acordadas y si la impugnación afecta sólo a éstas, se declarará la firmeza del pronunciamiento sobre la nulidad, separación o divorcio.

§ 144. Modificación de medidas definitivas

775

Procederá si han variado sustancialmente las circunstancias, a petición de cualquiera de los cónyuges o del M.F. si hay hijos menores o incapaces.

Tramitación: conforme al art. 770 (§ 141). Si la modificación es de mutuo acuerdo o a petición de un cónyuge con el consentimiento del otro, se tramitará conforme al art. 777 (§ 146).

§ 145. Ejecución forzosa de los pronunciamientos sobre medidas

Se aplica el **Libro III LEC** con las siguientes **especialidades:**
(1) Se podrán imponer multas coercitivas (según art. 711, § 127) al cónyuge o progenitor que incumpla reiteradamente las obligaciones de pago, sin perjuicio de hacer efectivo sobre su patrimonio lo debido y no satisfecho.
(2) En caso de incumplimiento de obligaciones personalísimas, no procederá la sustitución automática por su equivalente pecuniario y podrán mantenerse las multas coercitivas mensuales por el tiempo necesario más allá del plazo de 1 año.
(3) El incumplimiento reiterado de las obligaciones derivadas del régimen de visitas podrá dar lugar a la modificación del régimen de guarda y visitas.
(4) Si objeto de ejecución gastos extraordinarios, solicitud previa de su declaración como tal; se da vista a la parte adversa y si oposición, celebración de vista (remisión al art. 440) y se dicta Auto.

§ 146. Separación y divorcio de mutuo acuerdo o a petición de un cónyuge con el consentimiento del otro

Competencia: Ver art. 769.2 (§ 140). Último domicilio común o el de cualquiera de los solicitantes.

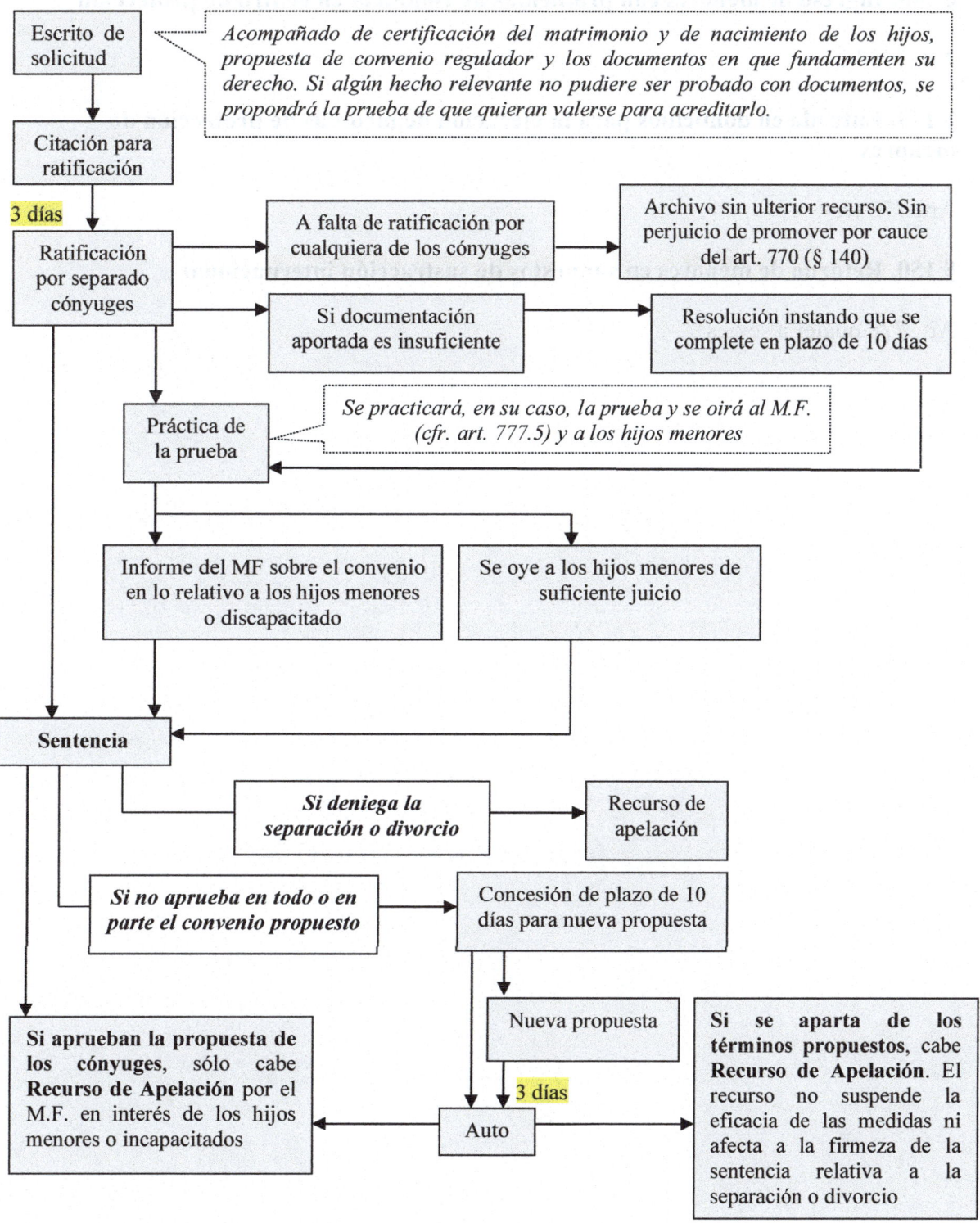

La **modificación del convenio regulador o de las medidas acordadas**: art. 777.9 y 10.

§ 147. Eficacia civil de las resoluciones eclesiásticas

Art. 778

§ 148. Ingreso de menores con problemas de conducta en centro de protección

Art. 778 bis

§ 149. Entrada en domicilios para la ejecución de medidas de protección de menores

Art. 778 ter

§ 150. Retorno de menores en supuestos de sustracción internacional

Art. 778 quáter a sexies

§ 151. Procedimiento para la oposición a las resoluciones administrativas en materia de protección de menores

Competencia *(779)*: Tribunal de Instancia del domicilio de la entidad protectora y, en su defecto, o en los supuestos de los arts. 179 y 180 CC, el tribunal del domicilio del adoptante.
Legitimación *(780.1)*
Acumulación de procedimientos *(780.6)*

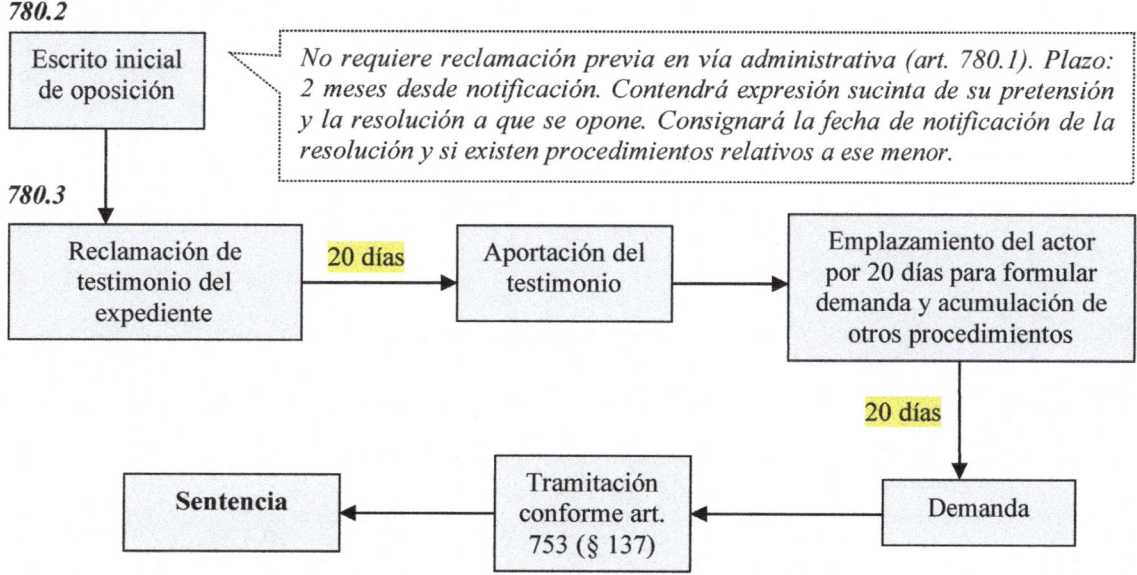

§ 152. Procedimiento para determinar la necesidad de asentimiento en la adopción

Regula sus especialidades el **art. 781.**

§ 153. Oposición a las resoluciones de la Dirección General competente en materia de Registro Civil

Art. 781 bis.

XVII.- DIVISIÓN JUDICIAL DE PATRIMONIOS

§ 154. Procedimiento para la división de la herencia

Intervención de acreedores *(782)*: **(i) de la herencia** (reconocidos como tales en el testamento o por los herederos y los que tengan su crédito documentado en título ejecutivo), pueden en cualquier momento, hasta la entrega de los bienes adjudicados oponerse hasta que se les pague o afiance el importe de sus créditos; **(ii) de los herederos**, pueden intervenir a su costa en la partición.

En cualquier estado del procedimiento, los **interesados pueden separarse** del mismo **alcanzando un acuerdo** *(789)*.

Legitimación activa: herederos y legatarios de parte alícuota.

Requisito: que no exista comisario o contador-partidor designado.

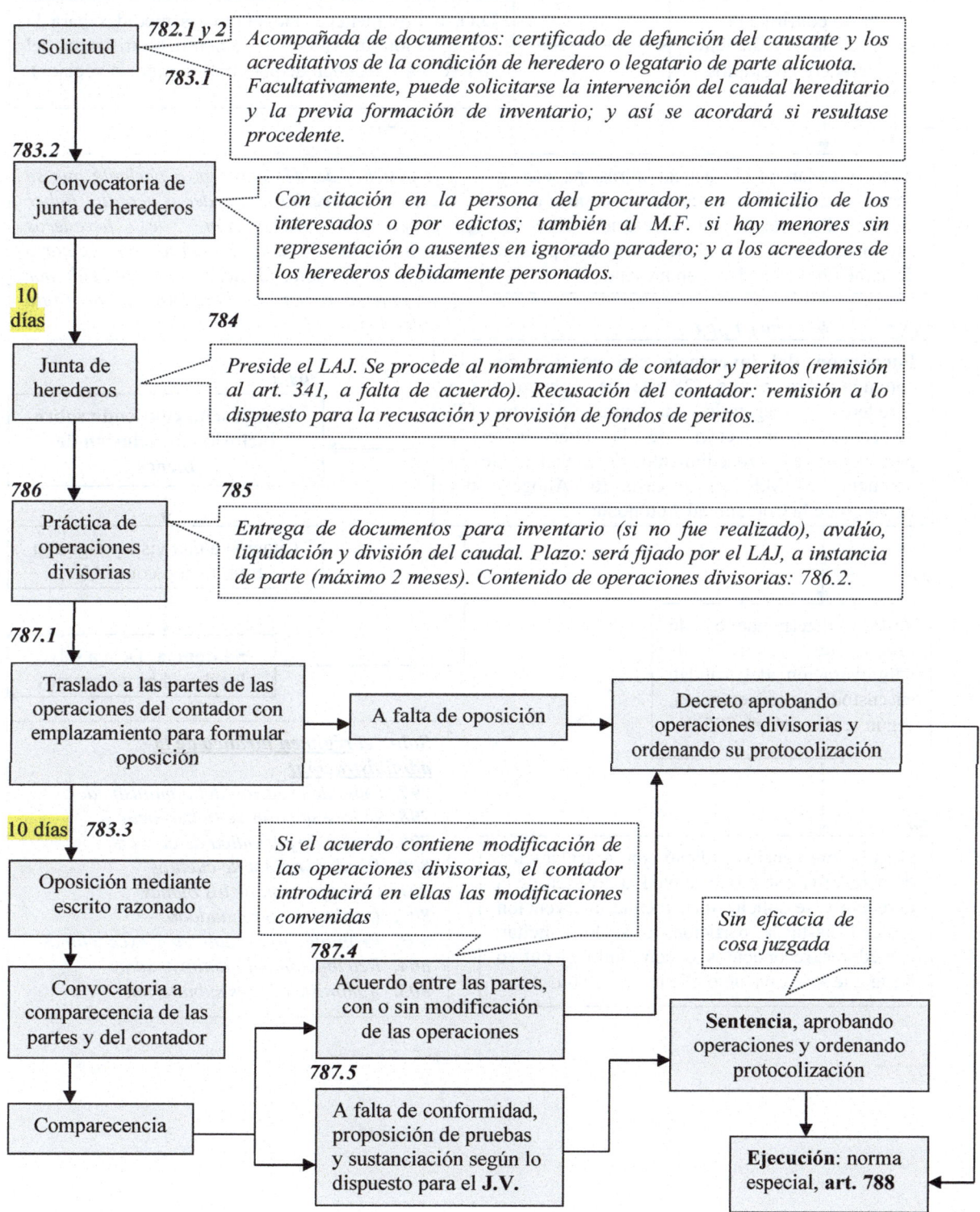

127

§ 155. Intervención y administración del caudal hereditario

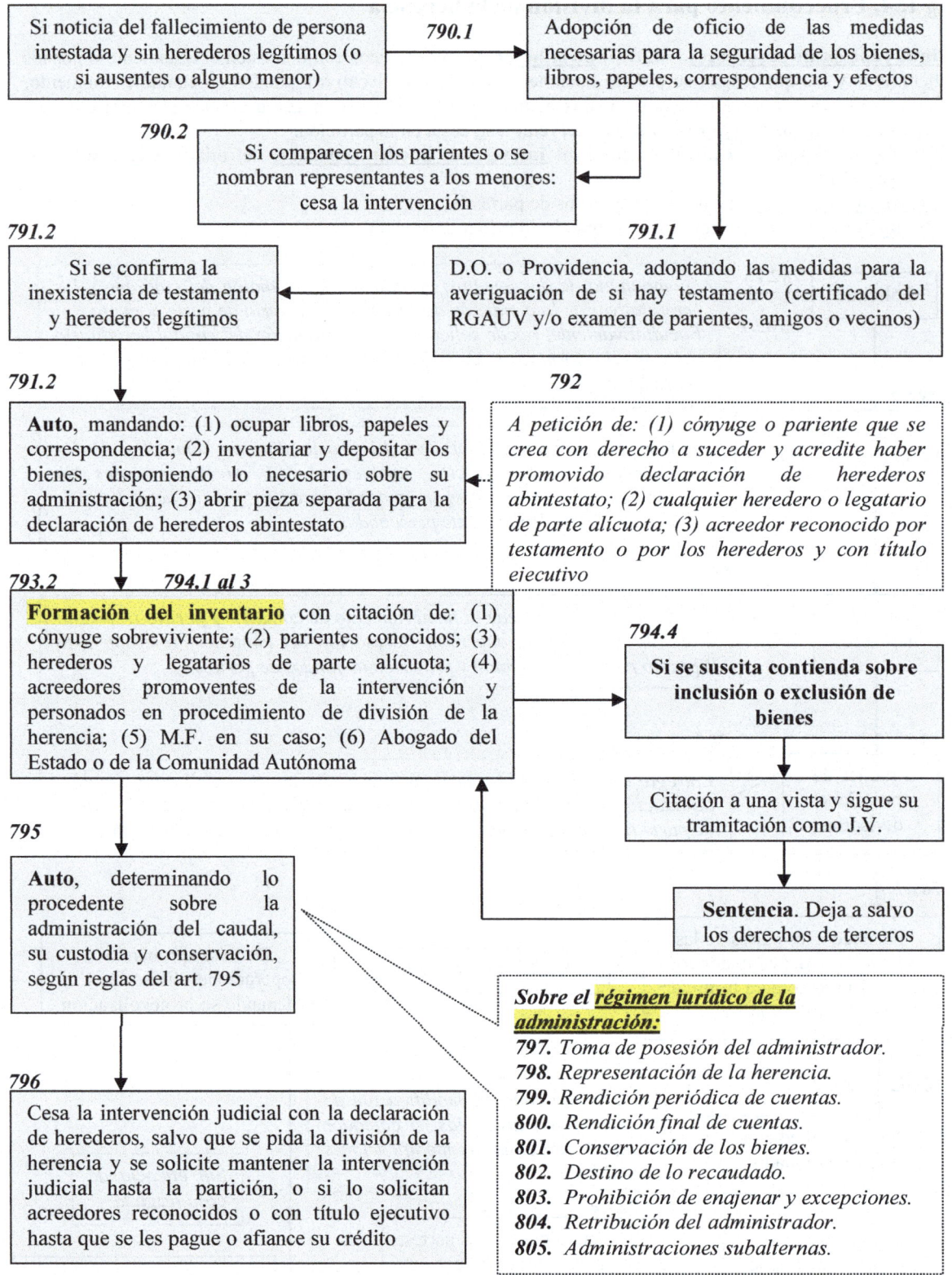

Si noticia del fallecimiento de persona intestada y sin herederos legítimos (o si ausentes o alguno menor)

790.1

Adopción de oficio de las medidas necesarias para la seguridad de los bienes, libros, papeles, correspondencia y efectos

790.2

Si comparecen los parientes o se nombran representantes a los menores: cesa la intervención

791.2

Si se confirma la inexistencia de testamento y herederos legítimos

791.1

D.O. o Providencia, adoptando las medidas para la averiguación de si hay testamento (certificado del RGAUV y/o examen de parientes, amigos o vecinos)

791.2

Auto, mandando: (1) ocupar libros, papeles y correspondencia; (2) inventariar y depositar los bienes, disponiendo lo necesario sobre su administración; (3) abrir pieza separada para la declaración de herederos abintestato

792

A petición de: (1) cónyuge o pariente que se crea con derecho a suceder y acredite haber promovido declaración de herederos abintestato; (2) cualquier heredero o legatario de parte alícuota; (3) acreedor reconocido por testamento o por los herederos y con título ejecutivo

793.2   794.1 al 3

Formación del inventario con citación de: (1) cónyuge sobreviviente; (2) parientes conocidos; (3) herederos y legatarios de parte alícuota; (4) acreedores promoventes de la intervención y personados en procedimiento de división de la herencia; (5) M.F. en su caso; (6) Abogado del Estado o de la Comunidad Autónoma

794.4

Si se suscita contienda sobre inclusión o exclusión de bienes

Citación a una vista y sigue su tramitación como J.V.

795

Auto, determinando lo procedente sobre la administración del caudal, su custodia y conservación, según reglas del art. 795

Sentencia. Deja a salvo los derechos de terceros

Sobre el **régimen jurídico de la administración:**
797. Toma de posesión del administrador.
798. Representación de la herencia.
799. Rendición periódica de cuentas.
800. Rendición final de cuentas.
801. Conservación de los bienes.
802. Destino de lo recaudado.
803. Prohibición de enajenar y excepciones.
804. Retribución del administrador.
805. Administraciones subalternas.

796

Cesa la intervención judicial con la declaración de herederos, salvo que se pida la división de la herencia y se solicite mantener la intervención judicial hasta la partición, o si lo solicitan acreedores reconocidos o con título ejecutivo hasta que se les pague o afiance su crédito

§ 156. Procedimiento para la liquidación del régimen económico matrimonial

Competencia *(807):* Tribunal de Instancia o, en su caso, Tribunal de Violencia sobre la Mujer que esté conociendo o haya conocido de la nulidad, separación o divorcio, o aquel en el que se sigan o hayan seguido las actuaciones sobre la disolución del régimen económico matrimonial.

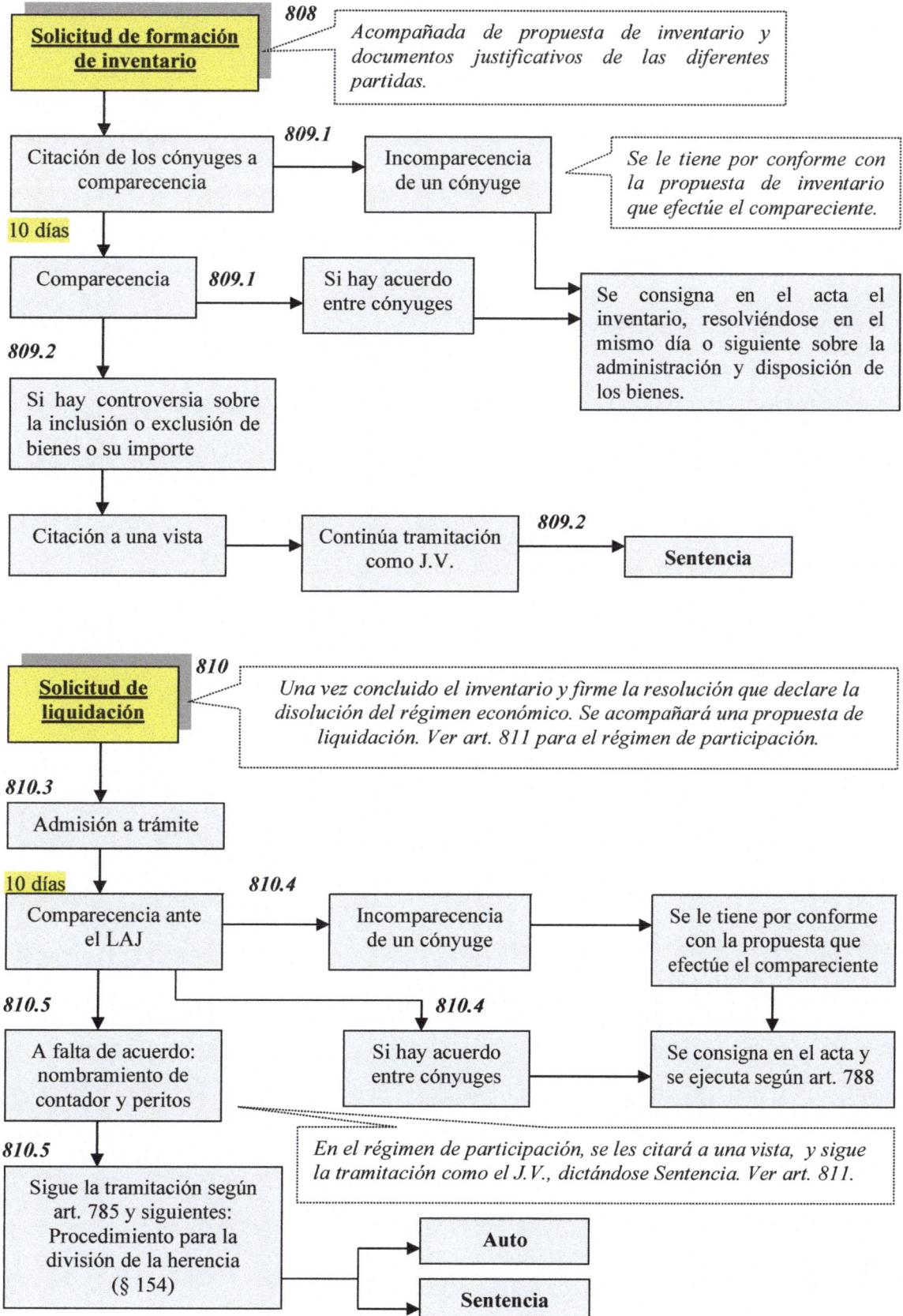

Solicitud de formación de inventario

808

Acompañada de propuesta de inventario y documentos justificativos de las diferentes partidas.

Citación de los cónyuges a comparecencia — *809.1* — Incomparecencia de un cónyuge

Se le tiene por conforme con la propuesta de inventario que efectúe el compareciente.

10 días

Comparecencia — *809.1* — Si hay acuerdo entre cónyuges

Se consigna en el acta el inventario, resolviéndose en el mismo día o siguiente sobre la administración y disposición de los bienes.

809.2

Si hay controversia sobre la inclusión o exclusión de bienes o su importe

Citación a una vista → Continúa tramitación como J.V. — *809.2* → **Sentencia**

Solicitud de liquidación

810

Una vez concluido el inventario y firme la resolución que declare la disolución del régimen económico. Se acompañará una propuesta de liquidación. Ver art. 811 para el régimen de participación.

810.3

Admisión a trámite

10 días

810.4

Comparecencia ante el LAJ → Incomparecencia de un cónyuge → Se le tiene por conforme con la propuesta que efectúe el compareciente

810.5

810.4

A falta de acuerdo: nombramiento de contador y peritos

Si hay acuerdo entre cónyuges → Se consigna en el acta y se ejecuta según art. 788

810.5

En el régimen de participación, se les citará a una vista, y sigue la tramitación como el J.V., dictándose Sentencia. Ver art. 811.

Sigue la tramitación según art. 785 y siguientes: Procedimiento para la división de la herencia (§ 154)

Auto

Sentencia

XVIII.- PROCEDIMIENTO MONITORIO Y JUICIO CAMBIARIO

§ 157. Procedimiento monitorio

Ámbito: Reclamación de pago de deudas, vencidas y exigibles, de cualquier importe, cuando la deuda se acredite:

1. Mediante documentos firmados por el deudor o con su sello o marca.
2. Mediante facturas, albaranes de entrega, certificaciones, telegramas, telefax u otros documentos que, aun siendo unilaterales, sean de los que habitualmente documentan los créditos y deudas en las relaciones de la clase existente entre acreedor y deudor.
3. Documento en que conste la deuda y documentos comerciales que acrediten una relación duradera.
4. Certificaciones de impago por gastos comunes de comunidades de propietarios de inmuebles urbanos.

Competencia: Tribunal de Instancia del domicilio o residencia del deudor o, si no fuesen conocidos, del lugar donde pudiesen ser hallados. Salvo en el caso de las comunidades de propietarios de inmuebles, en que será también competente el Tribunal de lugar donde radique la finca, a elección del solicitante. **No se admite la sumisión expresa o tácita.**

812

813

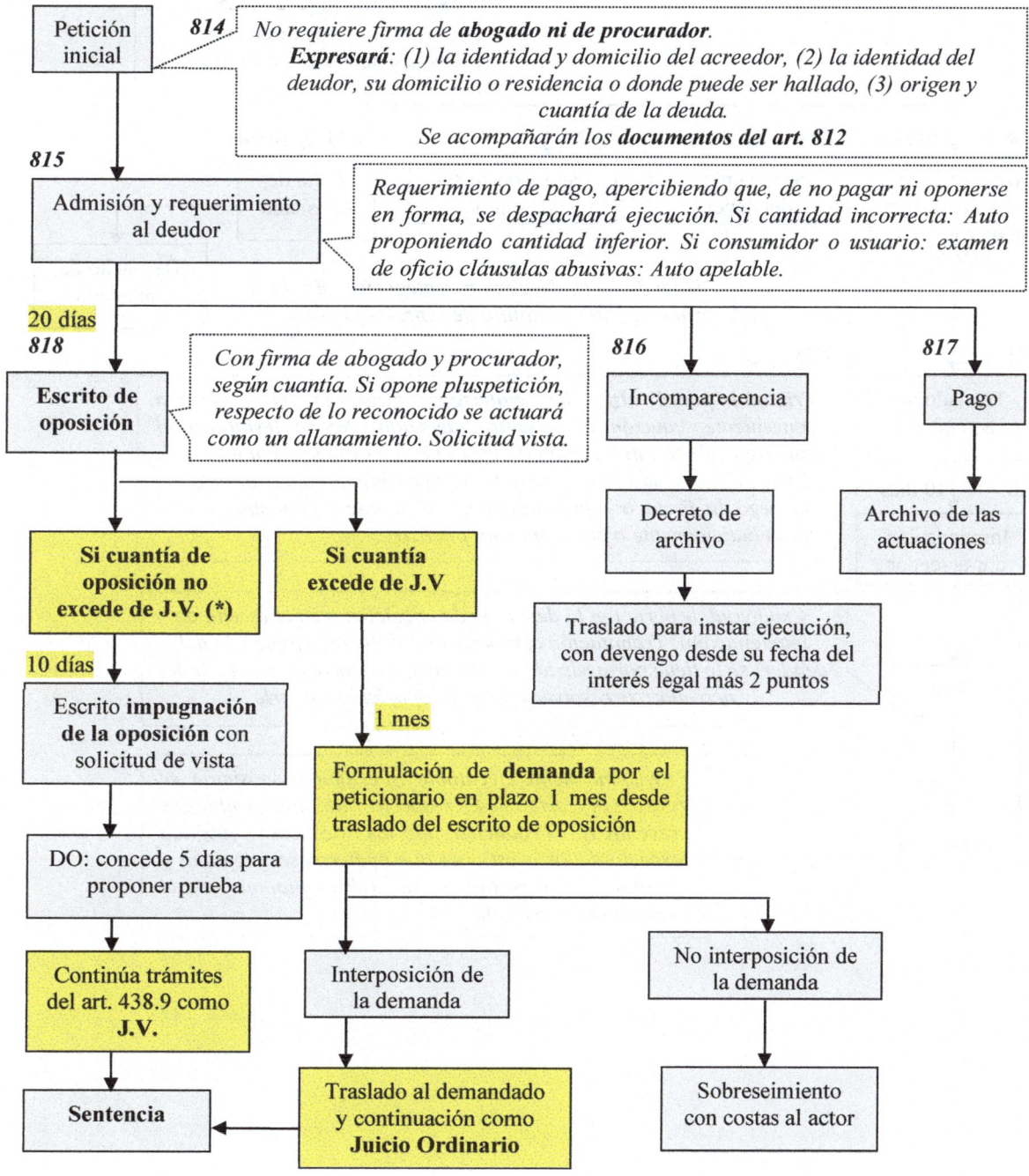

§ 158. Juicio cambiario

Casos en que procede (art. 819): Si al incoarlo se presenta (i) letra de cambio, (ii) cheque o (iii) pagaré que reúnan los requisitos de la Ley cambiaria y del cheque (LCCh).

Competencia: Tribunal de Instancia del domicilio del demandado. Si varios demandados, el correspondiente al domicilio de cualquiera de ellos. **No cabe sumisión expresa o tácita.**

820

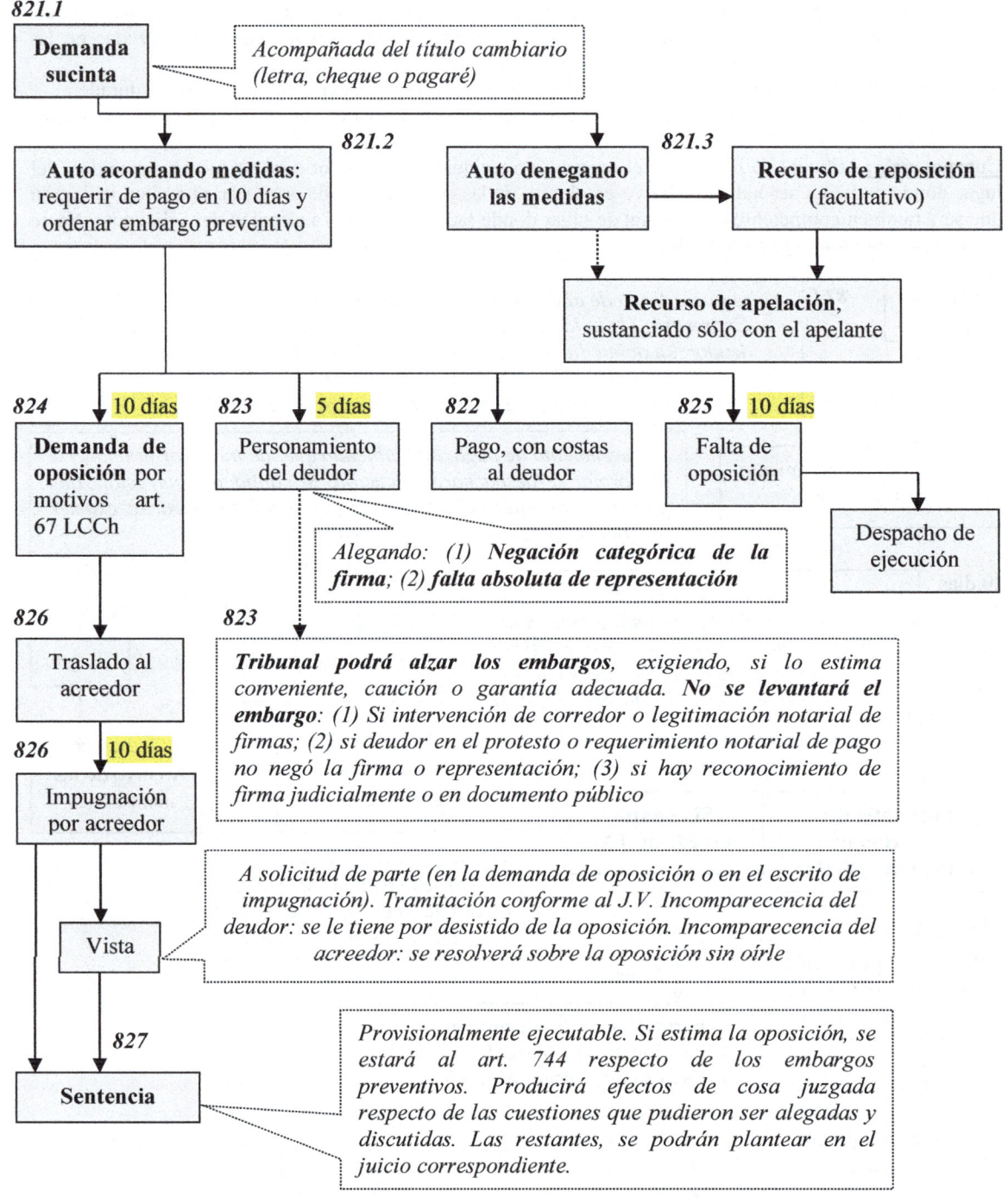